幕府のふみくら

内閣文庫のはなし

長澤孝三

吉川弘文館

目 次

Ⅲ　内閣文庫の仕事

まえがき

歴史関係の書物やテレビ番組の中で比較的頻繁に「内閣文庫本」とか「内閣文庫所蔵」とかの表示を見ることがある。

内閣文庫は文学や歴史を研究されている方々にはよく知られてはいるものの、一般の方々からは、内閣総理大臣と関係があるのだろうか、文庫と称する以上図書館のようなものなのだろうが、図書館とすれば、どのような資料を所蔵しているのだろうか、どこにあるのだろうか、どのようにすれば利用できるのだろうかなどの質問を受けることが多い。

現在、内閣文庫は単独の組織としては存在しないが、後に述べる歴史の中で組織として存在した内閣文庫が所蔵した資料は、独立行政法人国立公文書館に引き継がれ公開されている。

筆者は昭和五十四年（一九七九）五月から平成十五年（二〇〇三）三月の停年まで、国立公文書館に在籍し、多くの期間を、かつて内閣文庫が所蔵した資料――いわゆる古書・古文書――とともに過ごした。これらの経験と先輩・同輩の残された資料を参考に、内閣文庫の歴史、所蔵する資料の内容と特色、利用の方法などを、「餘録」と題した在職中の思い出などを加えて紹介しようとするのが本書の目的である。

この小冊が少しでも内閣文庫をご理解いただく縁となり、内閣文庫資料をご利用いただく手助けとなれば幸いである。

なお筆者は国立公文書館在職中に、同館の館報『北の丸』、展示会の解説書および『内閣文庫百年史』の執筆に関わったが、本書の内容等がこれらと重なる部分があることを、あらかじめお断りしておく。

I　内閣文庫の歴史

一　内閣文庫の蔵書の源流

「まえがき」でも記したように、現在、組織としての内閣文庫は存在しないが、かつて内閣文庫と称した組織は、確かに存在した。直接的には、太政官制度に代わり明治十八年（一八八五）十二月に発足した内閣制度とともに太政官文庫の名称を改め誕生した明治政府の各官庁のための中央図書館である。

しかし、この内閣文庫の蔵書は、一時に集められたものでも、また一通りの方法で集められたものでもない。それは、あたかも大河が多くの支流を集めて滔々たる流れを形作るように、多くの種類の蔵書を集めて、現在のそれを形作っているのであるが、その淵源は、江戸時代初めにまで遡ることができる。

まず、主な源流の歴史と特徴を尋ねてみよう。

1　紅葉山文庫（富士見亭文庫）

家康の蔵書と紅葉山文庫　本書の主題を「幕府のふみくら」としたのは、内閣文庫の蔵書の中心となるものは、江戸幕府が収集した資料群であるからであるが、その中でも将軍のために設置された文庫である紅葉山《もみじやま》文庫の蔵書を直接の源流と見ることができる。

徳川家康は、関ヶ原の戦の前年である慶長四年（一五九九）、足利学校庠主《しょうしゅ》（学校長）元佶《げんきつ》（三要）と相国寺の承兌《じょうたい》らに命じて、伏見で漢籍を中心とする出版を行った。世に伏見版と呼ばれるもので、慶長十一年までの間に、漢籍六種一〇版・国書一種一版（『東鑑《あずまかがみ》』）が木活字をもって出版された。

このように好学で知られた家康は、慶長七年六月、江戸城本丸の南辺、富士見の亭（現在の富士見櫓付近）に文庫を建て、金沢文庫本その他の蔵書を収めた。これが、紅葉山文庫の始まりである。家康の死後、寛永十六年（一六三九）七月、歴代将軍の霊廟が営まれていた城内紅葉山の麓に文庫が新築されたが、これが紅葉山文庫と呼ばれることとなり、ここに伝わった図書類を紅葉山文庫本と称している。その後、蔵書の増加とともに文庫は一棟ずつ増築され、幕末には土蔵が四棟となり、慶応二年（一八六六）まで存続した。

江戸時代、紅葉山文庫は御文庫とのみ呼ばれ、楓山文庫とも雅称されたが、蔵書印の類は一切使用しなかったといわれる。全国統一を成し遂げ、すべてを手中に収めた将軍にとっては、わざわざ蔵書印を捺して、自己の所蔵を表明する必要がなかったのかもしれない。現在、紅葉山文庫本を識別する目安となっている「秘閣図書之章」等の印は、すべて明治時代になって捺されたもので、明らかに紅葉山文庫旧蔵書と思われるもので、全く蔵書印を持たないものが今も存在する一方で、この印が、明治時代以後の出版物にも捺されており、江戸時代には蔵書印が捺されていなかった根拠ともなっている。

慶長御写本・駿河御譲本・駿河御文庫本　紅葉山文庫の蔵書史については、早くも江戸時代文政期

（一九世紀初）に近藤正斎《せいさい》（重蔵）の詳細な研究『右文故事《ゆうぶんこじ》』『好書故事《こうしょこじ》』があって、よく知られている。それらによると、家康は、慶長十年（一六〇五）、将軍職を秀忠に譲り駿府（今の静岡市）に退くと、この地でも文庫を築き、慶長十九年、京都五山の僧たちに命じて、基本となる古書の新写、欠巻の補充（これらは慶長御写本と称されている）を行い、慶長二十年・元和二年（一六一六）に『大蔵一覧《だいぞういちらん》』『群書治要《ぐんしょちよう》』の刊行（駿河版）を木活字で行うなど積極的に書物と関わった。一方、慶長十九年に、そのうち朝鮮本等三〇部を江戸の秀忠に贈った。これらは駿河御譲本と称され、散逸した八部を除き宮内庁書陵部に現蔵されている。さらに、元和二年の家康の没後、駿府にあった遺愛の書物は、江戸および尾張・紀伊・水戸の御三家に分けられた。これらは駿河御文庫本と称され、江戸に送られ、紅葉山文庫に収蔵された慶長御写本等五一部は、明治六年（一八七三）の皇居の火災により皇居中にあった諸官庁に貸し出していた六部を焼失、三部を散逸した以外、三三部が内閣文庫に、九部が宮内庁書陵部に現存している。

紅葉山文庫に移された駿河御文庫本の内容は、「日本の旧記ならびに希世の官本」であって、金沢文庫旧蔵の古鈔本・宋刊本・朝鮮本など多数にのぼり、紅葉山文庫の実質的基礎は、これによって固まったと考えられる。

なお、駿河御譲本・駿河御文庫本が宮内庁書陵部に所蔵されている経緯については、後述する（二四頁参照）。

献上本　さらに、『寛永諸家系図伝』や『本朝通鑑《ほんちょうつがん》』など、大部な幕府編纂物が次々に見事な浄書本として献上され、正徳三年（一七一三）には、六代将軍家宣の蔵書である「桜田御本」数百部が移管され、八代将軍吉宗が諸国に採訪せしめた古逸書（古くから名のみ伝わり、現物の存在が知られない書物）、古文書や殖産興業政策の参考用に収拾し始めた中国の地方志、林家や塙家を始め諸家よりの献上本、長崎奉行に命じて購収せしめた新渡の唐本（中国人が書写または刊行した書物）などが、逐次紅葉山文庫の架蔵となった。特に顕著なものに、文政十一年（一八二八）に豊後国佐伯《さいき》藩主毛利《もうり》高翰《たかなか》から献納された、その祖父高標《たかすえ》の旧蔵漢籍二万余冊がある。毛利高標は、その豊富な蔵書と古書（当時存在していた書物の中でも、時代を経て貴重な存在となっていたもの）に対する鑑識眼とで著名な人物であったから、献納本中には宋元版や朝鮮版の珍籍が多かった。「佐伯侯毛利高標字培松蔵書画之印」という大型朱方印は、その蔵書印である。

毛利高標蔵書印

蔵書数　文庫の蔵書総数は、文政二年（一八一九）に七万五〇〇〇冊、元治年間（一八六四―六五）には、十二、三万冊を数えたが、明治初年には約一〇万冊に減じ、内七万三千余冊が漢籍、二万五千余冊が国書であった。漢籍はほとんど唐本で、官版（昌平坂学問所出版物）以外の和刻本（我が国での出版物）や日本人の書き入れのある本は収蔵を避けた。国書では、史書が大半であった。洋書（主として蘭書）のほとんどは、安政二年（一八五五）に幕府が洋学研究機関として新設した洋学所を、翌三年四月に改称した蕃書調所《ばんしょしらべどころ》に移管された。

書物奉行とその業務　紅葉山文庫には、文庫を管理する者として書物奉行が置かれた。寛永十年（一六三三）に最初の書物奉行が置かれたときは四名であった。時に増減はあったが、三名ないし七名が任命され、若年寄に直属した。元禄六年（一六九三）、その下に同心四名が任命され、最多であった文政五年には、定員外を含め二四名が附属し、毎日交代で出勤した。書物奉行の俸禄は一〇〇〇石から四〇俵まで差があり、二〇〇俵程度の者がもっとも多く、正式には御書物奉行と呼ばれた。これは「御書物」の「奉行」の意で、「御」は奉行に掛かるものではなかった。このように、書物奉行は身分も低かったが、権限もまた小さく、職務の多くは、若年寄の指示を仰がねばならなかった。奉行の大半は俗吏で、書物に対する専門の知識を持つ者ではなかったが、八代将軍吉宗のころより、奉行に附属する同心には能書の者、書物に興味を持つ者を求めるなど、奉行自身にも、現在の図書館の専門職である司書に当たる専門家としての意識が芽生えて来たことが見て取れる。中には、下田幸太夫（師古《もろひさ》）・浅井左衛門（奉政《ともまさ》）・青木文蔵（昆陽）・成島仙蔵（衡山）・近藤重蔵（正斎）・鈴木岩次郎（白藤）・高橋作左衛門（景保《かげやす》）・林韑（復斎）のような学者としても著名の士があって、図書の収集・編目・鑑識などのうえで顕著な成果を上げている者もいる。

職員の日常業務は、出納・曝書《ばくしょ》・修補などの管理業務であるが、内閣文庫には、宝永三年（一七〇六）から安政四年（一八五七）までの御書物方の執務日記である『御書物方日記』が現存しており、当時の所蔵する資料に対する運用状況を詳しく知ることができる。それによれば、図書の出納には、いちいち若年寄の許可を要し、厳重な手続きを経て行い、奉行自身といえども、自由に帯出することはできなかった。例えば、奉行の一人鈴木白藤は、文化九年（一八一二）から文政四年（一八二一）まで在任したが、その免職の理由は、文庫の図書を他人の求めに応じて書写していたことにあるといわれている。

文庫には、現在の閲覧室に相当する施設はなく、図書の利用は、専ら現在の図書館の利用形態の一つである貸し出しであったと思われる。

その利用者は、将軍などの奥向・御用部屋を第一として、そのほか、林家・塙家・儒官・天文方・医学館など幕府関係の学者や、まれには尾張藩・加賀藩等へも貸し出したことがあり、かなり活発な利用があった。また、直接貸し出しを受けることができない者からの照会に応えるなど、今日のレファレンス・ワークに類似する業務もしていて、当時としては、文庫は、立派な参考図書館であったということができる。

曝書は、曝涼・虫干・土用干などと呼ばれ、湿気の多い我が国では、古くから寺社・貴族から庶民に至るまで行われていた。『御書物方日記』には「風干」と記されることが多い曝書は、文庫においても、書物の湿気を除き、害虫を駆除し発生を抑えるための有効な手段として実施された最も重要な年中行事で、例年六月から九月（旧暦）ごろまでの約三、四ヵ月を要した。実施に先立ち、日に曝す書物を並べる敷物、箒・ふきん・手袋などの用具類、樟脳・片脳などの除虫剤、除虫剤を包むためや本箱の内容を記録するための用紙、人手の手配などを周到に準備し、実施に際しては毎日の天候に細心の注意を払い、雨天はもちろん、曇天や晴天でも雨天の直後には、多湿に配慮して、書庫の扉を開けなかった。

この曝書期間を利用して、書庫の入れ替え、蔵書の員数の点検、図書や本箱の破損の修理等も実施した。

こうした深い配慮のうえにしばしば修補に努めたので、今日でも紅葉山文庫本は、極めて良好な保存状態を保っている。ただ、入蔵に際しては、唐本の薄い表紙も我が国風の厚い表紙に改装されることが常で、図書学的見地からは、原装を知ることができないのが残念である。

［餘録］　書物奉行の業務が厳しい管理下におかれていたのに対し、筆者が奉職したころの書庫は、出入口の施錠も無く、出入は全く自由であった。前任者からの申し送りでも、「自由に書庫に入る特権を持つ故に、誰よりも蔵書に親しみ、その調査に専心しなければならない」といわれていた。その後、閲覧者が、二階の閲覧室から一階にある館の出入口を通り越して地下にある書庫に立ち入ることがあり、やはり不用心だとの理由で、施錠されることとなった。鍵は、経常的に書庫に出入りする閲覧係以外は、一々一階にいる守衛に申し出て借用することとなったが、筆者たちが所属する専門職には、自由に使用できる鍵が与えられ、ほとんど従前と変わりなかった。しかし、その後貴重書書庫が新設されると、管理は一層厳重になり、業務の内容に変化があったわけではないのに、そこへの自由な出入りは叶わなくなった。

ちなみに書物奉行を題材とした小説には、管見に入るところ次のようなものがある。

井上ひさし「秘本大岡政談　背後からの声」（『オール読物』第三七巻第一号、一九八二年）
出久根達郎『御書物同心日記〈虫姫〉』（講談社文庫、二〇〇五年）

蔵書目録　紅葉山文庫の蔵書に関する目録類の編修は、延宝八年（一六八〇）に林鳳岡《はやしほうこう》が命じられて行ったのを第二回として、慶応二年（一八六六）に完成した『元治増補御書籍目録《しょじゃく》』まで、蔵書が増加するごとに都合九回にわたって改編を重ねた。なかでも、文化十一年（一八一四）に着手し天保七年（一八三六）に完成した『重訂御書籍目録』は、近藤正斎が苦心考証した、記載のもっとも完備したものであり、前記の『元治増補御書籍目録』は、紅葉山文庫の最終的な内容を示すものである。また、文化二年に、『新訂御書籍目録』の附録として編修された『御書籍来歴志』は、蔵書中の善本について、その伝来の由緒を考証したもので、一文庫の善本解題としては、我が国で最初の業績と思われる。

明治維新後の紅葉山文庫本　明治維新後、紅葉山文庫の蔵書は明治二年（一八六九）十二月、大学（後の文部省）に移管された後は、翌三年二月以降太史局、太政官正院式部寮、正院歴史課、修史局、修史館、そして最後は十七年一月に太政官文庫となり、太政官の文書管理部門が所管したが、書籍そのものは皇居内紅葉山の旧書庫に保存されたままで、明治二十四年三月に至って、内務省が所管していた和田倉門内にあった旧千代田文庫の書庫の移譲を受け、そこにその他の蔵書とともに移された。

紅葉山文庫本は、その伝来の由緒が明らかで、その内容も優れているため、明治以降も旧来の本箱に収めたまま、特別書と称して別置、尊重してきた。これらの書物は、すべて管理が行き届いていたうえに、書き入れのない美本ばかりで、伝来のよさを物語る気品を備えている。ことに、幕府編纂物の浄書本や名家の自筆本・献上本の数々は、江戸時代学芸史の生き証人でもある。また世界的な珍書である中国明代末期（一六世紀末）の戯曲小説類や清代初期（一七世紀初）の歴史書・地方志の閲覧を希望して海外から来庫する研究者も少なくない。

なお、紅葉山文庫本は、明治六年五月五日の皇居内の火災によって、太政官正院や宮内省の各部局に貸し出していた図書類四五箱五七二一冊二八帖三五軸二三枚二本（若干の新刊納本本を含む）が、他の官庁の公文書類とともに焼失した。これらのうち、執務上ぜひ必要なものは、購求または謄写して補充することを翌七年七月に命じている。

2　昌平坂学問所

林家の蔵書　紅葉山文庫本とともに、内閣文庫の蔵書を重厚なものとしているものに昌平坂学問所（昌平黌）の旧蔵書がある。

昌平坂学問所の文庫は、家康に近侍し、家康の晩年には、その蔵書を管掌した林羅山の蔵書に始まるもので、現在、双方が同じ国立公文書館の書庫に合流しているのは、まことに因縁の深いものがある。

昌平坂学問所は、寛永七年（一六三〇）、林羅山《はやしらざん》が上野《うえの》忍岡《しのぶがおか》に書院を開いたのがその起源で、元禄三年（一六九〇）湯島の地に移って聖堂と称した後も林家の私塾であった。しかし、寛政九年（一七九七）に至って幕府の官学となり、学問所と改称した。林羅山の蔵書は和漢にわたり、その晩年には約二万冊とも称されたが、有名な明暦三年（一六五七）正月の江戸の大火（いわゆる「振り袖火事」）により、読みかけの『晋書』一冊を残して焼失したと伝えられていた。しかし、これに先立つ正保四年（一六四七）に三男鵞峰・四男読耕斎らに分与していた約千七百余部が、幸いにもこの難を免れて残った。

鵞峰はその後も購収・新写・官賜などによって蔵書の充実に努めたので、寛文八年（一六六八）ころには和漢書合わせて二四〇〇部三万冊近くになっていた。このことは、彼の『後喪日録』『国史館日録』や延宝二年（一六七四）の『忍岡家塾書目跋』などの記載によって知られる。

学問所の蔵書　その後聖堂は、三度の火災（元禄十六年〈一七〇三〉・安永元年〈一七七二〉・天明六年〈一七八六〉）により焼失し、蔵書も失うことが多かったが、そのつど諸大名に図書の献納を命じ補充に努めた。林述斎《はやしじゆつさい》（第八代大学頭《だいがくのかみ》）は、寛政九年（一七九七）に聖堂を学問所と改めたとき、林家伝来の書物に「林氏／蔵書」印を捺して、そのすべてを新しい学問所に移管した。寛政十年以降は、学問所自身で収集に努めたほか、官版（官板）の刊行もあり、また、天保十三年（一八四二）以降は新刊納本制も定められて、新刊書が受け入れられた。諸大名・学者の献納本も多かったが、中でも市橋《いちはし》長昭《ながあきら》と木村《きむら》蒹葭堂《けんかどう》のものが特に優れたものである。市橋長昭は下総守を称した近江国西大路（文久二年〈一八六二〉まで仁正寺《にしょうじ》と表記した）藩主で、寛政期、毛利高標・松平冠山《まつだいらかんざん》（池田定常）とともに好学の三大名として知られた蔵書家で古書の鑑識にも長じていた。文化五年（一八〇八）、その架蔵

林氏旧蔵印

市橋長昭蔵書印

書中から宋元版三〇種を選んで学問所に献納した。そのうち二一部が内閣文庫に、五部が宮内庁書陵部に、二部が国立国会図書館に現存している（Ⅱ蔵書点描　47参照）。また、文政十一年（一八二八）、毛利高翰から献納された毛利高標旧蔵本の一部も学問所に納められた。蒹葭堂木村孔恭は、大坂の町人学者として著名な人物。享和二年（一八〇二）、収集家で知られた彼が亡くなると、蔵書目録の提出を命じ、その蔵書中から二千余部約三〇〇〇冊が幕府に献納され、文化元年学問所に入った。ただし、木村家には金五〇〇両が下付されたので、純粋な意味での献納ではない。それ故、これらの書物には、購入書に使用される墨の「昌平坂学問所」印が捺されている。さらに、文化年間、林述斎が建言して学問所に史局を置き、『朝《ちょう》野《や》旧《きゅう》聞《ぶん》裒《ほう》藁《こう》』その他の膨大な史書や地誌を編修したので、その資料として多くの記録類が集められ、学問所の蔵書構成を多彩なものとした。今日、内閣文庫が近世史料の宝庫とされるのは、幕府の記録類とともに、これらの収集史料が豊富にあるからである。

昌平坂学問所の蔵書の特徴は、林家歴代の編著書・手沢本《しゅたく》（愛蔵書）の豊富な点にあり、数量も天保ころには、書庫四棟になったというが、紅葉山文庫のような詳しい記録がないので、運用上のことは伺い知れない。

書籍館と浅草文庫　明治維新後、昌平坂学問所の所管は複雑に変遷した。すなわち、明治元年（一八六八）四月大総督府の管理に移り、六月に昌平学校と改称した後、八月東京府に、次いで鎮将府、行政官に属した。二年六月に大学校、十二月には大学と改称、四年九月には文部省博物局の管理となった。五年六月、博物局はここに書籍館《しょじゃく》を設置、聖堂の大成殿を書庫に、左右の回廊を閲覧所として、八月から一般の閲覧を許した。十四年七月、大学を廃して文部省が置かれた。

我が国最初の官立公開図書館といわれる書籍館の存続は、明治七年七月までの二年ほどの短期間であったが、この間に広く書籍の献納を求めたので、塙忠詔《はなわただつぐ》・町田久成・神田孝平・市川清流《いちかわせいりゅう》・田中芳男・青山延寿《あおやまのぶひさ》・仙石政固《せんごくまさかた》などから多くの書物が寄せられた。

明治七年七月、政府は地方官会議の会場としてこの建物を使用するため、その七月末日までに、蔵書を浅草八番堀の大蔵省が管理する旧幕府米蔵跡に移し、新たに書庫二棟と閲覧所を建築して、博物館所属浅草文庫と称し、翌八年十一月から開館した。当時の蔵書総数は約一一万冊、内漢籍五万九千余冊、国書四万四千余冊、蘭書六千余冊であったという。明治十一年刊『博物館書目』三冊や同十三年刊『博物館書目解題略』五冊などは、この当時の蔵書内容を示している。

浅草文庫蔵書印

これより先、明治六年三月、書籍館は太政官正院の博覧会事務局の管理下に移されたが、同八年三月同局は内務省所属となり、浅草文庫もまた同省博物館（という名称の部局）に属した。翌九年四月内務省図書局所管となり、同十四年五月に至って、この地に東京職工学校（後の高等工業）を設けるため、建物を文部省に引き渡し、浅草文庫は事実上閉鎖となった。この蔵書は内務省所管のまま、和田倉門内に新築の書庫（千代田文庫）の落成を待って、同十七年五月移転を終わり、同年太政官文庫の所管となった。

このように、昌平坂学問所の所管官庁は、たびたび変わったが、書物そのものの移動は、明治年間に湯島—浅草—和田倉門内—大手門内の三回である。それでもこうした変転の間に、書物が散逸しやすいことはいうまでもない。この当時流出した蔵書が、いま東京国立博物館・国立国会図書館（旧上野図書館）・東京都公文書館その他に所蔵されている。

なお、湯島にあった書籍館の建物は、地方官会議が延期されたため、明治七年十一月再び文部省に引き渡され、文部省は翌八年四月、ここに東京書籍館を創設した。これが後の帝国図書館（上野図書館）の前身であって、初めの書籍館と同じ建物であるが、内容はまったく別のものである。初めの書籍館の蔵書は、浅草文庫を経て、すべて内閣文庫に受け継がれている。

3　和学講談所

紅葉山文庫・昌平坂学問所の蔵書に次ぐ集書は、和学講談所本である。塙保己一《ほきいち》が同所を創立したのは寛政五年（一七九三）で、同七年には官立に準ずる機関となり、講学・研究のほか、しばしば門人を京都に派遣して古書を書写させ、貴重な古典資料の収集に努めた。これは、『群書類従』・『史料』（いま東京大学史料編纂所が編纂を続けている『大日本史料』は、このあとを継いだもの）・『武家名目抄』などの編修資料として古典の校訂に資するためであったから、その蔵書は学術的価値の高いものである。早く寛政十一年には、堂上家の日記を多数新写して幕府に献じたが、明治五年（一八七二）塙保己一の孫の忠韶から蔵書のすべてが書籍館に献納されたので、浅草文庫を経て内閣文庫に伝えられている。なお、『群書類従』の刊行に使用された版木約一万七千余枚は、明治九年に塙家より浅草文庫に献納され、同二十三年、内閣文庫に移管された。これらは、同三十八年に東京帝国大学の管理に移り、さらに昭和二年（一九二七）には、渋谷に新築された温古学会の書庫に保存され現在に至っている。昭和三十二年、重要文化財に指定された。

4　医学館

江戸幕府の医学館は、もと躋寿館《せいじゅかん》といい、多紀元孝《たきもとたか》の私塾として明和二年（一七六五）に創立されたもので、寛政三年（一七九一）に幕府の経営に移った。その蔵書は、元簡《もとやす》・元昕《もとあき》・元堅《もとかた》らいずれも和漢の古医書に詳しかった多紀家歴代の収集・校訂にかかるもので、特に漢籍古医書の一大宝庫といわれている。文化三年（一八〇六）の火災に一部を焼失したが、翌四年、広く献本を募り、旧に復した。さらに、文政十一年（一八二八）献納の毛利高標旧蔵本の一部も含まれる。明治二年（一八六九）ころ、大学東校・昌平学校の所管を経て、内閣文庫に入った。紅葉山文庫の医書と合わせて、内閣文庫が明清医学書の宝庫と称される理由である。

二　明治時代以降の内閣文庫

1　太政官文庫の成立まで

太政官文庫の構想　明治維新後、旧幕府諸機関が作成した文書や収集した書籍を引き継いだ明治政府は、これを直接関係する各省に振り分け、利用と保管を図ってきた。例えば勘定奉行のものは大蔵省へ、町奉行のものは司法省へ、外国奉行のものは外務省へ、昌平坂学問所のものは文部省へ、のごときである。

しかし、急速な近代化を推し進めていた明治政府の諸機関では、一部を除いて、江戸幕府から引き継いだ資料ではなかなか新政府の活動に充分対応することが難しかったので、次第に新しい資料を独自に整え始めると、新たな問題が発生した。

それは、各機関が独自の判断で資料を整備したために政府全体として重複する資料が増加し、歳費の有効利用が損なわれるということである。そればかりか、他の機関が所蔵する資料に関する情報を持たない故に、急な要求に応えられなかったり無駄な購入をしなければならなかったりすることにもなった。加えて、内務省のように、殖産興業の参考とするため、積極的に旧幕府時代の資料を新たに収集して利用しようとする機関もあったが、多くの機関では、旧幕府時代の資料は有用でないばかりか、邪魔にさえなってきた。

この時、新政府は、もともと内閣書記官局記録課の職掌であった「官中一切ノ書籍ヲ管守シ及ビ出納ヲ取扱フ事」を徹底し、明治十六年（一八八三）、太政官文書局記録課が政府内官庁間の中央図書館として図書の集中管理を行う太政官文庫の構想を立ち上げ、明治十七年一月二十四日、太政官内各官庁所蔵の書籍を一切太政官内に設置される文庫に移管し、その管理を文庫が行う旨の太政官達第一一号を公布した。この太政官文庫構想は、各省庁の図書を一ヵ所に集中することによって冗費を省くばかりでなく、必要とする図書の収集の完璧を期すとともに積極的活用を図ろうとするものであったが、各省庁では、すでに所有する図書の移管に強く抵抗したので、陸海軍省および省庁に附属する図書館・博物館など一部機関が所有するものおよび日常必要なものについては、その目録を提出することによって例外とすることで決着した。事実、各官庁が必要とする図書は、文庫を通じて購入され（ただし、購入に必要な費用は、当該官庁の負担）、文庫での登録・装備が終了し次第、購入希望官庁に永久貸出された。貸し出された図書は、実際に使用する個人の蔵書のように扱われ、自宅で利用することもあったらしく、文庫の蔵書が退官後もそのまま自宅に残り、遺族から蔵書印を頼りに内閣文庫に返還されるようなこともあった。現在では、公私の別を明らかにすることは当然で、役所の資料を個人の資料のように利用することは考えられないが、この当時は、それほど異常なことではなかったようである。明治十六年十一月に提出された太政官文庫創設の上申書では、書籍の利用は文庫での閲覧、課局または私宅への持ち帰りであると規定しており、内閣書記官長を勤めた柳田国男も、貴重な資料は役所などでなく自宅で読むべきだと述べている。貴重な資料、すなわち古書や古文書は役所の日常業務に直接関係するものでないから、それらの読書に勤務時間を割くべきではないとの考えかもしれない。

この中央図書館構想により、日常使用する図書類に対する購入費用の有効利用が実現するだけでなく、有効な利用が望めなくなっていた江戸時代の古書・記録・文書が破棄されず、文庫に移管され、後世に伝えられることとなった。これは、新政府を支えた人々の大英断と賞されてしかるべき行為である。

ただ、内閣文庫に伝わった諸源流の蔵書と異なり、太政官文庫に移管されず大蔵省や司法省にとどまった資料は震災や戦災を被り、江戸時代の実態を知るための重要な資料の多くを失う結果となった。

書庫の完成　太政官文庫は、組織はできたものの独自の書庫を持たなかったが、明治十七年（一八八四）十一月、赤坂離宮内に木造二階建書庫一棟・平屋建事務棟一棟が建築され、これを機に文庫を直接管理する記録課文庫掛もここに移転した。

書庫の完成を待って、修史局から紅葉山文庫本の引き継ぎを完了し、それ以外の各省からの引き継ぎも進み、翌十八年二月には、外務省からアレキサンドル・シーボルトの献納本を含む二一二六冊が移管されてきた。文政十一年（一八二八）のいわゆるシーボルト事件で国外追放となったシーボルトは、後年長男を伴って再来日している。長男は明治政府に出仕、日本外交に貢献した。その長男から、父の遺書一二〇〇部を日本政府に献納した。献納本の多くは、アジア関係の図書で、すべてに「しいぼると氏献納」の朱印が捺され、現在は、東京国立博物館にも分蔵されている。

図書の保存の状態を把握し、さらに良好な状態で後世に伝えるため毎年秋期に曝書を実施すべきことが明治十八年十一月に改定された「文庫課処務規程」に規定された。ここでは、台帳と蔵書の照合はもちろん、曝書後の本箱に樟脳を入れることなども定められている。この曝書は、昭和二十年（一九四五）前後の数年を除いて、その後も実施された。

2　内閣文庫の成立

資料の引継・購入　明治十八年（一八八五）十二月二十二日、内閣制度の創始にともない行政組織の改革が行われた。内閣においては文書局が廃止され、記録・会計・官報の三局が設置された。これにともない文書局に属していた文庫課は、記録局に記録課とともに図書課として置かれることとなった。従来の太政官文庫の名称も内閣文庫（図書課所管）と改称された。

この名称は、太政官文庫の呼称のように法令等で定められたものではないが、太政官文庫と同じ働きを持つ組織として認識され、その後も通用されてきた。

内閣文庫設立当初、諸官庁の所蔵した古書や古文書が、当文庫に多数引き継がれた。内務省からは維新後の地方行政の沿革を明らかにするため地方に提出を命じていた『府県史料』の稿本、修史館などが謄写した史書類、正院地志課や内務省地理局が集めた地誌類、太政官時代に調査・翻訳した歴史・政治・法律書の稿本類、明治初期の官庁出版物などである。

また、政務の参考に供するため、多くの外国語資料も購入された。明治時代初期には、西洋諸国に追いつけ追い越せをスローガンに購入された、当時入手可能な洋書が中心であった。もちろん、これらの中にも、今となっては入手困難なものも多く含まれ、近代史研究の史料として意義の深いものがあるが、その後実際に政務の遂行に必要な資料として太政官文庫・内閣文庫を介して入手されたものは、すぐ希望した部署に貸し出され、そのほとんどは、現在の内閣文庫に伝わっていない。

明治十九年、高野山釈迦文院旧蔵の漢籍八千余冊が、同院から購収された。これらは、おおむね明末刊本で、江戸時代長崎直輸入のものらしく、日本人の書き入れ等のまったく存しない美本である。「釈迦文院蔵書」の墨長方大印がある紙製の帙《ちつ》に包まれ、帙の裏には、「文化十二亥年六月中旬造焉」などの墨書がある。

古文書・古記録の収集　さらに明治政府は、古文書の収集も積極的に実施している。現在の東京大学史料編纂所の前身である修史局がその中心となり、維新の大転換でその存続が危うくなっていた堂上・武家・寺社が保存する古文書を書写するだけでなく、原本の収集も図っている。新しい政権が成立すると、その正当性を標榜する史書を編纂するのは、いつの時代でも見られることであるが、明治新政府にも、成立の当初から維新史編纂の計画があり、この古文書の収集もそのためのものではあったが、結果的に、その散逸を防ぐこととなった。特に、明治二十年前後には古書に明るかった内閣書記官長（内閣文庫の直接の管理者）田中光顕の力によって、優れた古書・古文書の数々が購入され、当文庫の内容を一層豊かなものとした。その中には、『東大寺文書』、『大乗院文書』、『朽木家《くつきけ》古文書』、『沢氏古文書』（北畠氏の家臣であった伊勢国沢氏の文書）、『蜷川家古文書』（室町幕府の沙汰人であった蜷川氏の古記録類）、『豊島・宮城文書』（平安時代から武蔵国豊島郡を支配した豊島氏とその支族宮城氏に伝わる古文書集）など、今となっては得難い史料が数多く含まれている。また、明治二十年代中ごろには、伊勢松木家および万里小路《までのこうじ》・中院《なかのいん》・中御門《なかみかど》・甘露寺・坊城の公家諸家に伝来した古記録を購入、別に坊城・甘露寺両家から古記録の献納があった。さらに、記録課で保管されていた『法規分類大全』『明治職官沿革表』が、『法規分類大全』の印刷に使用された図版用の版木とともに内閣文庫に移管された。

楊守敬と紅葉山文庫本　以上のように増加を続けてきた内閣文庫において、大きく四度蔵書が減少することがあった。まず最初は、既述（六・一二頁）した明治六年（一八七三）五月の皇居内の火災であるが、次に明治二十四年の宮内省図書寮への移管がある。明治二十年代には、古書に明るかった内閣書記官長田中光顕が、維新後の混乱で当時市中に流出しようとしていた寺社・武家・公家等の家伝の古文書・古記録類を購入して、文庫の内容を一層豊かなものとするなどのこともあったが、古書に対する当時の関係者の関心は薄く、紅葉山文庫本もほとんど利用されることなく死蔵されているのが実状であった。

この紅葉山文庫本に光を当て、その貴重性を喚起したのは、明治十三年に清国駐日公使何如璋の随員として来日、同十七年の黎庶昌公使に至る約五年間滞日した清末民国初年の学者楊守敬である。彼は、我が国に存在する中国の古書の調査と収集を行い『日本訪書志』一六巻を著している。そして、すでに中国で伝を失ったものでも、日本に存在する書物（佚存書・逸存書）のあることを知り、それらを集め、木版による複製本を作成し、中国に再輸入すべく計画されたのが『古逸叢書』である。この叢書には、内閣文庫所蔵本が二部収録され、特に紅葉山文庫旧蔵の宋刊『太平寰宇記《たいへいかんうき》』（巻一一二―一一八）には、太政大臣で紅葉山文庫（秘閣）本を管理する修史館の総裁も兼ねた三条実美と黎庶昌公使との翻刻のための原本借覧に関する文書が附されている。なお、もう一部は、木村蒹葭堂旧蔵『史略』で、昌平坂学問所に所蔵されていたために、後の移管の対象とはならなかった。また、『日本訪書志』巻一所載の『春秋経伝集解』三〇巻（古鈔巻子本）の項では、修史館書記巌谷修という文庫本に最も近い人物でも、その所在を明確にしていないのを非難し、その奇（貴）書たることを強調している。

資料の図書寮への移管　こうした楊守敬の活動により、紅葉山文庫本の貴重性は関係者の間にも認識されることとなったが、しばしば交代する管理者と管理方針の不統一から起こる散逸の危険からこれらを守るため、「万古不易」と称された皇室の図書寮に移すことが考えられ、明治二十二年（一八八九）七月、内閣記録局長股野琢から総理大臣黒田清隆に「古書処分の件」と題する献言が提出された。この献言は、同二十三年十月、時の総理大臣山県有朋の認可するところとなり、紅葉山文庫を所管する後任の内閣記録局長牧野伸顕の了承を得るとともに宮内大臣に対し、正式に照会文書が目録を添えて送付された。これには、移管に際し、係員二名の転属採用の依頼と移管後も従来通り諸官庁の閲覧を許可することおよび複製による副本を作ること等の条件を附している。翌二十四年二月に宮内省は応諾、三月三十日に移管が終了した。移管された総数は、千余部、その詳しい内訳は、一万九一二一冊・二〇四八巻・一万五三〇帖・一七枚・三二軸・八幅であるが、その後、移管基準に合わないことを理由に若干の返却と追加移管が実施されている。

この時期、移管の献言がなされたのは、股野が内閣記録局長と宮内省書記官の両方を歴任しており、双方の実情を知ることができたからである。加えて、図書寮は明治十七年八月に設立されたばかりで、その蔵書は、皇室の系譜等の記録に類するものが主で書物が少なく、文庫としての性格も偏っており、内閣文庫からの移管の申し出は、望むところであったものと推測される。このことは、明治三十三年十月・同四十一年十一月・昭和七年十月・同三十五年の四度も文庫本の移管を希望していることからも説明できる。これら四度のうち、明治四十一年には、尊敬・良尚両法親王の手になる経典二部の移管は実現したが、ほかは沙汰止みとなった。

［**餘録**］　筆者が入手した昭和七年（一九三二）十月の移管要求にかかわる資料では、紅葉山文庫本以外も含めた、徹底した移管を要求している。宮内省内部の起案文書によると、「先年の大震火

災の教訓に加え図書寮の書庫が新築されたこともあり、明治二十四年（一八九一）の移管趣旨に則り、尚内閣文庫に所蔵される旧楓山・昌平両文庫の蔵書を始めその他の稀書珍籍についても移管すべし」と述べている。

その具体的な移管の基準は、

一、宋元版本
二、日本古版本
三、明清ならびに朝鮮版本の佳良なるもの
四、古文書・古記録および古写本
五、名家の自筆本または書き入れ等のあるもの
六、その他の稀覯書

とあり、この基準に則った目録も附されている。そこでは、江戸幕府の記録類・江戸時代の版本を除くほとんどすべてが対象となっている。

本資料の題簽には「内閣文庫善本書目」と署されており、以下タイプライターを使用した複写で、内扉には「内閣図書館移管関係」とあり、次いで版心下部に「宮内省」とある朱色の罫紙には「楓山文庫本ト内閣図書」と題し、「本寮所蔵図書中内閣移管ニ係ル和漢書ノ内楓山文庫旧蔵ノモノ尠ナシトセス、今紅葉山文庫書籍ノ内閣文庫ニ襲蔵セラレ、次デ本寮ニ帰シタル沿革ノ一般ヲ摘記スレハ下記ノ如シ」で始まる移管の経緯一丁半が、次いで移管を申し入れるための内部起案文書「図

普第二二〇号」が、次いで同じ罫紙で宮内大臣から内閣総理大臣宛の申し入れ書が附され、その後半には、上記の基準が挙げられている。次いで、孔版による「内閣文庫善本書目」すなわち移管候補目録が附され、最末に「以上　合計　壱万八千九百十一冊／二百四十八巻／壱万五百三十帖／十七枚／三十二軸／八幅　総数　弐万九千七百四十六点」とあるが、附された目録との実数は確認していない。この要求も実現しなかった。

ところで、ある時内閣文庫から図書寮（現、宮内庁書陵部）に移管された資料の閲覧を希望したところ、当日生憎の雨天となると、多湿を理由に急遽原本による閲覧を取り消されたことがあった。このように厳重に管理され、良好な状態で保存されているのを見ると、書物にとっては、移管された方が幸福であったかも知れないと感じさせられた。

関東大震災の被害　三度目は、大正十二年（一九二三）九月の関東大震災である。この時文庫の書庫の三階が大破し、図書三万冊余、本箱類百六十余個が破損し、各省庁に貸し出していた図書二万四千余冊が焼失または散逸した。明治三十七年（一九〇四）に東京帝国大学に移管した旧幕府評定所記録七千六百余冊と附属絵図四千五百余枚も、この震災で焼失した。

戦　災　昭和二十年（一九四五）二月二十五日（日）午後三時四十分ころに、東京大空襲の最終波によって書庫左翼の一角に焼夷弾数十発を受け、火災が発生した。三人の宿直員の献身的作業によって中央書庫と北書庫との間の防火鉄扉が降ろされ、延焼がくい止められたが、三階全焼、二階過半・一階一部焼失という建物等の被害があったほか、ドイツ書・オランダ書のほとんどとフランス書の過半など洋書四万余冊が焼失、フランス書六〇〇〇冊は水損等によって修復困難な状態となった。和書一万冊・漢書五〇〇〇冊も煙によって燻製状態となり、表紙や小口《こぐち》が真っ黒になる被害を受けたが大事には至らなかった。これが四度目である。筆者が退職するころになっても、通常業務の間を縫ってこれらのうちから修復可能なものを選んで修復作業が進められていたほどである。たまたま被害は洋書に集中し、オランダ・ドイツ書が全滅の状態になった。特にオランダ書は江戸幕府から伝わる特徴のあるものが多かっただけに残念である。

この戦災に先立つ同十九年三月、宮内省浅川分庫（現、八王子市）に紅葉山文庫本七万四千余点を保管することを、宮内省に依頼した。二十年二月の被弾以後、さらに疎開を検討、五月に、内閣文庫本（浅川分庫格納分）九〇七箱七万四七四一冊を宮内省図書寮本とともに、長野県中軽井沢駅近くの線路脇にある市村今朝蔵邸内に設置した宮内省の臨時書庫に搬入した。結果としては、二月の空襲以後、直接文庫には被害がなかったが、その後浅川分庫は被災しているので、この移動は無駄ではなく、図書の保存にかける当時の関係者の労を多としなければならない。当時、文庫には職員が極端に少なく、疎開の実務は宮内省職員の手によって行われた。

［**餘録**］　爆撃の被害を受け真っ黒になった書物の修復の方法として煙で燻され真っ黒になった小口を、少しでも元の状態に戻すために、単純に裁断するのでなく、ヤスリをかけて黒くなった部分を落とす場合がある。こうして修復された書物が再び書架に並べられたのを見て新たな発見があった。ある程度まとまった数の図書の小口書きを、どのようにして整然と書いているのか常々疑問に

思っていたが、その具体的な方法が判明したのである。ヤスリをかけて色が薄くなった小口に、小口書きの文字の数だけ細く濃い黒い線が現れていたのだ。すなわち、墨などで文字の位置を決めるのではなく、文字の数だけナイフで浅く切り込みを入れて、それを目安に文字を書いていたのだ。通常では、切り込みはほとんど目に見えないが、そこに煤が他の場所より多く溜まったために、はっきりと線になって現れたのである。

3　戦後の内閣文庫

戦中・戦後　昭和十七年（一九四二）七月、内閣官房記録課が廃止され、同課の事務は内閣官房総務課が所掌することとなり、総務課長が内閣文庫も所管することとなった。同十八年には、内閣文庫の宮内省移管も考慮されるに至った。既述のように貴重書の疎開が宮内省の手で実施されたのも、この一環と思われる。同二十年十月に疎開先から戻った内閣文庫の貴重書は、宮内省図書寮の貴重書庫の空き棚および通路に保管された。

同二十三年二月、国立国会図書館法が公布され、行政および司法の各部門に現存する図書館を同館の支部図書館とする支部図書館制度が発足した。八月、内閣文庫も支部内閣文庫となり、内閣文庫を所管する内閣官房総務課長岩倉規夫が初代の支部内閣文庫長に就いた。同三十一年六月一日、総理府内閣総理大臣官房総務課には内閣文庫長が置かれ、支部内閣文庫長を兼ねた。同三十二年八月、内閣文庫は官房総務課から分離して大臣官房の一部門として独立した内部組織となり、内閣総理大臣官房内閣文庫長が置かれた。ここに至って、これまで、便宜使用されていた「内閣文庫」の名称は、初めて独立した機関の正式の名称と認められた。

国立公文書館の設置へ　昭和三十四年（一九五九）十一月十九日、日本ユネスコ国内委員会から内閣文庫に対して、国際文書館会議（International Council on Archives, 略称ＩＣＡ）への加入勧告通知が送付された。同月二十八日には、日本学術会議は、近現代史を跡づける重要な歴史的資料である公文書が、諸外国に見られるような、それらを保存し公開する機関である公文書館を持たないことが、保存期間の過ぎた官公庁の公文書が散逸・消滅する最大の原因となっているとの認識から、岸信介総理大臣に「公文書の散逸防止について」の勧告を行った。さらに、翌三十五年二月に日本ユネスコ国内委員会から内閣文庫に対して、文書館設置問題の検討を要請した文書が送付されるなど国立（公）文書館設立の機運が次第に熟してきた。

同時に、昭和三十六年四月、明治四十四年（一九一一）三月皇居内に竣工した内閣文庫の建物の移転の申し出が宮内庁からあり、内閣文庫の新しい施設と文書館の新設との両面から、公文書保管所（将来の国立公文書館）の機能を持った「国立内閣文庫」が構想され、北の丸公園が移転先の候補となった。しかし、「国立内閣文庫」の名称は適当ではないとして「国立公文書館《こうぶんしょかん》」と称することとなり、内閣文庫は、その内部機関として位置付けられた。

［**餘録**］　文庫の資料を古くから利用されていた方々は皇居大手門内にあった文庫の建物をよく話題にされた。門を入るのに門番がいて鑑札が必要だったとか、文庫の向かいにある皇宮警察の道場

からは激しい稽古の声が聞こえたとか、公文書館に吸収された内閣文庫しか知らない筆者らにとっては、一種の引け目さえ感じさせられたものである。この建物は、明治四十一年（一九〇八）四月に閣議決定の後、八月に着工、同四十四年三月に竣工した。その後久しく使用されてきたが、新皇居造営に伴う庭園用地として周辺を整備するため皇居内からの立ち退きを求められることとなり、公文書館と統合する形で昭和四十六年（一九七一）に北の丸に移転することとなったのである。

その後、旧文庫の建物は全く放置されていたが、昭和六十年に至り、これらの解体撤去が決定された。しかし、近代的な図書館建築として建築史上貴重であるとの判断から、当時の建設省によって、解体とともに調査が実施され、筆者は関係者とともに、お別れを兼ね解体前の建物に何度か足を運び、かなり荒廃はしていたものの、その姿を目に焼き付けることができた。この調査による詳しい報告書『内閣文庫建設記録』は、同年建設省関東地方建設局営繕部から刊行され、明治四十四年、皇居大手門内に新築された内閣文庫庁舎のうちの本館が愛知県犬山市の明治村に移築され、保存・公開されている。

筆者は、図書館建築史上の史料として有用と考え、旧内閣文庫の木製の書架一式を取りはずし公文書館に移した。この時附設する公文書書庫には、恩給原簿を公文書館の新書庫に移した後の、空の春慶塗《しゅんけいぬり》・ケンドン式の書類箱が放置されたままとなっていた。文庫の箱には、かなり破損したものや、込み合ったものがあったが、これらを修理・補充することが困難な状況では、この書類箱で代用できるのではと考え、保存の良いものを選んで公文書館に搬入した。割れた窓から侵入した鳩

移築当時の内閣文庫（博物館 明治村提供）

内閣文庫書庫

の大量の糞にまみれていたが、修復係の応援を得て汚れを流し、庶務課の配慮で、持ち込んだ書架とともにガレージを仕切って燻蒸を実施することができた。

公文書館に新館が建設された時に、木製の書架は組み立てて展示したいと考えたが実現できず、部材のまま書庫の片隅に残してきた。書類箱も結局利用するまでに至らず、かえって場所を取る邪魔者扱いとなり、処分されてしまったが、一部は当時静岡県清水市に所在する清見寺の史料調査に参加していた縁で、同寺の古書の収納箱として利用することとした。この時も庶務の人は、後になって問題が起こらないようにと、箱の底に公文書館が処分した旨の紙片を貼ってくれた。筆者の思いつきのために、少なくとも搬入と燻蒸の費用を無駄にしたにもかかわらず、種々の配慮と協力をいただいた館の関係者の皆様に感謝している。

4　国立公文書館の一部門としての内閣文庫

国立公文書館の完成　昭和四十六年（一九七一）三月、現在の北の丸公園の地に国立公文書館が完成した。

書庫内環境の確認、搬入図書の燻蒸、梱包をはずす等の準備を終え、同年十一月二十五日に資料の新書庫への搬入を完了した。

これを機に内閣文庫は独立の組織から国立公文書館の一部として、すなわち、国立公文書館内に置かれた三課——庶務課・公文書課・内閣文庫——の一つとして存続することとなった。

国立公文書館正面

国立公文書館書庫

課としての内閣文庫には内閣文庫長が課長職として置かれ、その業務は、国立公文書館が所管する資料のうち、かつて内閣文庫が所管してきた古書・古文書およびその他の洋装図書を管理し、それらに関する調査研究、その成果の利用者への提供、国立国会図書館支部図書館の一つ（支部内閣文庫）として、総理府の業

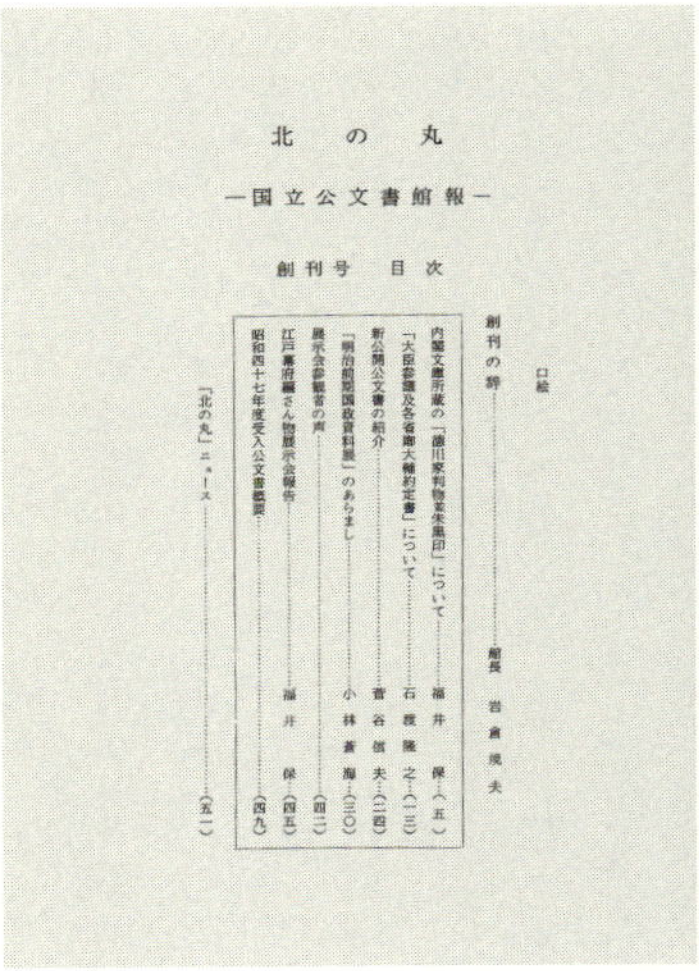
北の丸
—国立公文書館報—
創刊号　目次
口絵
創刊の辞……館長　岩倉規夫
内閣文庫所蔵の「徳川家判物並朱黒印」について……福井保…（五）
「大臣参議及各省卿大輔約定書」について……石渡隆之…（一三）
新公開公文書の紹介……菅谷信夫…（二四）
「明治前期国政資料展」のあらまし……小林蒼海…（三〇）
展示会参観者の声……（四二）
江戸幕府編さん物展示会報告……福井保…（四五）
昭和四十七年度受入公文書概要……（四九）
「北の丸」ニュース……（五一）

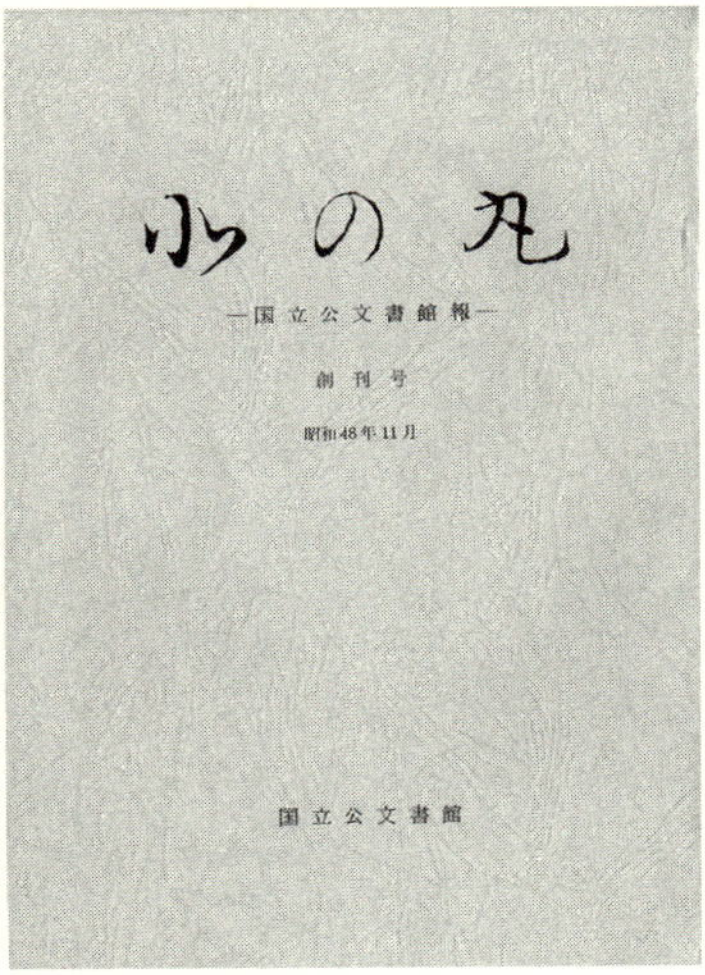

『北の丸』創刊号の表紙（右）と目次（左）

務に参考となる図書の収集および管理等であった。

内閣文庫の資料は明治時代後期には制限された形ではあったものの利用に供されていたが、戦後支部図書館制度下で借覧規定・閲覧者心得が定められ、学術研究のための利用が図られた。国立公文書館が発足した後もこの体制に変わりはなく、二〇歳以上の学術的調査研究を目的とする利用者に公文書とともに閲覧および複写による利用を可能とした。

独立行政法人化　さらに大きな変化が内閣文庫に訪れた。

平成十三年（二〇〇一）三月三十一日をもって組織としての内閣文庫の名称が消滅した。それは、肥大化する行政組織のスリム化の一環として実施された行政改革によって、執行業務を主とする機関を国の組織から除いて独立行政法人として再出発させることであった。

紆余曲折はあったものの、発足以来、総理府・内閣府の附属機関・その他機関として存続した国立公文書館もその対象となり、四月以降、体制を独立行政法人に改め再出発した。これに伴う館内の機構改革によって組織にも改編が加えられ、従来の三課は総務課・業務課・専門官室に改められた。従来の組織では、利用する資料によって、利用者は公文書課と内閣文庫に別々に請求することとなっており、資料の保存・管理等についても別々に担当していたので、この改編は、統一的かつ効率的な業務の遂行を確保するためには、当然の措置ではあったが、久しく学界に知られた組織としての「内閣文庫」の名称が消滅することとなったのである。

ちなみに筆者は新体制発足直前の一月から三月末まで、最後の内閣文庫長として在任し、その幕引きに立ち会うこととなった。かつて内閣文庫の一員として関係された方々や利用者の方々から、内閣文庫の名称のなくなるのを惜しむ声を耳にすることも少なくなかった。筆者としても、もちろんその気持ちに変わるところはないが、歴史の流れは押し留め難く、やむをえない結果かもしれない。しかし、これまで述べて来た伝来の中で伝えられた内閣文庫の所蔵資料は、従前と全く変わりなく国立公文書館の書庫内に保存され、今後も、それを求める希望者の閲覧を中心とした利用に応えるのであるから、資料にとって何等心配するに当たらないのが実情であり、是非、そうあって欲しいと願っている。

以上に述べた内閣文庫の主要な蔵書の源流を図示してみよう。

「内閣文庫」蔵書の源流

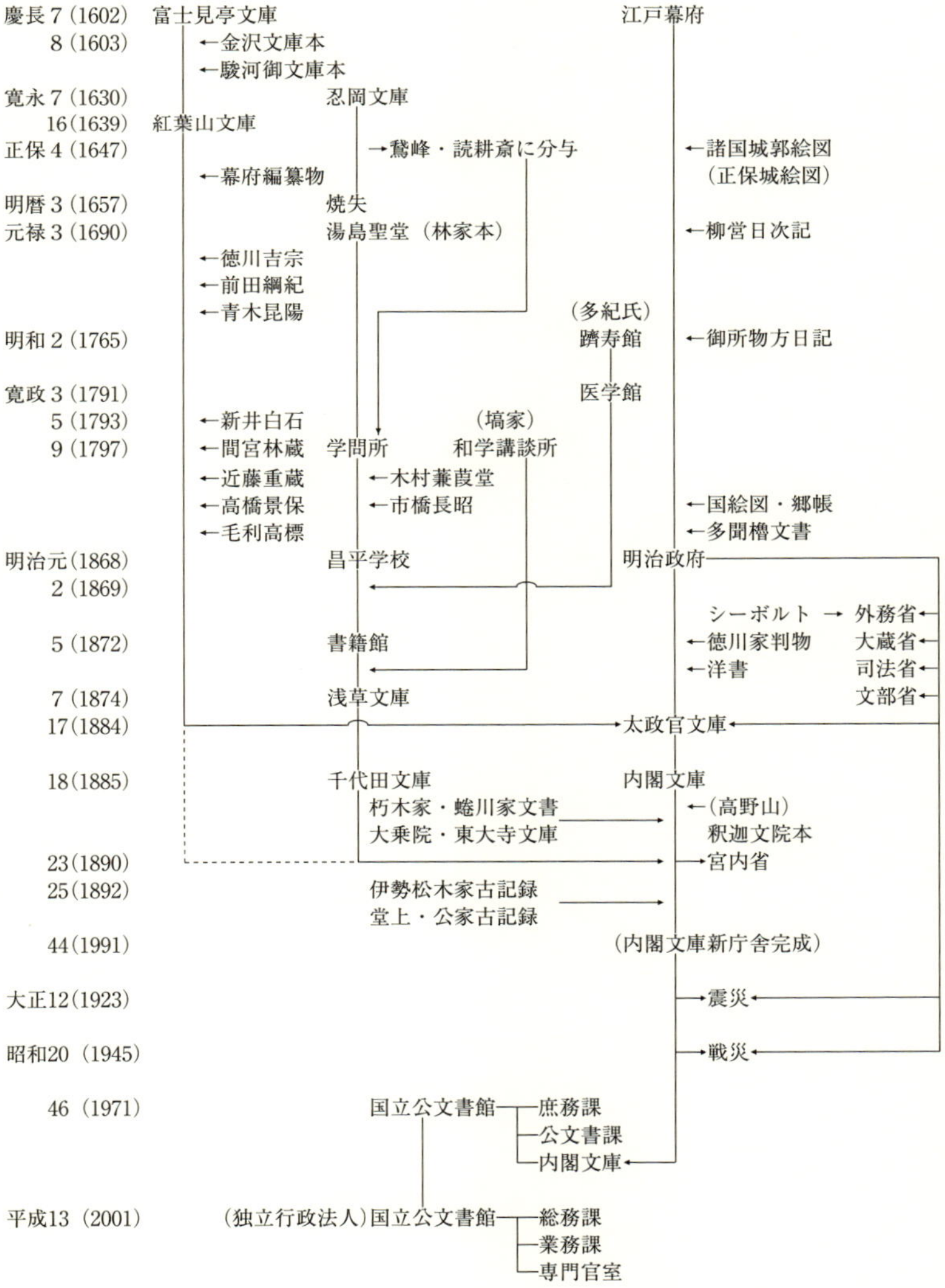
慶長7(1602)
富士見亭文庫
江戸幕府
8(1603)
←金沢文庫本
←駿河御文庫本
寛永7(1630)
忍岡文庫
16(1639)
紅葉山文庫
正保4(1647)
→鵞峰・読耕斎に分与
←諸国城郭絵図
(正保城絵図)
←幕府編纂物
明暦3(1657)
焼失
元禄3(1690)
湯島聖堂（林家本）
←柳営日次記
←徳川吉宗
←前田綱紀
←青木昆陽
(多紀氏)
明和2(1765)
躋寿館
←御所物方日記
寛政3(1791)
医学館
5(1793)
←新井白石
(塙家)
9(1797)
←間宮林蔵
学問所
和学講談所
←近藤重蔵
←木村蒹葭堂
←高橋景保
←市橋長昭
←国絵図・郷帳
←毛利高標
←多聞櫓文書
明治元(1868)
昌平学校
明治政府
2(1869)
シーボルト → 外務省←
5(1872)
書籍館
←徳川家判物
大蔵省←
←洋書
司法省←
7(1874)
浅草文庫
文部省←
17(1884)
太政官文庫←
18(1885)
千代田文庫
内閣文庫
朽木家・蜷川家文書
大乗院・東大寺文庫
←(高野山)
釈迦文院本
23(1890)
→宮内省
25(1892)
伊勢松木家古記録
堂上・公家古記録
44(1991)
(内閣文庫新庁舎完成)
大正12(1923)
→震災←
昭和20（1945）
→戦災←
46（1971）
国立公文書館
庶務課
公文書課
内閣文庫←
平成13（2001）
(独立行政法人)国立公文書館
総務課
業務課
専門官室

Ⅱ 蔵書点描

一　内閣文庫の蔵書

ここでは、内閣文庫が所蔵する資料について紹介してみよう。

文庫の特徴ある蔵書は、昭和六十年（一九八五）十二月に内閣文庫創立百周年を記念して刊行した『内閣文庫百年史』（同六十一年に増補改訂版を市販）に網羅的に紹介されており、「貴重書展」と銘打って開催した展示会でも紹介されている。しかし、そのすべてにおよぶことは紙数の関係から不可能であるので、筆者の思い出に残るものに限定して、紹介することとした。それ故、重要文化財に指定されたもの、内閣文庫が有用な資料として刊行したもの、純粋に学問的に重要なものでも割愛したものは多い。

初め、紹介する資料について、内閣文庫刊行の目録の記述通りの注記を加えることを考えたが、資料を特定する冊数と請求番号以外の注記は省略した。特に貴重書には行款《ぎょうかん》*・紙質・書風・書き入れなど書誌的情報も加えていたが、このような情報に興味のある方々にはすでに周知のことであり、興味のない方々には煩瑣でしかないので、特に必要な場合を除いて資料的には不十分であるがこれも割愛することとした。巻末の参考資料を参照していただきたい。

資料の掲出の順は、同じ資料が、複数の伝来と関係する場合もあるので、国書、漢籍、洋書、明治期の資料、その他に大別したうえで、ほぼ文庫の蔵書目録の記載順とした。

また既述のとおり現在は組織としての内閣文庫の名称はないが、ここでは、便宜、内閣文庫・内閣文庫本あるいは略称として文庫・文庫本の語を用いた場合がある。

なお、*を附した語については、本章末尾の《用語略解》にまとめて説明を加えた。

二国書

1 （一）好書故事　（特六八―一）　一二冊
（二）右文故事　（二一八―六四）　一〇冊
ともに文化五年（一八〇八）二月から文政二年（一八一九）二月まで紅葉山文庫の御書物奉行を勤めた近藤守重（正斎）の手になる。単に紅葉山文庫にとどまらず、江戸時代を代表する図書学的業績といわれ、その内容は、紅葉山文庫の貴重書の来歴、足利学校、金沢文庫、勅版、図書学的用語の解説など多方面にわたっている。ただ、両者は、*版心《はんしん》の上部にそれぞれ「好書故事」「右文故事」と、下部にともに「正斎」と*柱刻《ちゅうこく》のある罫紙を用いていること、対象とする書籍に差異があることなどから、この二書の関係や著述の先後については不明である。（一）は加除添削の多い稿本三巻分で、昌平坂学問所旧蔵。東京大学史料編纂所にも稿本一九巻分と目一巻の一部を蔵するが、その全体を知ることはできない。（二）は、文化十四年の浄書献上本で、紅葉山文庫旧蔵。

守重、通称は重蔵、字《あざな》は子厚、正斎のほか芙蓉道人・昇天真人・翠中軒・知新庵等と号し、私塾を白山義学と称した。明和八年（一七七一）江戸駒込に生まれ、幼時より多能多才で知られた。出仕後は、寛政七年（一七九五）から長崎奉行中川忠英に従い長崎に赴き、同九年から文化四年までの間は五回におよぶ北方探検に従事、寛政十年には、最上徳内とともにエトロフ島に「大日本恵登呂府」の標柱を建立、職務に関連した多くの著述も行った。その功により御書物奉行に登用され、その在任中は、紅葉山文庫の蔵書の研究と蔵書や施設の管理に関する諸施策を建言・実施した。長崎奉行所在勤中に写し集めた古文書類や御書物奉行在任中に採録した紅葉山文庫所蔵の外交文書を底本に、外交関係資料集『外蕃通書』『外蕃書翰』も編纂したが、これが原因ともいわれる突然の大坂弓矢奉行への転任の後は、長男豊蔵の殺傷事件に連座し改易されるなど不遇のうちに配流先の近江高島で文政十二年六月に没した。五九歳。

2 （重訂）御書籍目録（浄書本）　（二一九―一八五）　三一冊

紅葉山文庫では、文庫創設の慶長七年（一六〇二）以来、小規模なものも含めて一〇回の蔵書目録が編纂されたが、新しい目録が完成すると、旧目録は役目を終え、破棄されてしまうため、現存するものは、第九回目の本書と最後となった元治元年（一八六四）の増補本のみである。文化十一年（一八一四）編纂に着手、天保七年（一八三六）に完成した。

目録の編纂は、五回目までは直接大学頭が、以降は御書物奉行が中心となって担当した。この目録を担当した近藤重蔵・高橋景保・鈴木白藤・林復斎は、歴代の御書物奉行中でも特に有能であったので、貴重書の多い毛利高標の献納本を、目録の完成を遅らせてまで加えるなど特に優れた内容となっている。

本目録の構成は、本来は、本編（目録とも一九冊）・彙刻書目（叢書類一八冊）・附録（『御書籍来歴志』四冊・『御文庫始末記』一冊）の四二冊からなるが、内閣文庫本は、その献上本ながら本篇六冊（国書部・御家部各三冊）・附録五冊を欠いている。

3（重訂）御書籍来歴志　（一二一八―六一）七冊

前掲『（重訂）御書籍目録』の附録の一部として編纂された紅葉山文庫の貴重書の解題書。中国清代の朝廷の善本《ぜんぽん》*書目である『天禄琳琅書目』の体裁に倣い、当時の紅葉山文庫で所蔵されていた歴代の将軍の手沢本（愛蔵書）や和漢の善本の伝来と由緒が考証され、『足利学校考』『金沢文庫考』が附載されている。この「来歴志」が何時の目録から附載されたかは不明であるが、第八回目の目録編纂時に大学頭であった林述斎が提唱し、実行されたことは確認できる。しかし、それは今に伝わらず、本書と次に編纂された「増補本」に附録として伝わったもののみである。

撰述の優秀性はここでも発揮され、善本の選定・解題の内容ともに優れたもので、一文庫の善本解題としては、我が国で最も早いものといわれるばかりでなく、著録された書物の大部分が現存することにより、記述の妥当性が今も直接確認できるという意味でも貴重な資料である。

本書は、信州須坂城主堀直格《ほりなおただ》の旧蔵書で、「花迺家文庫」「墨阪十一代主写蔵記」の印記が毎冊首尾

堀直格「墨阪十一代主写蔵記」印

堀直格「花迺家文庫」印

にある。明治に入り、同家から浅草文庫に入ったものと思われる。

4　番外雑書解題（稿本）　（二二八―一〇八）　二三冊

昌平坂学問所の蔵書は、唐本の漢籍を中心としたが、そのほか邦人の著述物は和書（中世以前の古典）、地誌（新編風土記の編集資料）、記録（近世の史書）、雑書に分類して排架していた。この雑書は「番外書冊」とも呼ばれ、近世の著述で、地誌・記録以外の書物がこれに該当した。

本書は、文政八年（一八二五）当時「番外雑書」に分類されていた一三五〇部六千三百余冊について解説を加えたもので、翌九年末に完成した。本文は、内容によって神書・紀事から明清雑著附朝鮮に至る二〇項目に分類して著録され、イロハ順の書名索引二巻二冊が巻頭に、『雑書撰者小伝』六巻二冊が巻尾に附されている。巻頭の編者名は戸田氏徳一名のみであるが、村井量令の後序中に「乃使［中里］仲舒及［村井］量令羽翼之」とあるように三名の共編である。この三名は当時幕府が進めていた徳川氏の創業史『朝野旧聞裒藁』の編修に参画していた幕臣である。

文庫本は、「襍書《ざつしょ》解題」「戸田文庫」と柱刻のある無罫の＊料紙《りようし》に浄書されているが、筆者は戸田・村井のほか二名の＊寄《よ》り合《あ》い書《が》きである。昌平坂学問所旧蔵。

5（一）編修地誌備用典籍解題（浄書本）　（二一八—一一四）　三三冊
（二）同（中書本）　（二一八—一一五）　三一冊

江戸幕府は、文化七年（一八一〇）第八代大学頭林述斎の建議により諸国の地誌『新編風土記』の編纂を目的とした機関（史局）を昌平坂学問所に設置した。そこで文化末年（—一八一八）までに収集された地誌類二千余部の解題書が本書である。初め池田定常（松平冠山）が、のち間宮士信が専ら担当、文政三年（一八二〇）に完成した。本篇一八巻は、総記（巻一—三、全国的な地誌）・別記（巻四—二二、五畿七道別の地誌）・遊記（巻二三—二六、地方的紀行類）・異国記（巻二七・二八、外交・外国地誌）からなっている。各書とも書名、巻数、冊数、刊写の別、著者名、内容、正偽、異同等が詳しく解説され、冊数の多いものには内容細目が附されている。

文庫本は（一）（二）ともに「解題」「学問所」の柱刻のある無罫の料紙が用いられているが、（二）は、丹表紙の中書本で、朱筆による添削・訂正が若干加えられている。なお、中書本とは、一

昌平坂学問所「編脩地志備用典籍」印

般には、稿本と定稿本の中間にあるもので、本書の場合は定稿本に近い中書本といえる。（一）は、黄色の表紙を持つ浄書本で、各巻頭に総裁一名・編修五名の名を加え、本文も（二）の朱筆通りに改められている。内務省図書局旧蔵。

内閣文庫のほか国立国会図書館などに伝存する本書に収載された書物の各冊の表紙には、木版墨刷りの「総記」「別記」「遊記」「異国」の分類箋が貼附され、本文の首には「編脩地志／備用典籍」の朱長方大印が捺されている。

6　古今要覧稿（稿本）　（特六五―一）　一七九冊

幕臣ながら塙保己一門下の国学者で、「不忍文庫《しのばずぶんこ》」の蔵印で蔵書家としても知られる屋代弘賢《やしろひろかた》が、五十余年の歳月をかけて編纂した類書（一種の百科事典）。初めは個人的事業であったが、文化七年（一八一〇）に幕府の官撰事業として認められ、別に文庫に伝わっている『調進目録』（請求番号二一九―八七）によると、文政四年（一八二一）から天保十三年（一八四二）二月まで四五回、毎年一ないし三回（年末、特に十二月が多い）稿成るに従って将軍に上呈したことが知られる。進献本は五六〇冊を数えたが、天保十二年閏正月、八四歳で弘賢が没するにおよび、初め目標とした一〇〇〇巻に到達しないまま、未定稿の若干巻を残して中絶した。この進献本は天保十五年の江戸城本丸炎上に際し焼失した。

その内容は、神祇・姓氏・地理・暦占など二十余の綱目を立て、主として我が国の古典から関係する記事を抽出したもので、一部には彩色図も加えている。

内閣文庫に伝わるものは、明治十三年（一八八〇）内務省が購入した塙家温故堂文庫に所蔵されていた弘賢が手元に留めていた浄書稿本と思われる一七九冊で、草木・器材・禽獣・時令等の部門はかなりよくまとまっており、植物の美しい彩色図も豊富に含まれる。動植物の部門は、本草家として有名な岩崎灌園や岡村尚謙が担当したといわれる。本書の書名は、今は『古今要覧稿』が通行しているが、各冊の表紙には、「古今要覧」とある木版刷の*題簽《だいせん》が貼られていることからも、全巻の完成を期す弘賢の意気込みが感じさせられる。巻頭には「温故堂文庫」の朱長方印、巻頭あるいは表紙には「不忍文庫」の朱長方印がある。後半は巻次を書き入れていない。

本書のほか文庫が所蔵する弘賢の自筆本には、『古今要覧稿』の*離《はな》れである『やぶさめ』一冊（請求番号一五四―三四七）、自筆を含む『弘賢随筆』六〇冊（請求番号特九五―四）がある。『弘賢随筆』は、弘賢を中心とした会合「三五会」の同人の雑稿を中心に編綴したもので、『古今要覧稿』の残稿等も含まれる。

〔**餘録**〕屋代弘賢の豊富な蔵書は、その死後、知遇を受けた徳島藩主蜂須賀斉昌に献納された。それ故、蜂須賀家の蔵書には、蜂須賀家の蔵書を示す「阿波国文庫」印と「不忍文庫」印が併捺されていることが多い。この二印の併用について、川瀬一馬博士は、筆者に「不忍文庫の蔵書が蜂須賀家に献納された時、黄楊《つげ》製の蔵書印も添えて送られたので、「阿波国文庫」印と同時に捺印された。それは、朱肉の色の近似、あて紙が両印を覆う大きさであることなどから知られる」と話されたことがあった。同様のことは、福井保氏も『内閣文庫蔵書印譜』で紹介され、『国立国会図書館蔵書印譜』にも、同じ内容の記述がある。

昭和六十三年（一九八八）に寄贈を受けた四部には、すべて「阿波国文庫」印（以下「阿」印と略称）を有し、そのうち三部には「不忍文庫」印（以下「不」印と略称）がある。ところが、これを仔細に検討すると、博士の記憶に若干の誤りがあるように思われる。確かに下段に「不」印、上段に「阿」印が捺され、入蔵の順序が知られるとともに、この二印を覆うあて紙が添えられている。この限りでは、博士の所説と一致するが、あて紙に写っている印文が「阿」印のみであるのに対し、表紙裏には「不」印のみが写っていることから、この印が同時に捺されたものでないことは明らかである。また、この二つの印の朱肉の色も同じでない。すなわち、蔵書の譲渡とともに「不」印が新しい所蔵者に移ったとしても、阿波国文庫において、「阿」印とともに、すべての蔵書に捺されたわけではなく（もちろん、このような場合も存在したことは考えられるが）、新しく「阿」印を捺すに当たって、すでに捺されていた「不」印にあて紙がなかった場合はもちろん、あった場合も、新しく捺した「阿」印のためのあて紙と二枚になる不体裁を避けるため、二印を覆う大きさのあて紙を新たに用意したものと思われる。

不忍文庫（甲）印

不忍文庫（乙）印

さらに「阿」印については後日譚がある。上記の報告を『北の丸』に掲載したところ、北海道の大学図書館に勤務される方からお便りをいただき、「不」印として掲出したものが、既刊の印譜等に所載されている印影と比較して、いかにも新しく見えることとともに、「不」および「庫」の文字に明らかな相違があるのではないかとの指摘を受けた。筆者は、「不」印に同文のものが複数存在するとは考えもしなかったが、再査すると、確かに相違があるようである。

捺印時の状況によって、印面にかなりの違いが生じることは知られているが、この二種の印の場合は、それ以上の差異が確認できる。この二種の印の使用の基準は、専ら時期的なものと思われる。内閣文庫所蔵『古今要覧稿』には、この二種の印を同時に見ることができるが、その使用例には次のような差異がある。甲印は、本文の巻頭や古くに着けられたと思われる表紙に捺され、朱肉の色は淡く、時間の経過を思わせる。一方乙印は、多く表紙に続く遊び紙に捺され、朱肉も鮮やかな朱色を呈している。これは、書物が新しく移動するに際し捺されたものであることを推測させる。蔵書印の通例として、蔵書のすべてに必ず捺されたわけではなく、所蔵者にとって特に重要なもの、他人に貸し出すなど自己の管理を離れるものなどに捺されることが多い。『古今要覧稿』は編纂を終えるとそのつど幕府に呈上されたので、その稿本は呈上本と区別するため、すなわち私物であることを証明するために「不」印が捺されたと考えられる。この捺印は主人屋代弘賢かその周辺の人たちによるものであったから、捺された朱肉の色も自然古色を帯びることとなったのであろう。弘賢没後もしばらく続いた編纂も、やがて途絶することとなり、未定稿を含めた稿本が屋代家に残り、それらに遺族が新しい印を捺したのであろう。これらは、天保十五年（一八四四）に焼失した呈上本に代わるものとして、明治十三年（一八八〇）に内務省によって購入された。弘賢の没後、蜂須賀家に蔵書が移る際も、蔵書印の捺されていない書物には、新しい印が捺されたこともあったであろう。この新しい印が、蔵書とともに蜂須賀家に移ったとも考えられるが、確かではない。

7　視聴草（稿本）　（二一七―三四）　一七六冊

江戸時代の見聞雑録。幕臣宮崎成身が見聞した零細な小冊子の類千八百余点を、自ら書写し、あるいは原本のまま順序なく合綴したもので、編纂の時期は天保元年（一八三〇）から慶応年間（一八六五―六八）までである。

宮崎成身は昌平坂学問所に置かれていた沿革調所に出仕し、『朝野旧聞裒藁』『大狩盛典《たいしゆせいてん》』『通航一覧』等の大部な官撰事業に中心的役割を果たすとともに、個人的にも幕府の法令集である『教令類纂』『憲法類集』等を編纂するなど、その精力的な活動と旺盛な知識欲が本書編纂の根底にあり、その視点から有用と思われる資料を、恣意的な改編を加えることなく書写し、あるいは原本のまま保存し、冊となしたことが、本書の資料的価値を一層高めている。

文庫本は、編者の手になる稿本で、他所の伝本は、すべて本書を底本に転写したもので、文庫本では刊本のまま綴じられているものも他所の伝本では刊本を書写したものとなっている。明治五年（一八七二）ころ教部省に入り、同十年、同省の廃止に伴い内務省図書局に移ったものである。

本書の多様な内容を効率的に検索するために、文庫で刊行した『内閣文庫未刊史料細目』（上）に各冊の内容細目を掲出、特に図版については、文字の翻印を『北の丸』第三八号に掲出され、別に影印本も刊行されている。

8　名家叢書（稿本）　（特六三―一）　七八冊

八代将軍吉宗は、有職故実・和漢の法制・西洋の科学技術等に深い関心を持ち、享保・元文年間（一七一六―四一）、しばしば側近の学者たちにその方面の課題を与え研究を行わせた。本書は、浅井奉政・荷田《かだ》在満《ありまろ》・下田師古・青木昆陽・林信充《はやしのぶみつ》（榴岡《りゅうこう》）・高瀬《たかせ》忠敦《ただあつ》・荻生《おぎゅう》観（北渓《ほっけい》）・深見《ふかみ》有隣《ありちか》・成島《なるしま》道筑《どうちく》・桂山義樹《かつらやまよしたね》ら一四名が提出した自筆の研究報告書七八冊の原本を、後に一つに取りまとめたものである。

もともと各冊は、一つの叢書の編纂を意図したものでないので、筆跡や本の大きさはまちまちで、全く不統一であるうえに、本来この叢書に入るべきもの二部が別に文庫に存在する一方で、本来入るべきでないもの四部が含まれるとの指摘もある。紅葉山文庫旧蔵。

大庭脩博士は、解題を附して本叢書を影印・刊行されている。

［餘録］　第三九冊に「桂山深見考」と題した一冊がある。これは、桂山義樹・深見有隣（ともに御書物奉行）が、イエズス会士が中国にもたらした滑車・斜面・梃子など物理学の基本理論とその実際への応用を述べた図書を中国人が『遠西奇器図説録最』と題して漢訳・出版したものを邦訳したもので、その中に「書架図説」なる一項がある。複数の同じ書物を繰り返し利用する場合に、一々書架に戻さず、落下しないように工夫された水車のように縦に回転する書架に、本を広げたまま置いて、必要に応じて回転させながら利用できる道具を紹介するもので、図書館に身をおくものには興味深い内容である。この書物の写本は比較的多く存在するが、文庫には、この翻訳の底本になったと思われる中国明代崇禎元年（一六二八）の序をもつ紅葉山文庫旧蔵の刊本（請求番号特六三―一）も所蔵されている。

9［大乗院文書］

「大乗院文書」とは、明治二十一年（一八八八）に内閣記録局が沢渡広孝から三五〇円で購入した奈良興福寺大乗院門跡に伝わった文書・記録類の総称である。明治期初め、大乗院門跡が廃絶したため、門跡の所持する文書・記録類は、その坊官であった福知院に預けられ管理されていたが、その多くを政府が購入し、内閣文庫に収蔵された。その総数は、購入時には五六四冊六巻三五通、目録登載時には五六四冊六巻三五通六枚、現在の目録では一六四部六二四冊八巻一帖六鋪となっている。このうち約八〇%弱に紙背《しはい》文書が存在する。本文書は、興福寺大乗院が、台頭しつつあった衆徒《しゅと》国民等の在地勢力、幕府・守護大名などの外圧と対抗しつつ、座や寺領荘園の経営維持に苦心しなければならなかった状況を反映して、その記述は寺内、奈良の町の様子にとどまらず、大和の国人・土一揆など在地勢力の動向をはじめ、応仁の乱前後の公武の情勢に至るまで広範囲におよび、室町時代後期の畿

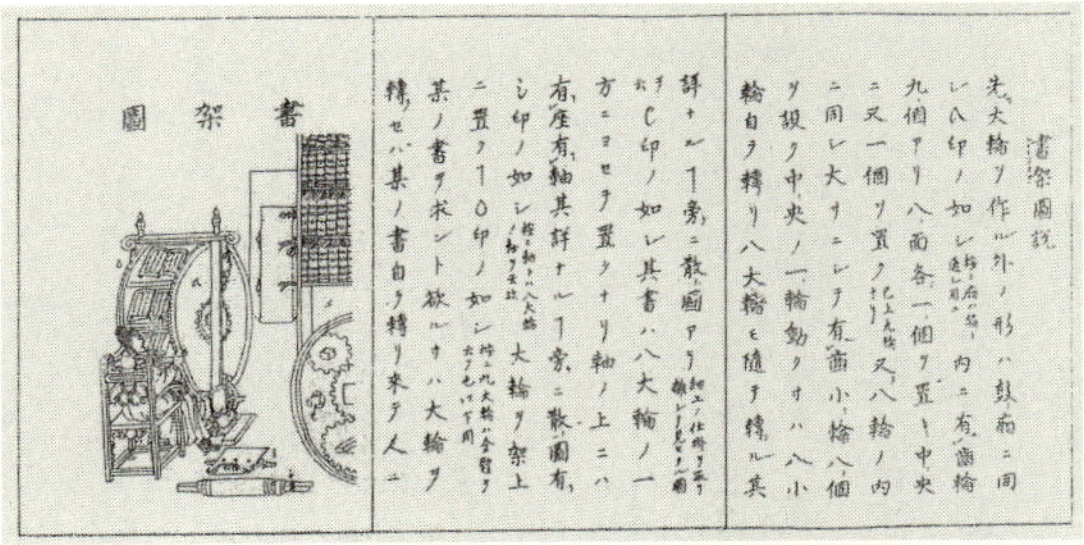

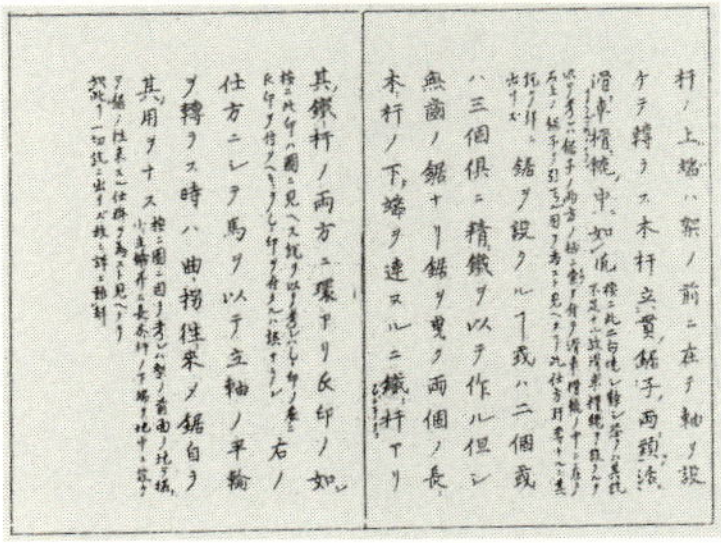

名家叢書

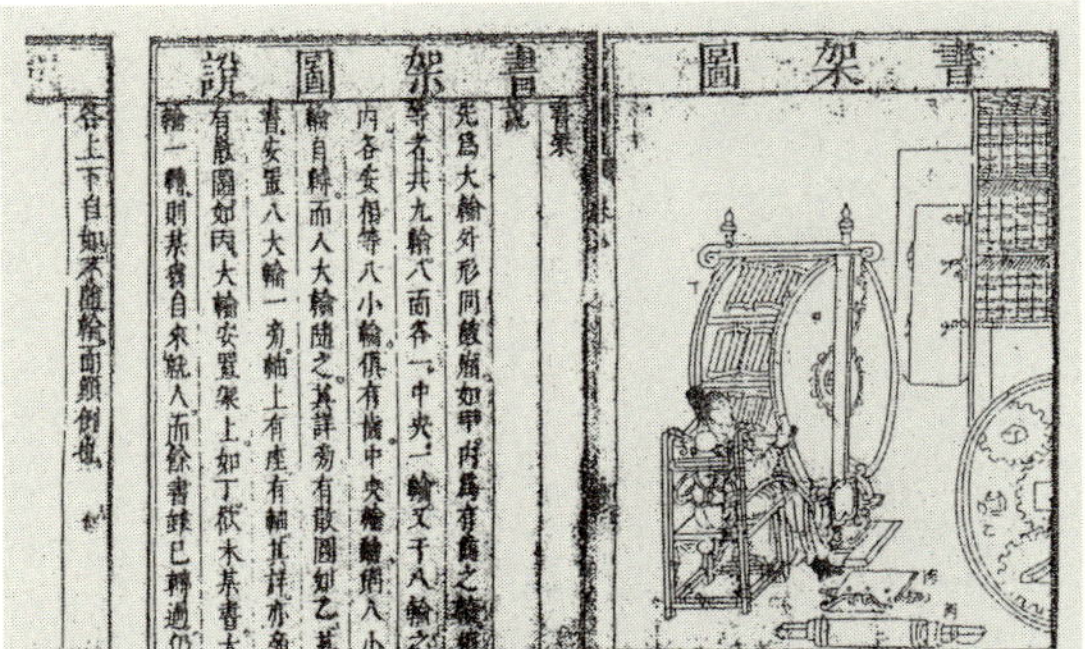

遠西奇器図説録最

内における政治、経済、宗教、芸能など、中世史研究の基本史料として極めて重要である。なお、本文書の詳しい書誌情報については、『大乗院文書目録』が八嶌幸子氏によって『北の丸』第三五号に報告されている。

これらの文書のうち、以下の三〇部が国の重要文化財（古文書の部）に指定されている（平成二十三年〈二〇一一〉現在）。

（一）大乗院寺社雑事記　二七部二八二冊一軸（平成十四年六月指定）

『大乗院寺社雑事記《ぞうじき》』は興福寺大乗院門跡の第二七代尋尊《じんそん》・第二八代政覚《せいかく》・第三〇代経尋《きょうじん》が宝徳二年（一四五〇）より大永七年（一五二七）までの約八〇年間に、興福寺や春日社に関わる様々な事項などを記した二七部の文書の総称である。年代別では、尋尊は宝徳二年—永正五年（一四五〇—一五〇八）、政覚は文明十五年—明応三年（一四八三—九四）、経尋は永正十五年—大永七年（一五一八—二七）である。『大乗院寺社雑事記』という書名は、昭和六年（一九三一）—十二年に辻善之助博士を中心に活字翻印本が刊行された時に、関連する資料をまとめて名づけられたもので、本文書中に『寺社雑事記』と題する資料は存在するが、この書名の文書は存在しない。

○尋尊関係—『尋尊大僧正記』『寺務方諸廻請《しょかいじょう》』『寺社雑事記』等二三部二二一冊一軸
○政覚関係—『政覚大僧正記』『寺務方記』等三部三八冊
○経尋関係—『経尋記』二三冊

本文書のほとんどに紙背文書があり、法令をはじめ、僧侶の生活の実態、寺内部の諸問題、各荘園での出来事、朝廷・幕府・守護・土豪・衆徒などの動向のほか、寛正大飢饉の惨状等の社会現象についても詳細な情報が含まれ、表となった文書の裏付けとなる正確な第一次史料を提供している。本紙背文書の重要性に鑑み、この文書の中心である尋尊の手になる『寺社雑事記』（古二七—五一四イ・一六七冊）の内容細目の作成を図書専門職として退官された木藤久代氏に依頼、その後残余の文書にもおよび、その成果は『北の丸』に発表されている。さらに、初めは部分的な（『北の丸』に連載）、後には全文の解読・活字翻印を佐藤進一・笠松宏至・永村眞の各先生にお願いし、現在も進行中である（第五〇冊まで刊行済）。

（二）［安位寺殿御自記］（経覚私要鈔）（要鈔）　八二冊（平成十五年五月指定）

第二六代門跡経覚《きょうがく》が記した応永二十二年（一四一五）から文明四年（一四七二）までの自筆日記。寺務と寺領支配について記されているほか、当時の政治や文化に関する記述も多い。

（三）三箇院家抄《さんかいんげしょう》　四冊（平成十六年六月指定）

第二七代門跡尋尊が作成した関係寺院等の相承次第や所領の田地帳・諸国の荘園目録といった台帳等の記録類。中世の寺院経済や荘園史を研究するうえで貴重な史料。

（四）［尋憲記］　一二冊（平成二十三年六月指定）

第三一代門跡尋憲《じんけん》が記した永禄五年（一五六二）十月から天正五年（一五七七）十二月までの自筆日記。その内容は、尋憲の政治的立場を反映して当時の門跡内の軋轢の様子が見られるほか、寺領内の経済活動や周辺の政治的状況にも言及している。記事中に、到来した書状などが写し置かれているほか、紙背文書にも寺内の日常的なやりとりや周辺寺社の情勢を伝えるものが含まれる。

10　倭名類聚鈔箋注（初至三稿本）　（特六〇―二四～二八・特六八―四・五）　三一冊

江戸時代末期の考証学者狩谷棭斎《かりやえきさい》は、文政五年（一八二二）から、平安時代前期に源順が編纂した我が国伝存最古の分類体漢和辞典『和名類聚鈔』（和名抄）の十余種の異本を校合して、当時通行していた二〇巻本ではなく一〇巻本が原型であることを確認、さらに、これを底本に、その内容について没年の天保六年（一八三五）まで考証を続けた。

本書は、その稿本で、一校が終わるごとにその成果を取り入れ清書したものに、また新たな考証の成果を加えるなど、三校におよぶ数種の色筆を用いた塗抹改稿の跡は棭斎の苦心と研究の過程をうかがうことができるとともに、『和名抄』の研究としてほかに類を見ないものである。この成果は、棭斎の存命中には刊行されず、明治十六年（一八八三）になって『箋注倭名類聚抄』として印刷局から活字板で刊行された。本書の文庫への入蔵の経緯は明確でないが、同二十年以降であることは確認できるので、あるいは刊行の終わるのを機に献納または購入により入蔵したものかもしれない。

棭斎は、安永四年（一七七五）江戸の書肆青裳堂（高橋家）に生まれ、のち狩谷家に入り津軽屋（津軽藩御用達米屋）を継いだ。早く家督を譲ると、鑑識眼と財力で善本の収集に努めるとともに、実証的研究態度で図書学的研究・校勘の実を上げた。初め名は真末（真秀）、字は白直、通称は与惣次。狩谷家を継いだ後は、名を望之、字を卿雲、通称を三右衛門と改めた。号は棭斎のほか、蟫翁・求古

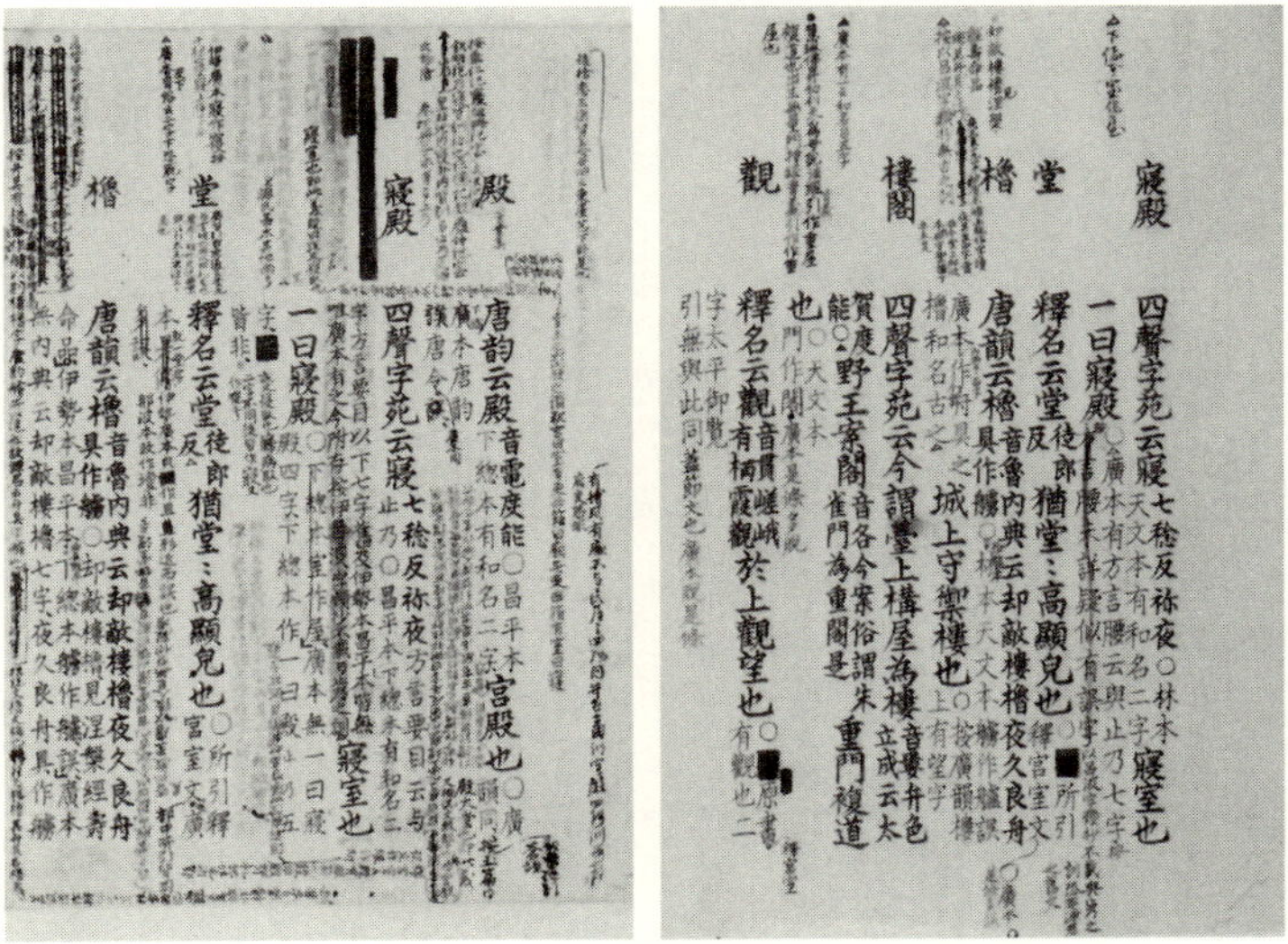

和名類聚抄箋注の初稿本（右）と再稿本（左）

楼・六漢老人・超花亭と、書斎号を常閑書院・実事求是書屋と称した。天保六年、六一歳で没した。

［餘録］　昭和二十九年（一九五四）七月、当時の内閣文庫関係者が東京都世田谷区成城の柳田国男邸を訪ねたときの記録が残っている。一般には民俗学者として知られる柳田国男は、明治四十三年（一九一〇）六月から大正四年（一九一五）四月まで内閣書記官長・記録課長として内閣文庫管理の任にあったので、その間の内閣文庫の状況を聴取し記録に残すのが、この訪問の目的である。この回顧録中、棭斎の業績に関し「あれなどは私はほんとうに国宝だと思いますから、昔の学者がこれだけまで苦心したということを子供に、高等学校の生徒なんかに

見せるために何とか方法を講じて頂きたいと思います。」と述べている。

11　和蘭勧酒歌訳《おらんだかんしゅかやく》（献上本）　（特一二二一一一）一冊

青木昆陽の自序に「コノゴロ阿蘭陀人ニ聞所ノ阿蘭勧酒歌ノ歌四曲ヲ記シ一小冊トナシテ和蘭勧酒歌訳ト名ツク」とあり、原文に片仮名で発音を併記し、訳文を別記している。末尾の一葉は、オランダの本草書に見える甘藷（バクソス）についての記述である。本書は、『阿蘭桜木一角説附和蘭語訳』（特一二二一一〇）・『官職略記』（特一二二一一四）などとともに幕府への献上本であり、八代将軍吉宗の命により始めたオランダ語学習の成果でもある。

昆陽は、本書の著述に先立つ享保十七年（一七三二）の凶荒にあっては、救済のための甘藷の栽培を主唱、『蕃藷考』を著し、町奉行大岡忠相の知遇を得、将軍吉宗にも重用された。甘藷芋の普及に努めるとともに、享保二十年から御書物御用達の役名を受けて元文五年（一七四〇）から寛保二年（一七四二）まで、数回にわたり家康ゆかりの武蔵・甲斐・信濃・相模・伊豆・遠江・三河の七国に古文書を採訪、主要なものを模写して『諸州古文書』二六巻（一五九一二一八）を編纂した。これは、文化年間（一八〇四一一八）に昌平坂学問所に設置された史局が、風土記編纂のために実施した史料採集につながる業績としても意義深いものがある。

昆陽、幼名は半五郎、字は厚甫、通称は文蔵、甘藷先生とも称された。明和四年（一七六七）、御書物奉行に就任したが、同六年没した。七二歳。

〔餘録〕『諸州古文書』には、現在では原文書が散逸した多数の中世文書を含むこともあり、閲覧の希望も多かった。用紙は透写に適した薄様のしっとりした*斐紙《ひし》（雁皮紙《がんぴし》とも）で、用紙一枚の重さは大したことはなかったが本書は厚冊のうえにかなりの大型でもあったので重く、出納には手間取り、紙焼きの複製本が閲覧に代用できるようになったときにはほっとしたものだった。

12（一）伊勢物語（天福本）　（特九一―八）　一冊
（二）同（嵯峨本第一種本）　（特六〇―一七）　二冊

『伊勢物語』は、作者不詳ながら平安時代（一〇世紀中ごろ）に在原業平の歌を主体とし、その他の人の歌も交えて成立した歌物語。関連書を含め写本・刊本ともにその伝本ははなはだ多い。

（一）は天福二年（一二三四）、藤原定家が孫娘のために書写したという天福本を底本に小堀遠州（一五七九―一六四七）が*手写《しゅしゃ》したもの。*本奥書《もとおくがき》の末に「宗甫写」の三字と「甫」字の朱円印を捺す。いわゆる定家様の書を学んだ遠州独特の筆跡は、よく定家の書風を伝えている。*綴葉装《ていようそう》、*枡形本《ますがたぼん》。京都学習院旧蔵。

宗甫は遠州の号。名は政一、遠江守。武将としてよりも和歌・書画・茶道・作庭の方面で名高い。諸説はあるが、（二）は、慶長年間（一五九六―一六一五）に本阿弥光悦が自ら版下を書き、美術的意匠を施し、木活字で印刷・出版した嵯峨本と呼ばれる豪華本の一つである。美しい色変わり料紙を用い、表紙には*雲母刷《うんもずり》の草花模様が加えられている。本書は、『伊勢物語』の最初の刊本であり、ま

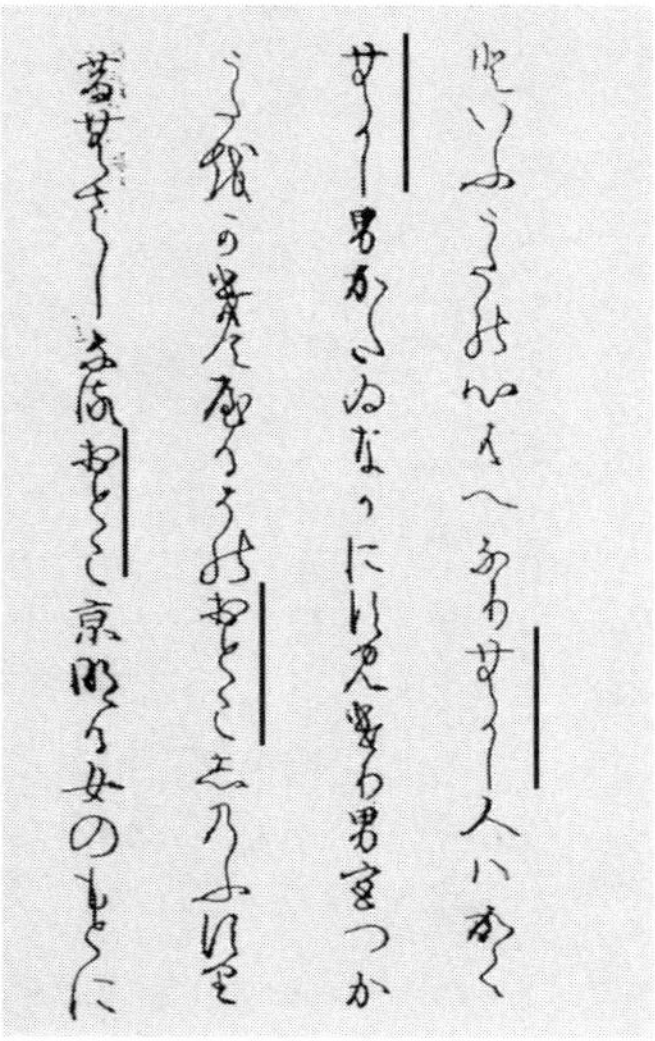

連続活字

た、国文学の古典が挿絵入りで出版された最初のものでもある。底本は、（一）と同じ天福本で、中院通勝（也足叟）が校訂に参与している。巻末には慶長十三年の通勝の刊語と、その自署の*花押《かおう》がある。明治二十年（一八八七）に内閣が購入したもの。

［餘録］　嵯峨本については、刊行者・版下の筆者・嵯峨本の種類と範囲等について諸説がある。筆者は、嵯峨本の多くが木製の活字を用いていることに注目し、嵯峨本誕生の契機を尋ねる一文を草したことがある（「嵯峨本小考」、平成三年八月汲古書院刊『国書漢籍論集』四七七—五〇四頁所収）。

出版に活字を用いる方法は、ほとんど時を同じくして朝鮮と西洋から我が国に伝えられた。活字は版木を用いる方法と異なり、活字を組み直すことによって同じ活字を何度も使用できることが最大の利点であり、美術性より経済性に重点が置かれた印刷法である。しかし、嵯峨本と呼ばれる一連の出版物は、手の込んだ豪華な装訂のほかに、転用の利かない連続活字と呼ばれる複数の文字を一組にした活字を多用した印刷法で、経済性とは全く正反対の存在である。ここに活字による印刷法が利用されたのには、単に目新しさや経済性とは別の理由が存在したと考えられる。それは、光悦の書風の特徴である墨乗りの極端な変化を、活字の欠点でもあるが、平板な版木では出せない表面の凹凸を反対に利用することによって再現しようとしたのではないだろうか。しかし、活字によって現された墨乗りの変化は、濃く出る所は線も太くなり、細くても濃い線は実現できなかった。これが、わずか十数年で嵯峨本の刊行が途絶えた理由でもあると結論づけた。果たして、いかがであろうか。

13 野槌《のづち》（稿本）　（特一一九―一）　七冊

元和七年（一六二一）、林羅山三九歳の時に著した『徒然草』の注釈書。語句の注解や古典の引用は詳細で、漢学的要素は多いものの一般に儒家として知られている羅山の博学を示している。寛永初年（一六二四―）に刊行され、その後の『徒然草』研究に大きな影響を与えた。文庫本は加除添削の跡も多い自筆稿本で、羅山一族の書風は非常に似通っているので、その子弟の筆も混じっているかも知れない。原表紙。＊外題《げだい》も羅山の自筆。巻首に羅山の仮名序、巻末に漢文の跋を備え、この跋文は『羅山林先生文集』巻五五に収録されている。昌平坂学問所旧蔵。

『徒然草』には、前掲書と同じ嵯峨本の一本（特二七―一八・二冊・紅葉山文庫旧蔵）を所蔵する。この本は、前掲書よりさらに豪華な装訂で、表紙には＊金泥《きんでい》で葦と千鳥の遊ぶさまが、前後の表紙裏には金地に鮮やかな緑と藍ですみれが描かれ、本文の料紙には嵯峨本の一つの特徴である蓬模様が雲母刷されている。

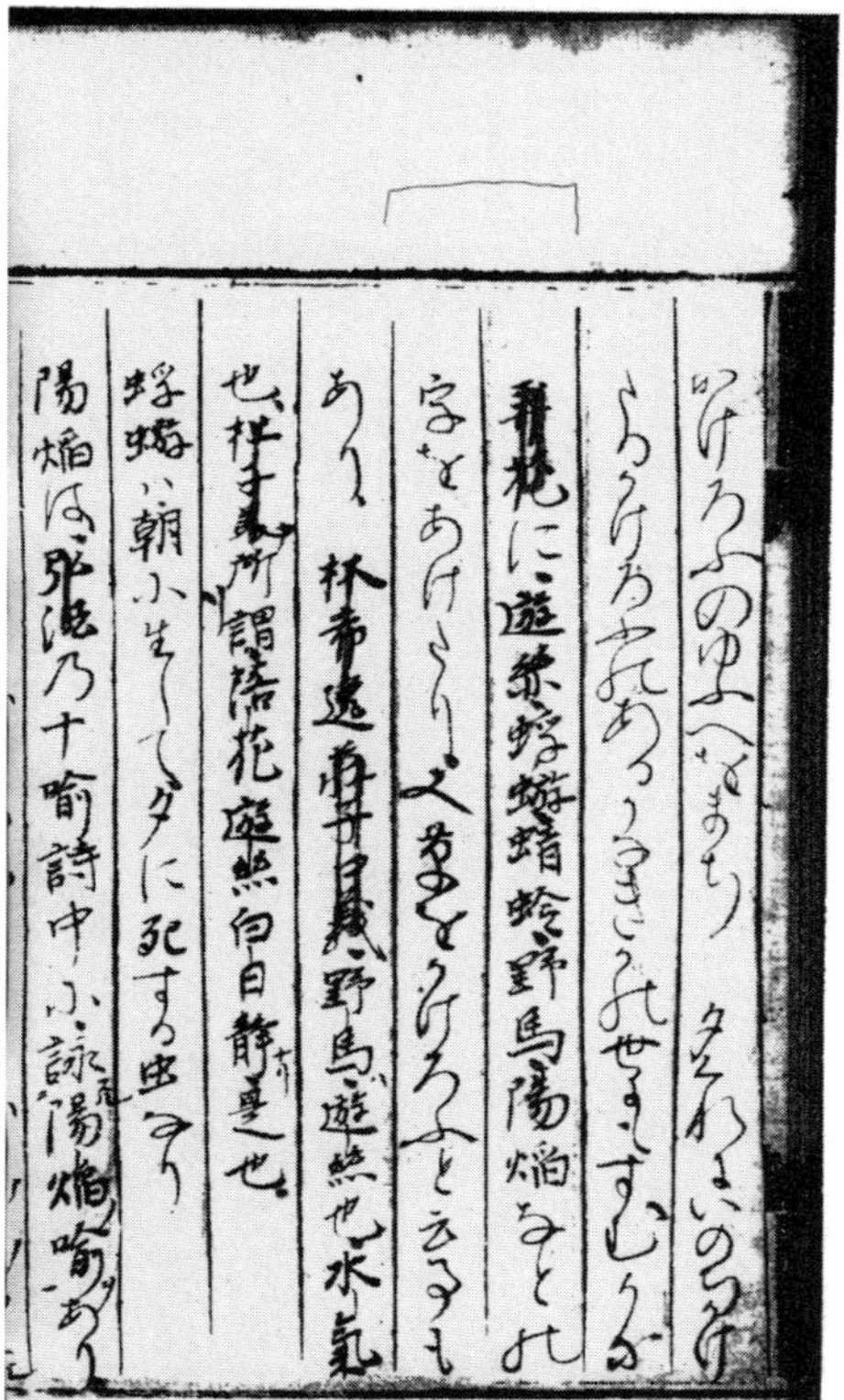

羅山の真名と仮名

〔餘録〕『徒然草』の本文は仮名書き、注釈は真名《まな》*書きで、注釈の部分は、いかにも羅山の書風であるが、仮名の部分は全く印象を異にしている。初めこの部分は他筆とも考えたが、羅山一三歳の若書である『歌行露雪』（白楽天の「長恨歌」「琵琶行」に関する注釈書。後述46参照）の書風に、真名・仮名ともに近いところから、今は同筆として良いと判断している。それにしても一族や師弟の書風が近似する反面、同一人物でも年齢・書体、時には体調などの状況によっても全く異なった書風になることがあることを実感させられた。

なお国立公文書館の館報『北の丸』の題字は、嵯峨本『徒然草』から集字されている。

14　(一)本朝通鑑（清書本）　（特二一一）　三一〇冊

(二)同（中書本）　（特二一二）　三一〇冊

林鵞峯が上野忍岡に編纂所国史館を設け、広く諸侯・寺社に史料を徴し、中国の『資治通鑑』『通鑑目録』に倣って編纂した編年体、漢文の日本通史。神代から後陽成天皇の慶長十六年（一六一一）までを記している。寛文十年（一六七〇）に完成、清書本・中書本の二本、各三一〇冊を進献した。幕府は清書本を紅葉山文庫に収め、中書本を四代将軍家綱の座右に置いた。その二本は、現在、ともに内閣文庫に所蔵されている。清書本は紺表紙、中書本はやや小型の判型の黄表紙。清書本は黒漆塗り、中書本は春慶塗の小型のケンドン（倹飩）箱各合計一五個に、それぞれ約二〇冊ずつ入れ、それを三個ずつ桐の長持五棹に収め、さらにおのおのを杉材の外箱に入れている。鵞峯の日記『国史館日録』には、本書編纂の経緯が詳しく見え、大田南畝の『竹《ちっ》橋《きょう》余《よ》筆《ひつ》別集』には、この本の料紙・装訂・本箱等に要した経費の受取書が残されている。本書は、日本通史として内容・形式の整った最初の大著であって、後の水戸藩の『大日本史』にも影響を与えた。本書の伝本は比較的多いが、内閣文庫本は最も由緒正しい伝本といえる。

［**餘録**］中書本は中国宋代には宮中の蔵書を指すこともあったが、一般には「定稿本となる前の過程で、中間的に清書した本」を指す。ここでは清書本の装訂の丁寧さに比べ、中程度の本という

くらいの意味で用いている。したがって本文は全く同一である。在職中、読み方は「ちゅうしょぼん」とか「なかがきぼん」と称していた。

15　慶長御写本（古事記等二八種）　（特五八―一等）　二七六冊

慶長十年（一六〇五）将軍職を秀忠に譲り駿府に退いた家康は、この地でも文庫を開いた。既述したように（六頁参照）同十九年には、板倉勝重・金地院崇伝を介して京都五山の長老たちに古書の新写および欠巻の補充を命じた（『台徳院殿御実紀』巻二九、慶長十九年十月二十四日条）。この事業は、同十九年四月に始まり、翌年四月までに三二部五三七冊を各三部新写して完成、それを禁裏・江戸・駿府に各一部ずつ備えた。これらは、料紙・装訂の規格を統一したので、一見して他と区別することができた。しかし、近藤正斎が御書物奉行に就任した文化・文政のころ（一八〇四―三〇）には、一般の書物と混排されていたので、それらを選び出し「慶長御写本」と名付けて別置したとある。今、文庫に残るのは明治六年（一八七三）の皇居の火災で焼失した五部を除く二七部二七六冊である。

〔餘録〕　書写の実際の作業は、京都五山の僧侶のうちから、能書の者、一寺各一〇人総計五〇人を選び、規則を定め従事させたとある。しかし内閣文庫に残る二七種を通覧する時、中国の『太平御覧』『四庫全書』のような統一性は少なく、『古事記』のように整ったものもあるが、かなり忽卒の内に実施されたことをうかがわせるものも少なくない。また、これらは、料紙・装訂の規格を統一したともあるが、厚手の斐紙・紺色の表紙・*袋綴《ふくろと》じの装訂と統一するも、本の大小には差が見られる。

16　続日本後紀（徳川光圀献上本）（特九五—一五）一〇冊

元禄三年（一六九〇）七月、五代将軍綱吉は上野忍岡にあった孔子廟を神田湯島の今の地に移築させ、この地を昌平坂と命名した。翌四年二月七日遷移、同十一日釈奠《せきてん》を行った。この時、諸大名からは漢籍・什器類が献上されたが、ひとり光圀のみは六国史など日本の旧記八種（実際は七種と思われる）を校訂、献納した。これは、その流布本に誤脱の多いのを不満としていたからで、自ら諸本を参考に校訂、謄写せしめた。その経緯は「光圀」と自署する跋文に明らかにしている。本書は、その一つで、他に『古事記』（特六一—三六）・『先代旧事本紀』（特六一—三七）が現存し、三本とも料紙・装訂・献書跋は同様である。昌平坂学問所旧蔵。

文庫蔵本のほか、宮内庁書陵部に『日本書紀』、国立国会図書館に『続日本紀』が現存するが、『文徳実録・三代実録・日本後紀』の所在は知られない。

［**餘録**］『和漢名数大全』所引の「献上目録」には、本書の装訂を「紫糸ムスビトジ」とある。この本のように、表紙の上からテープや紐を通して綴じ結んだ、現代の記念写真帖のような装訂を、一般には大和綴と呼んでいるが、この資料を根拠に、この装訂を「結び綴」と称すべきであること、国文学の古典に多い綴葉装（列葉装・列帖装ともいう）を、わが国特有の装訂法であるから「大和綴」と称すべきであるとの意見がある。

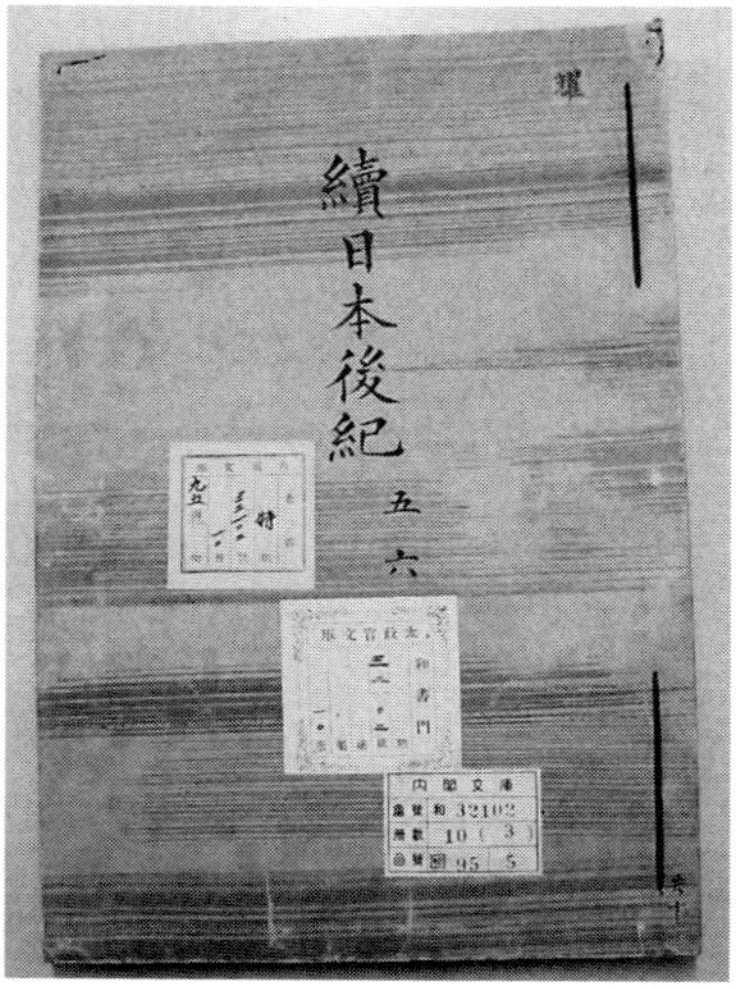

続日本後紀

17 吾妻鏡（北条本）

（特一〇三—一）　三一冊

『吾妻鏡（東鑑）』は、治承四年（一一八〇）の伊豆国における源頼朝の挙兵から、文永三年（一二六六）の六代将軍宗尊親王の帰京までの鎌倉幕府のできごとを、幕府自らが編纂した編年体の歴史書で、一四世紀初頭の成立と見られている。鎌倉以外の地でのできごとは、鎌倉で伝聞した形をとっており、文体は吾妻鏡体と呼ばれる独特な和風漢文体である。

文庫本は、小田原後北条氏の旧蔵本で、金沢文庫本を文亀・永正ころ（一五〇一—二一）に書写したものと思われる。天正十八年（一五九〇）、豊臣秀吉の小田原攻めの時、和議成立の礼として後北条氏がこれを黒田如水に贈り、慶長九年（一六〇四）に至って黒田長政から徳川秀忠に献じ、のち紅葉山文庫に入った。幕府は、この由緒に因み、この本を北条本と称し、この本の欠けるところの九巻（巻七・二四・二五・三八・三九・四一・四二・五一・五二）を家康所蔵本で補った。この新しく補った部分は、料紙・筆跡だけでなく、小口の部分を見ただけでも明らかに元の部分と較べて新しく、区別することができる。また、この欠巻状況から、元は二巻一冊に綴じ分けられていたことが推測され、紅葉山文庫への収蔵に際し一巻一冊に分割されたが、その時樺色の表紙も新調されたことが、剝がされた表紙の裏紙に現在と異なる紺色が残っていることから知られる。

本書は、現存最古の伝本であるのみならず、慶長十年に家康がこの本を用いて、木活字による伏見版を刊行して以後、江戸時代諸刊本の祖本であって、伝来の由緒とともに、極めて貴重な資料である。『右文故事』『御書籍来歴志』著録本。この伝来により、平成五年（一九九三）、重要文化財（書跡・典籍の部）に指定された。

18（万石以上并万石以下領分）虫附損毛届領分飢人并餓死相止候届（虫附損毛留書）（享保十七年）

（一六六一―五〇九）　一七冊

享保十七年（一七三二）夏、近畿以西九州地方まで、蝗と称する害虫の大群が襲来したうえに洪水等のために著しい凶作となり、罹災した飢民は膨大な数に上ったほか、江戸・大坂等の大都市においても米価の暴騰をみた。本書は、その損害・救恤《きゅうじゅつ》の状況や収納高等について各地の領主から提出された報告書・幕府の公布した諸法令・勘定所の関係記録等を、八代将軍吉宗が集録せしめたもので、同年七月から同十九年にわたり、この災害に関する最も網羅的で信憑性の高い史料集である。紅葉山文庫旧蔵。他に伝本はない。

国立公文書館では、本書の影印版を『内閣文庫影印叢刊』の第三として解説を附して昭和五十四年（一九七九）・五十五年に三分冊で刊行した。

〔**餘録**〕 内閣文庫では、昭和三十二年（一九五七）以来所蔵の貴重書――『廬山記』『法曹類林《ほっそうるいりん》』『本朝続文粋』『本草色葉抄』『唐蛮貨物帳』――を選んでコロタイプあるいはオフセットによる影印法によって覆製出版した。国立公文書館に所属してからは「内閣文庫影印叢刊」という新しいシリーズ名で発行することとなった。筆者が奉職した時には、出版計画はすでに立てられていたので、その方針に従って本書を『虫附損毛留書《むしつきそんもうとめがき》』の書名で作業を開始、刊行した。これまで刊行した史料集には解説を附すことが定例であったので、今回も実施することとし、解説の執筆を津田秀夫先生にお願いした。このこともすでに決められていたことであったが、筆者は津田先生と面識がなく大変不安であった。幸い津田先生は、昭和五十二年から、内閣文庫の未整理古文書（『多聞櫓文書《たもんやぐらもんじょ》』）の整理作業をご指導いただいていたので、同僚には先生から直接ご指導を受けていた者もおり、ここを窓口に接近させていただいた。先生は、国立公文書館の創設に強い影響力を与えた組織の一つである日本歴史学協議会の一員として、その後も公文書館の発展にご尽力くださり、古文書だけでなく、公文書や公文書館についてご講演いただいたり、館報『北の丸』にご寄稿いただいたりしたこともあった。病を得られてしばらくお目にかかれなかったが、平成四年（一九九二）五月開催の日本歴史学協議会の会員と館との懇談会にお嬢さんの押される車椅子に乗ってご出席くださり、館の将来について熱く語られた時の様子は、お目にかかる最後となったが、今も忘れ難い。先生は同年十一月に七四歳で亡くなられた。

余談ながら、筆者は内閣文庫に職を得るまで、養父長澤規矩也に図書学の指導を受けていたが、出版社でも出版の実務を見様見真似で担当していたので、本影印叢刊の作業も、特に指導を受けることなく行うことができたが、もし経験がなかったらと思うと、私はもちろんであるが、館もどうしたのだろうか、はなはだ心許ない限りである。

19（一）寛永諸家系図伝（来歴志著録本）（特七六—一）一八六冊
（二）寛政重修諸家譜（来歴志著録本）（特一〇四—一）一五三〇冊
（三）譜牒餘録（貞享書上）（一五七—一七）一〇一冊

江戸幕府は、武家の出自を明らかにするため系譜を編纂した。
（一）は、若年寄太田資宗を奉行に、林羅山・鵞峯等が編修にあたり、寛永十八年（一六四一）二月に着手、同二十年九月に完成、幕府に献上された。本書は、最初の総合的な大名・旗本諸家の系譜で、かつ最初の江戸幕府編纂事業の成果でもある。大名・旗本から提出させた家系譜に基づき、諸家を松平氏・清和源氏・平氏・藤原氏・諸氏に分け、終わりに医者・同朋衆・茶道の三部を加えた。もとは漢字のみで書かれた真名本と漢字に振り仮名のある仮名本の二種が献上され、ともに紅葉山文庫に所蔵されていた。このうち真名本は明治六年（一八七三）の皇居の火災で焼失したが、寛文二年（一六六二）に転写された副本が日光東照宮に所蔵されている。文庫本は仮名本の献上本で、飴色の表紙に厚手の斐紙を用いて*右筆《ゆうひつ》書きされた重い大型の本である。一部であるが、春慶塗の箱も残っている。続群書類従完成会は、日光東照宮所蔵の真名本（重要文化財）を底本に*活字翻印《ほんいん》本を刊行するに際し、読みを文庫蔵の仮名本によって注記している。

（二）は、（一）が編纂されて以来二〇〇年近く経過したので、その後の沿革を加えて補訂する必要を認めた幕府が、寛政十一年（一七九九）に着手、文化九年（一八一二）に完成した江戸時代最大の系譜集成である。この編纂には、若年寄堀田正敦を総裁に、林述斎・屋代弘賢ら前後六十余名が従事した。（一）や（三）を基礎として、さらに、新たに諸家から家譜を提出させて改訂増補を加え、体例・内容も整備した。文庫本はその献上本で、当時のままの素木《しらき》の桐材を用いた深い被《かぶ》せ蓋《ぶた》の箱五六個に収められている。本書の伝本は多いが、文庫本は原本とも言うべきもので、大正年間（一九一二―二六）に活字翻印本が刊行され、その改訂影印本が通行している。

徳川氏創業の事蹟を記述した『三河記』を修訂した『武徳大成記』の編纂資料として、三河以来、先祖が徳川氏から受けた感状・賞賜・判物等の古文書および家伝を諸家から提出させたものが『貞享書上』とか『貞享諸家書付』とか呼ばれるもので、一四六巻五通三帖を一一五冊に装訂して、紅葉山文庫に収蔵した。後、（二）を編修する時、これを考証の資料として利用した。同時に散逸防止と閲覧の便のために改編・謄写し、まとめたのが（三）で、『譜牒餘録』と命名した。これを主宰したのも（二）と同じく若年寄堀田正敦である。

本書の前編には諸大名一七〇家、後編には高家・寄合・旗本・番方・小普請・庶士・寺社等に分けて数百家を収めている。文庫本の大部分には「御実紀調所」の黒印がある。昌平坂学問所旧蔵。

『貞享書上』の原本は、幕末までは紅葉山文庫に架蔵されていたが、現存しない。故に本書は徳川氏創業史の最も基本的な資料で、他に静嘉堂文庫に一本を蔵する以外伝本がない。これが、「内閣文庫影印叢刊」として三分冊で、昭和四十八—五十年に刊行した所以である。

［餘録］ 筆者は、養父に指導を受けるようになる以前は私立大学の図書館に勤務していた。その図書館に「内閣文庫影印叢刊」の第一回目として『譜牒餘録』が刊行された時、国立公文書館という機関から書信があり、「『譜牒餘録』を刊行したが、入手を希望する場合は送料（切手）を添えて申し込むよう」とあった。学校等の機関では一般に現物を入手する以前に支払いをすることは非常に困難であるので、当時の事務長が私費で切手を調達してくれた。後年、この機関に自分が就職するとは夢想だにしなかった。国立公文書館で筆者が担当するようになったころには、送料を要求するようなことはなく、気前良く一定の基準に合致する機関に寄贈していた。しかし、一律に寄贈を受けた機関がすべて有効に利用しているとは限らず、書庫の隅で埃を被り、時には書庫にも入れてもらえないこともあったと聞く。受贈の意志の確認くらいはしても良いのではないかと思うこともあった。その分、一般の研究者に有償頒布する場合の価格を下げることができたのではとも思っている。

20 東大寺文書　（古三二—五一九〜五三〇）九冊二八軸

（一）［大和国古文書］　（平安—室町）写　（古三二—五一九）　一四軸

（二）同　（平安—室町）写　（古三二—五二一）　二冊

（三）［山城国古文書］（鎌倉）写（古三一一—五二〇）一冊
（四）［摂津国古文書］（平安—鎌倉）写（古三一一—五二五）二軸一冊
（五）［伊賀国古文書］（平安—鎌倉）写（古三一一—五二二）三軸
（六）同（平安—南北朝）写（古三一一—五二九）一冊
（七）［美濃国古文書］（平安）写（古三一一—五二六）三軸一冊
（八）［美濃国茜部庄《あかなべのしょう》文書］（鎌倉）写（古三一一—五二七）一軸
（九）［周防国古文書］（鎌倉・室町）写（古三一一—五二八）一冊
（一一）［観世音寺古文書］（平安・鎌倉）写（古三一一—五二三）五軸一冊
（一二）［雑古文書］（平安—南北朝）写（古三一一—五三〇）一冊

奈良東大寺およびその寺領に関係する古文書は、現在でも寺内に保存され、それは国の重要文化財に指定されているが、その一部は、寺外に流出し諸機関に所蔵されている。

内閣文庫のそれは、修史局（東京大学史料編纂所の前身）の大阪地方における一連の史料採訪の中で、明治二十一年（一八八八）八月に大阪北浜の小原正棟の申し出を受けて、同十月に二六七通（全二八九点）を一〇〇円で内閣記録局が購入したものである。この間の事情は、修史局編修長重野安繹が提出した『文書採訪日記』『文書採訪目録』（公文雑纂七一〜七八）に詳しい。

本文書は、受け入れに際し、六国と観世音寺および雑の計八部門に分類・編綴されている。内容は、おおむね平安時代初期から室町時代にわたる東大寺領内の土地の寄進・沽却（売却）・相続に関するものであるが、私文書も含まれる。そのうち最古のものは、「雑古文書」に含まれる全面に播磨国印のある延喜八年（九〇八）正月二十五日の文書で、これは、現在国立公文書館内で確認される最古の文書でもある。加えて本文書中には、「往来（軸）」とか「（立）籤」と呼ばれる文書の内容を表示する大型の軸頭の現物が残存しているものがあり、古文書の原型を今に伝えるものとしても重要である。『大日本古文書』家わけ第一八「東大寺文書之五」に活字翻印されている。

なお、本文書中で、日付として最も早いものは天平三年（七三一）三月三十日の「大宰府牒案」（観世音寺古文書）があるが、原文書ではなく、紙質等から後世の転写であるとされている。

［**餘録**］　東大寺文書中の最古の原文書は上記した通り延喜八年（九〇八）の文書であるが、この文書は文字ばかりで、展示などでは余り見栄えがしないので、筆者が見学者などに紹介する時は、一年後の延喜九年のものであるが、「家地処分状」と称される文書を利用することが多かった。この文書には、朱の掌印が捺され、父親が所有した家地一段を三人の娘に分与することを約束しているが、分割が均等でなく、一人の娘には、特に親孝行であると注記して増額している（「此女子依有殊思心益給」）こと、この分割には息子の承認を得ていること、三人の証人が連署していることなど、内容的にも興味深いところがあり、見学者からも好評であった。

この文書には、もう一つ思い出がある。展示する機会の多い文書故に、原本での展示では損耗が心配されるので、複製——俗に「そっくりさん」と呼び習わしていたが——を作成したいと考えていたが、従来のコロタイプ法では、出来上がりには満足しても予算の面で折り合いがつかない問題

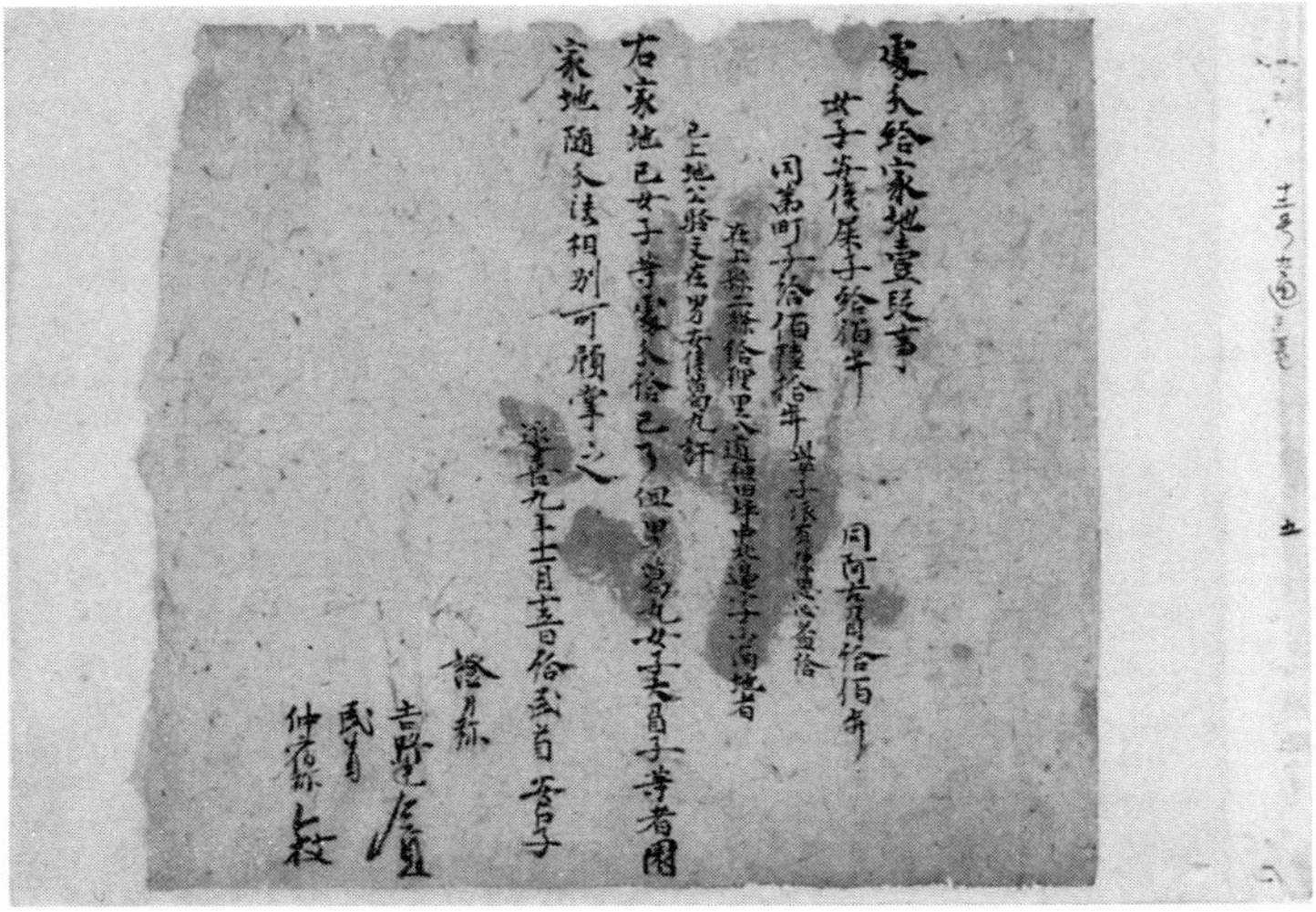

家地処分状（東大寺文書）

があり躊躇していた。たまたま名古屋の蓬左文庫を見学させていただく機会があり、そこで所蔵する地図類を名古屋の業者が持つオフセット技術を利用して複製しているのを知った。品質的には問題があるものの、価格の面でははるかに安価であり、この程度であれば何とかなるのではないかと考え、文庫に帰った後、文庫長に伝え、実験的に作成することとした。実験に予算を付ける余裕はなかったが、業者も航空機の設計図の複製を本業としており、細かい文字や図面の再生には自信はあったものの、先行きが芳しくなく、新しい製品の開発を模索していたこともあり、実験に応えてくれることとなった。古文書の風合いを持つ用紙の決定から始まり、一応の成果を見るまでには、何度校正したか記憶にないが、根気良く付き合ってくれた。この技術は、他の業者も持たない訳ではないが、この時に培ったノウハウは、かなりの蓄積になったことは事実で、その後、文庫でも展示用や現物史料での閲覧の困難な史料の複製を依頼することができたし、業者自身、業務の重要な部分に成長させることができたようである。

21　徳川家判物并朱黒印

（特一〇八―一）四五冊

この文書は、徳川幕府の歴代の将軍が、各家が所有する所領の安堵のために発給した証書のうち文庫の所蔵に係るものである。この中には判物《はんもつ》（書判《かきはん》のある文書）・朱印状・黒印状の三種がある。これは、明治政府が朱印地の引き上げに伴う措置として回収を図ったものの一部であり、四五冊に編綴され、特製の桐簞笥に収納されている。本文書には、武家に関するものは一切含まれず、その内訳は、宮家三家二五通、公家七八家六一一通、神社五四社五七二通、寺院一四八寺一四五六通、楽人・大夫各一家各八通、合計二八五家二六八〇通である。本状は将軍の代替わりごとに発給されたが、在任期間の短かった六代家宣・七代家継・一五代慶喜のものは一通もない。これらの文書は各家の存続にかかわる基本的な文書であるから、古くから存続した家では、それらをまとめて保存していたと思われ、秀吉・信長等戦国期のものが一一通含まれている。

〔**餘録**〕　本文書は、慶長七年（一六〇二）から万延元年（一八六〇）まで二五〇年以上にわたって幕府の公式の文書として存在しているので、領地関係を示す根本史料として、法制史・経済史・

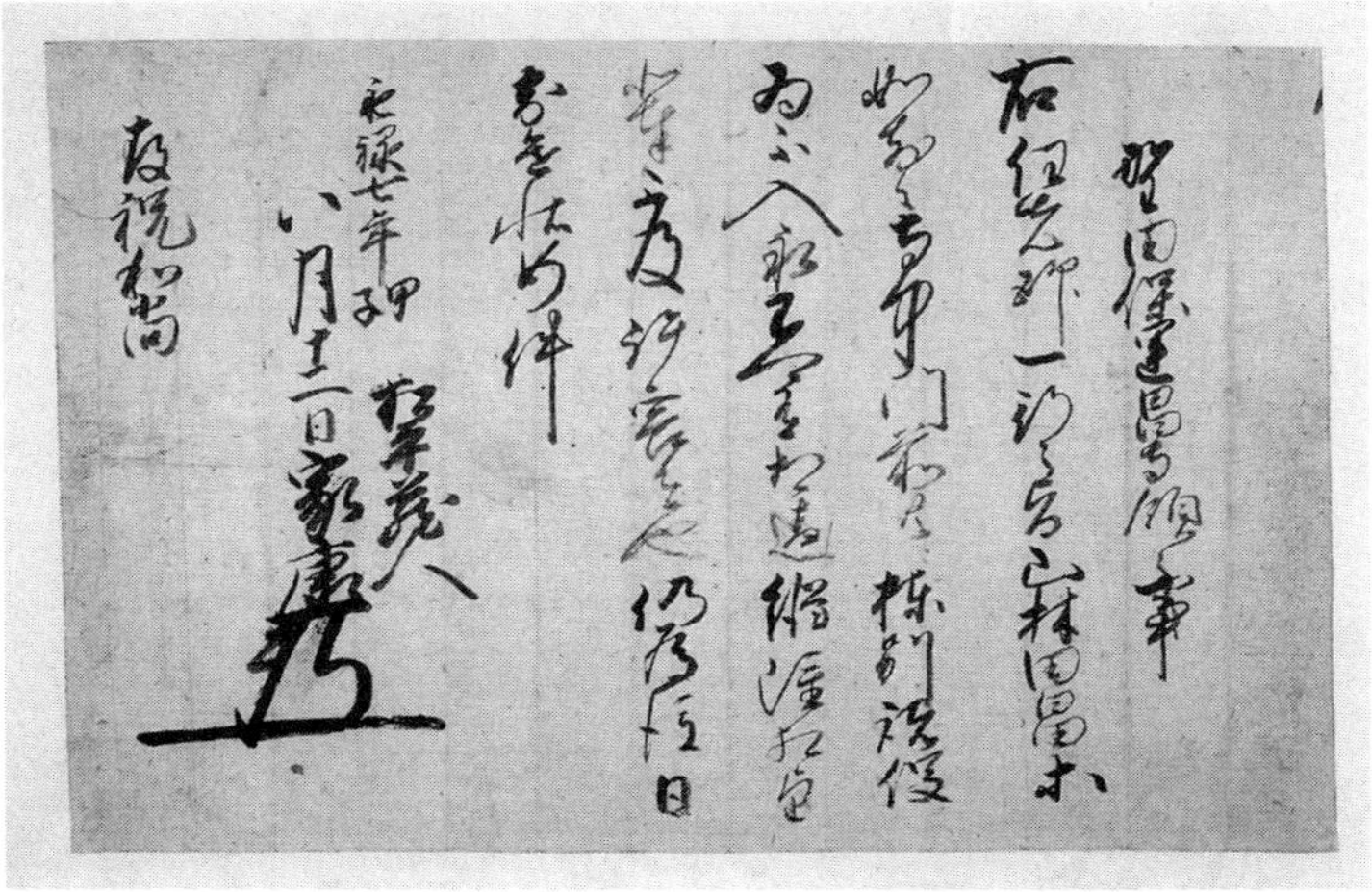

徳川家康判物

地方史・家伝の史料として貴重であるのみならず、文書学の立場からは、同一様式の文書の変化を系統的に比較考察できること、和紙を研究する立場からは、公式の文書の料紙として同じ紙質の紙が使われ続けたのであるから、江戸時代を通じて紙質の変化を継続的に調査できることなど、注目されている。

展示資料としても、本文書は良質の大型（縦四五・三×横六四・五センチ）の檀紙に堂々とした*御家流《おいえりゅう》の文字で書かれており、加えて、花押が添えられている判物は、それが自筆であれば（実際は右筆書き、時には捺印の場合もあるが）家康や家光がこの文書の前に座っていたわけで、時間を超えて直接これらの人たちと対面できることとなり、その感動は計り知れないものがある。史料としての重要性はもちろんであるが、自筆本故の訴える力も無視することはできず、見学する人たちが大きな感動を受けていることを実感できた。

22 楓軒《ふうけん》文書纂　（一五九一―一二一〇）　九四冊

関東・近畿・九州を中心とする各地に伝来する中世古文書を編者小宮山昌秀（楓軒）自らが模写して九五冊（後、『進藤文書』一冊を失い現在九四冊）に編綴したものである。

楓軒の家は祖父の時から三代にわたり水戸藩の『大日本史』編纂に携わったが、本書は楓軒が彰考館の一員としての業務の傍ら、参考となる文書を各地に採訪して本書を成したもので、原文書ではないが、原文書が既に焼失・散逸しているものや、虫損・破損の進んでいるものがあり、忠実に書写されているので、貴重な資料を今に伝えることとなっている。

楓軒、諱《いみな》は昌秀、通称は次郎右衛門、楓軒は号である。天保十一年（一八四〇）没、四四歳。本書の伝本は、東京都立中央図書館に内閣文庫に欠ける一冊と東京大学史料編纂所に内閣文庫本の一部を底本に書写したものがあるのみである。

昭和五十六年（一九八一）から六十年に、第四回目の「内閣文庫影印叢刊」として内閣文庫本に欠ける一冊を補い、オフセット法による影印（三冊分）で刊行された。

［**餘録**］　今回も、すでに本書の刊行計画は立てられていたので、筆者は実務的な作業を担当した。これまでと同様、解説を附すこととなり、刊行計画を立てた時に、この文書の重要性を高く評価されていた石井良助先生にお願いすることとなった。今回は、筆者自らが大田区の新幹線の見えるお

宅に伺い依頼した。先生は、「古文書学は専門でないから」とはいわれたが、文書を利用する立場から、法制史の史料を紹介される形で、本文書の解説をご執筆いただいた。先生は高名な日本法制史の大家であり、筆者ごときがお目にかかれる立場ではないが、内閣文庫の係員というだけで気安くお声をかけていただき、文庫の威力を実感した。お家には土蔵があり、きっと古い史料が収納されているのだろうとは思ったものの、確かめるまでにはいかなかった。

「内閣文庫影印叢刊」は本文書を刊行していったん休止することとなった。それは、本叢刊と並行して昭和五十一年（一九七六）から開始した『諸国城郭絵図（正保城絵図）』の影印刊行が、一五鋪を終了した時点で、並行しての刊行が難しくなり、刊行を休止していたのを、全点の刊行を目指して再開することとなったためである。

『城絵図』の刊行が終了した時点で「内閣文庫影印叢刊」は再開され、四点（『自家年譜』『雪江先《せっこうせん》生貼雑《せいはりまぜ》』『華鳥譜』『本草通串証図《ほんぞうつうかんしょうず》』）が刊行されているが、筆者が担当した「叢刊」は『楓軒文書纂』が最後となった。

23　（一）［御書物方］留帳（宝永三至享保十八年）　（一八一―二八）　一六冊

（二）［御書物方］日記（享保四至安政四年）　（二五七―二）　二〇九冊

江戸時代、将軍直属の文庫であった御文庫（紅葉山文庫）で、現在の図書館専門職である司書のような仕事を担当していた御書物奉行の一五〇年（この間一九年分の欠がある）におよぶ執務日誌。御書物奉行の日常業務すなわち日記の記述の内容は、当日の出仕者の名前や天候・お蔵の開閉や異常の有無の確認など経常的な内容のほか、蔵書の収集（発注・検収）・管理（曝書・製本）・出納、施設（御書物蔵）の管理・修繕、本函の調製、環境の整備、目録類の編纂、文献の調査等広範囲に記されており、御文庫の沿革と活動が知られる最も基本的な資料である。

初期の（一）では、「留帳」と称し、一年一冊の時期もあったが、大部分の（二）では、表紙に「日記」とのみ大書され、一年分が二冊となっている。宝永二年（一七〇五）以前の日記が現存しないことについては、宝永二年十一月に御文庫の会所（事務棟）が焼失しているため、それ以前のものも、その時に焼失したのか、それ以前には存在せず、この時を機会に管理の厳重を期すために新たに始められたのか不明である。

本日記の記述の内容は、主たる利用者である将軍と記述者である御書物奉行によって大差があり、最も活発に活動し、記述の内容が豊富なのは、第八代将軍吉宗と近藤正斎等が御書物奉行であった文化・文政時代である。

東京大学史料編纂所では昭和三十九年（一九六四）から『大日本近世史料』の一つとして『幕府書物方日記』と題して本書の活字翻印の刊行を開始した。これには、関連する資料のほかに、「書名一覧」・「人名一覧」を加えるなど、他に比べても整った内容となっていたが、延享二年（一七四五）までの第一八冊を以て刊行は休止している。延享三年以降については、国立公文書館の専門官氏家幹人氏によって、館報『北の丸』第四二号から『書物方年代記』と題して連載が開始された。本報告は、

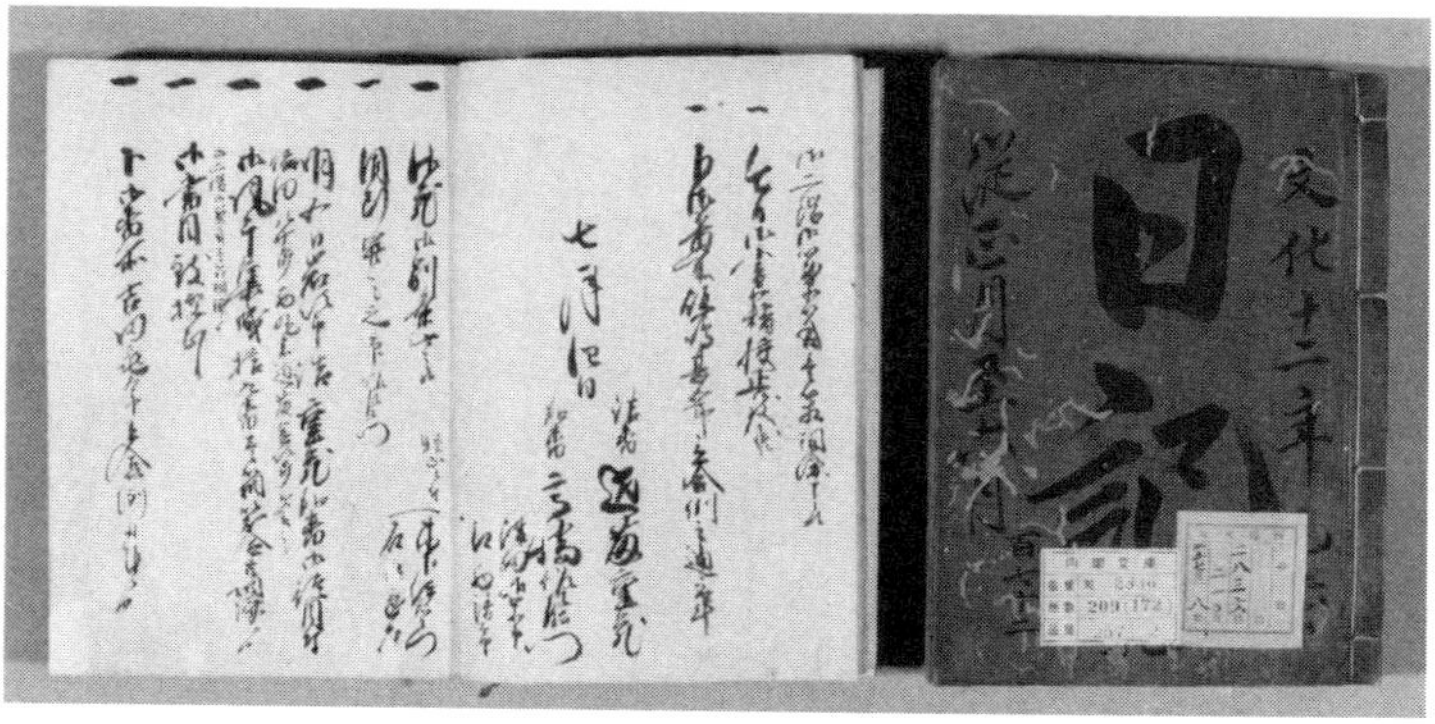

御書物方日記

「書物の出納や人事ほか書物方に係わる重要事項を摘録した」とあり、全文の翻印ではないが、記事に関する逸話や読み下し文を加えるなど、読者にとってより興味深い内容とはなっているものの、資料としては物足りないところもある。全冊終了の後は、書名・人名索引なども加えて、編纂所本との統一した利用を可能にしてほしいと願っている。

24 多聞櫓文書

江戸時代に幕府が作成した膨大な記録類は、通常、江戸城の石垣の上に連なる多聞櫓と呼ばれる倉庫等に保存され、一定期間が経過したものから、順次改めて一定の様式で整理・書写されて、公式の記録として保存された。この時、原文書は廃棄されているため、幕府の機能が十分に働いている場合には、原文書自身が残ることはないが、幕府機能が低下した幕末には、この作業が十分に実施されず、原文書の多くは、火災そのほかの事情で失われたが、その一部は、整理も廃棄もされないまま二棹の大型の長持に収納され明治政府に引き継がれ、太政官文庫を経て内閣文庫に移された。それらの内、冊子類は、『内閣文庫国書分類目録』刊行時に著録され、改訂版刊行に際し、源流欄に「多」との表示を加えた。

その他の約五万点におよぶ未整理文書（この部分を実質『多聞櫓文書』と称している）についても、昭和五十二年（一九七七）度以降、整理・目録化の作業を津田秀夫先生の指導を受けながら臨時職員を含めて実施し、整理を終えた部分から、館報『北の丸』に解説を掲載、目録を公開し、閲覧に供してきた。

この『多聞櫓文書』の内容は、幕臣の由緒書・履歴・誓詞《せいし》（誓約書）・病欠届け等の書類から、大名諸家から寄せられた年貢・寒中暑中見舞い等の来翰（書状）や各種図面に至るまで多種多様で、幕末を知る貴重な史料となっている。特に最初に公開した「明細短冊」「由緒書」は、明治に入って活躍した人々の人事記録を提供する史料として有効に利用されることが多かった。さらに、この文書は、幕末維新期の政治的混乱の中で、廃棄も整理もされないままに残されたものだけに、文書が原状のまま伝来しており、当時の幕府における文書の作成―伝達―処理の各段階の事務の実態をよく伝えている点でも、古文書学上の貴重な史料といえる。

この文書の整理作業は、平成十三年（二〇〇一）度をもって終了したが、なお全くの断簡に類するものが存在する。これらの目録化作業は、その後も専門官によって継続され、その段階で発見された興味深い資料について、館報『北の丸』第三五号以降順次報告されている。

［**餘録**］『多聞櫓文書』の整理作業を続ける中で、事務の機械化の進行が実感できた。

当初は、各文書の情報をカードに著録し、それを分類・配列したうえで、原稿に起こし、印刷（孔版印刷）に廻し、冊子目録を刊行するとの方法が採られたが、冊子目録の刊行が難しくなると、公開用には、手書きの原稿をそのまま複写することとした。ただ、各人ばらばらの文字では見苦しいので、別に人を頼んで清書をお願いしていた。そのうち、調査者の各人がパソコンを利用し始め、カードの段階を飛ばして直接パソコンに入力するようになった。パソコン内で分類・排列した結果を出力・印字すれば、すぐに印刷字体の目録ができあがることとなる。この傾向は、内閣文庫に限ったことではなく、筆者が最近関与している調査においても、初めは、調査結果は文字で残さねばならないといわれていたのが、途中から直接パソコンに入力するようになった。この方法では、報告書の原稿を改めて作成する必要がなく、すぐに印刷に回すことが可能となるので、それだけ調査に費やす時間を多く取ることができるとか、点検にもカードを一枚一枚繰る作業が不必要で、印字した一覧表からは同種資料の統合や記述の統一などの作業も比較的容易になるなどのメリットも生まれている。分類目録に拘る筆者は、先ず、一点ごとに採録、それを並び替えて目録を編成するという方法をとっているが、最近では、古文書ばかりでなく図書についても、このような方法が採用され、「カードを採る」という、もっとも図書館員らしい作業の影が薄くなって来ている。

25　間宮林蔵北蝦夷等見分関係記録

（一）北蝦夷島地図　　（特七七—一）　七鋪一帖

（二）　北夷分界餘話　（特九四—三）　一〇帖
（三）　東韃地方紀行　（特九四—二）　三帖

間宮倫宗（林蔵）は、寛政十一年（一七九九）、普請役村上島之允に従って蝦夷地に渡って以来、北方探検を行っていた。時に江戸幕府は文化四年（一八〇七）蝦夷地全体の直轄を決定、カラフト（文化六年、北蝦夷地と改称）の地理を明確にするための調査を計画し、松前奉行所の下役元締松田伝十郎と同御雇同心格の間宮林蔵がその任に当たることとなり、翌年四月にカラフト南端のシラヌシから調査を開始した。二人は全島を調査することはできなかったが、六月に西岸北部のラッカに達し、カラフトが島であることを確認、帰着した。

同年七月、林蔵はカラフト西北部の未調査地探査のために再度派遣され、翌六年五月島の北端近くに到達し、カラフトが離島であることを確認（間宮海峡の発見）、六月に対岸東韃地方（中国東北部。旧満州北部）に渡り、アムール河（黒竜江）を遡り、七月に清朝の官吏が土着人の慰撫と交易のために出張して来る夏の仮府デレン（徳楞）に至り、十一月、松前に帰った。この間の見聞を村上貞助（島之允の養子）に口述、『日記』も示し翌七年七月に成ったのがこの三部作である。十一月に松前を出発して江戸に上り、在府奉行に提出したが、（一）を除く二部は、更に改定を加え、翌八年三月に幕府に提出、紅葉山文庫に収蔵された。

（一）は、対岸東韃地方を含むカラフト沿岸の地形と会所・番屋・部落・港湾等の存在する地名や朱点線で往復の航路を正確・精細に描いた地図と凡例・里程記一帖から成る。本図は、実測に基づく最初のカラフト地図で、「北蝦夷地西海岸図」五鋪、「東韃地方東海岸迫処中図」「東韃地図」各一鋪の七鋪を接続して一図となる。縮尺は三万六〇〇〇分の一である。

（二）は、カラフトの地誌・民族誌で、彩色図九六図を用いて、カラフトアイヌの風俗・文化について、本蝦夷のアイヌと比較しながら詳述している。

（三）は、二度目のカラフト調査の途次に立ち寄ったアムール河下流地方の見聞を記録した紀行・地誌・民族誌で、彩色図二一図を用いて、沿岸地方の少数民族や少数民族同士の交易、清朝政府への朝貢の実態等を記している。図中には、林蔵自身も描かれている。

これらの見分記録は、この地に関する地誌・民族誌として、今もなお大きな学問的価値を有しており、これを理由に平成三年（一九九一）六月、（一）から（三）を合わせ、標記の名称で国の重要文化財（歴史資料の部）に指定された。

26　西洋紀聞（御書籍来歴志著録本）　（特五八—三）　三冊

新井白石は、宝永五年（一七〇八）八月末屋久島に密入国したイタリア人イエズス会士シドッチ(Giovanni Battista Sidotti 一六六八—一七一五）から、翌六年十一・十二月に江戸小石川の奉行所で、三度にわたり外国事情を直接聴取した。そこで得た知識に、オランダ人等からの見聞や紅葉山文庫に所蔵されていた『坤《こん》輿《よ》万《ばん》国《こく》全《ぜん》図《ず》』等の情報を加えて成ったのが本書で、当時の世界地理知識の最高水準を示す文献として意義が深い。

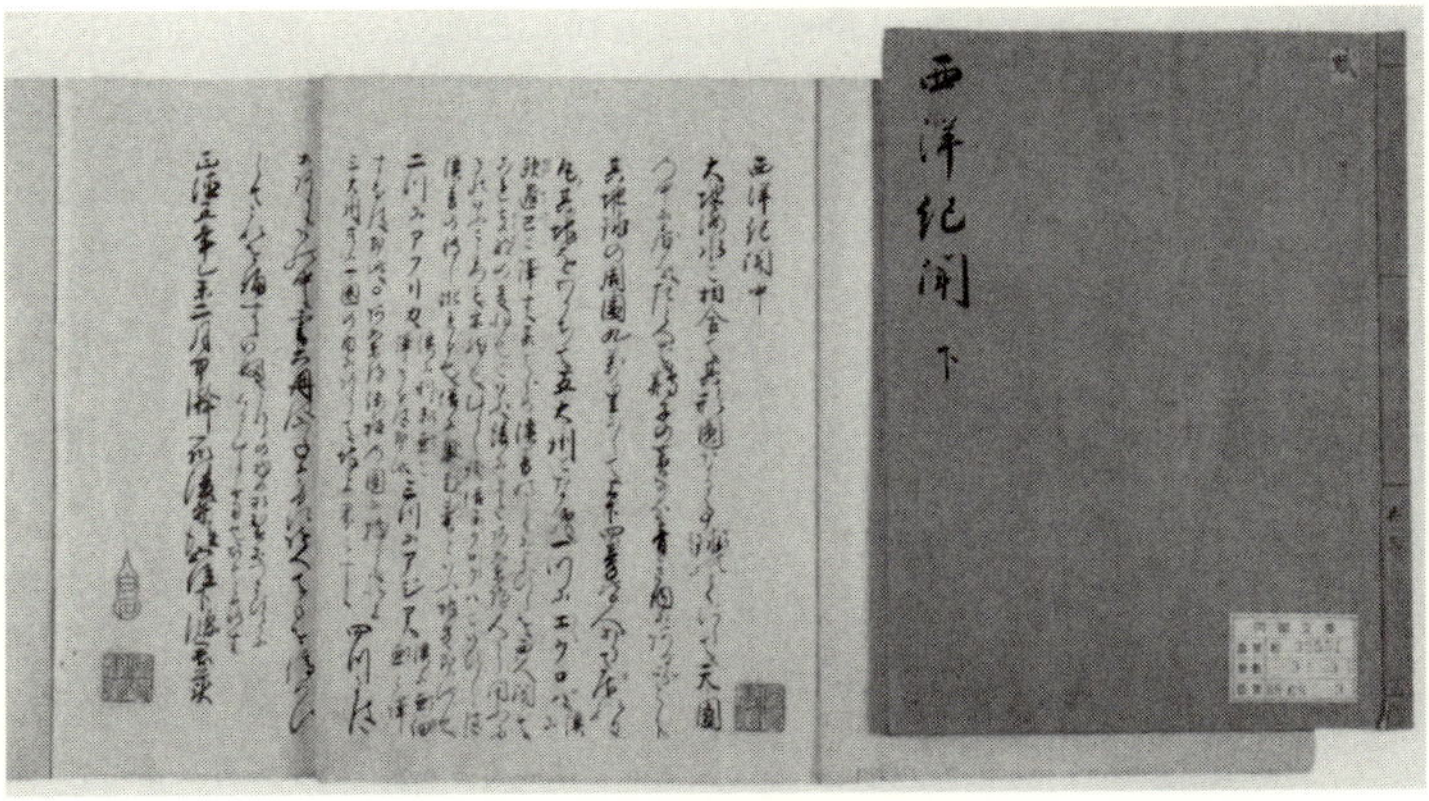

西洋紀聞

文庫本は、白石の自筆浄書本。寛政五年（一七九三）、白石の後裔新井成美より幕府に献ぜられ、紅葉山文庫に襲蔵された。上巻末にある「正徳五年（一七一五）乙未二月中澣」の年紀は、本書の成立時期を示し、それは本書の情報を提供したシドッチの没した直後でもある。研究では、浄書の時期は、最晩年の享保九・十年（一七二四・二五）ごろといわれている。毎冊首尾には白石の蔵書印各種が捺されている。

文庫には、本書の他、白石の著作自筆本に国語の名詞の語源的研究である『東雅』（特七―三、二一冊）や将軍宣下《せんげ》の異動を記した『将軍宣下三十一ケ度の儀不同之次第』（特六八―八、一冊）がある。

27　北槎聞略

（一八五―五七九）　一二冊一〇鋪二軸

寛政四年（一七九二）にロシアから帰国した漂流民大黒屋光太夫（幸太夫とも）の見聞に基づいて、同六年に

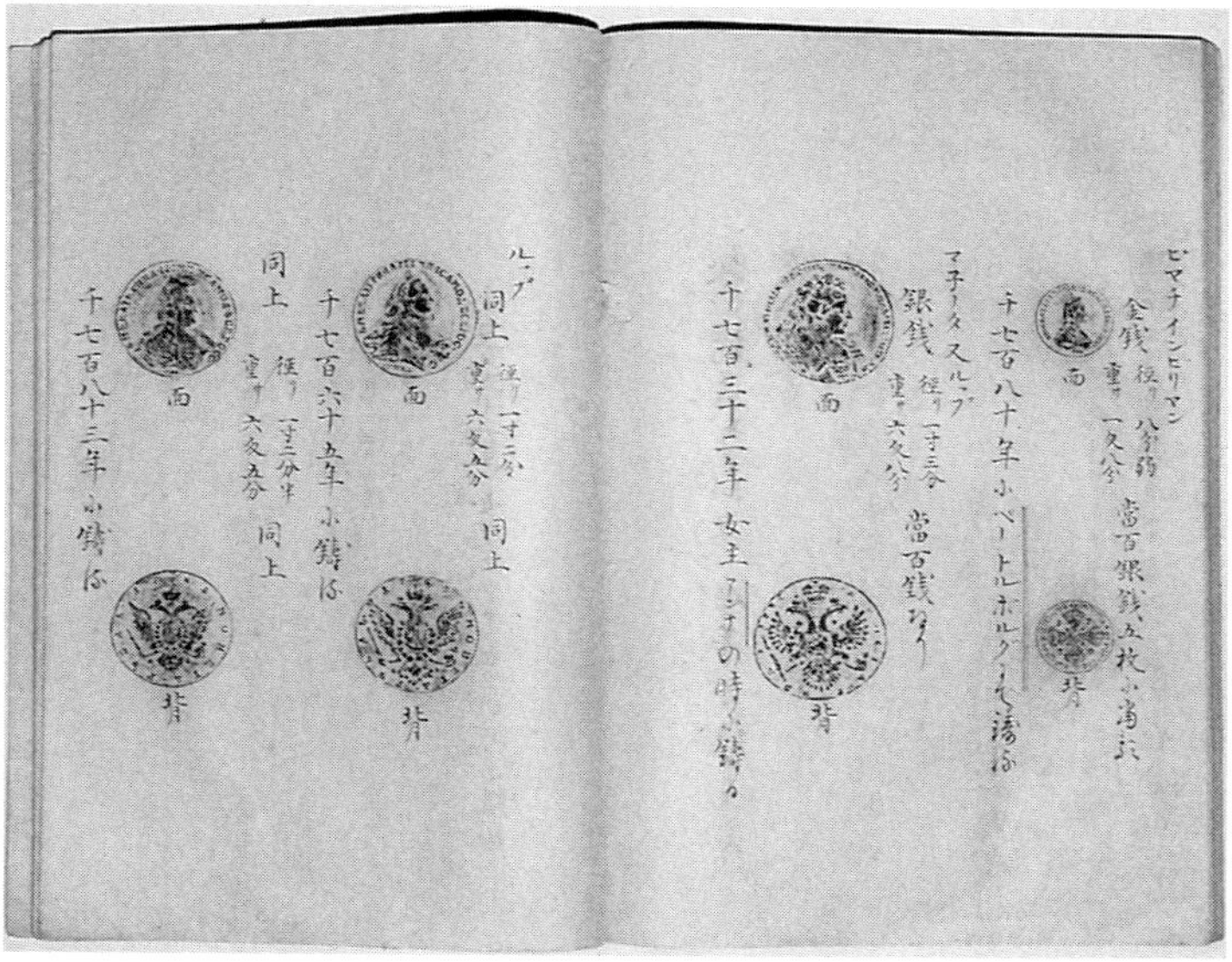

北槎聞略（貨幣の拓本）

幕府の医官桂川甫周が著したもの。内容は、漂流の経緯はもちろん、ロシア滞在中の行動のほか、ロシアの地理・歴史・官制・暦法・貨幣・年中行事・飲食・日用雑貨・物産・言語その他多岐にわたり、別に、光太夫が持ち帰ったロシア製の各種の地図の模写本一〇鋪と什器および衣服の彩色写生図各一軸を附している。この報告は、光太夫の驚異的な記憶力に頼るのみならず、持ち帰った多くの現物資料が寄与していたことは想像に難くないが、今に残るものはない。本書は江戸時代におけるロシア研究の最高峰といわれ、特に内閣文庫本は幕府に上呈されたもので、他の転写本では墨書されている貨幣の図も、持ち帰った現物から拓本されているなど、唯一の完全本として平成五年

（一九九三）一月に国の重要文化財（歴史資料の部）に指定された。

光太夫は、天明二年（一七八二）、伊勢から江戸への航海中、乗組員一六名とともに遭難、八ヵ月の漂流の末ロシアに漂着し、寛政四年、遣日使節ラックスマンとともに帰国した。翌五年九月には、一一代将軍家斉に謁見を許された。光太夫は、ロシア滞在中にロシア語を習得し、時のロシア皇帝エカテリーナ二世に厚遇された。鎖国下の我が国では、帰国後も帰郷は許されず、江戸に家族とともに在住したが、文政十一年（一八二八）、七八歳で没した。その息子大黒梅陰は、漢学者として江戸で活動している。

28（一）［元禄・天保度御絵図］（元禄・天保国絵図）　（特八三―一等）　一四七鋪

（二）［元禄郷帳］（元禄十三至十五年）　（一七六―二五一等）　一九冊

（三）［天保郷帳］（天保五年）　（一七六―二八一）　八五冊

江戸幕府は、米に代表される全国の農業生産高の確認のため、江戸時代を通じて慶長十年（一六〇五）・正保元年（一六四四）・元禄九年（一六九六）・天保六年（一八三五）の四度、全国の領主・代官に命令を発し、提出された資料に基づき勘定所が国ごとの絵地図（国絵図）および郷村高帳（村ごとの石高を記した帳簿・郷帳）を作成した。時代によって調製の方法に差異はあるが、それらは数年を要して幕府に呈上され、少なくとも正保度以降のものは、江戸末期まで紅葉山文庫に保管されていたが、現在、慶長・正保度の献上本で確認されるものは一点もない。

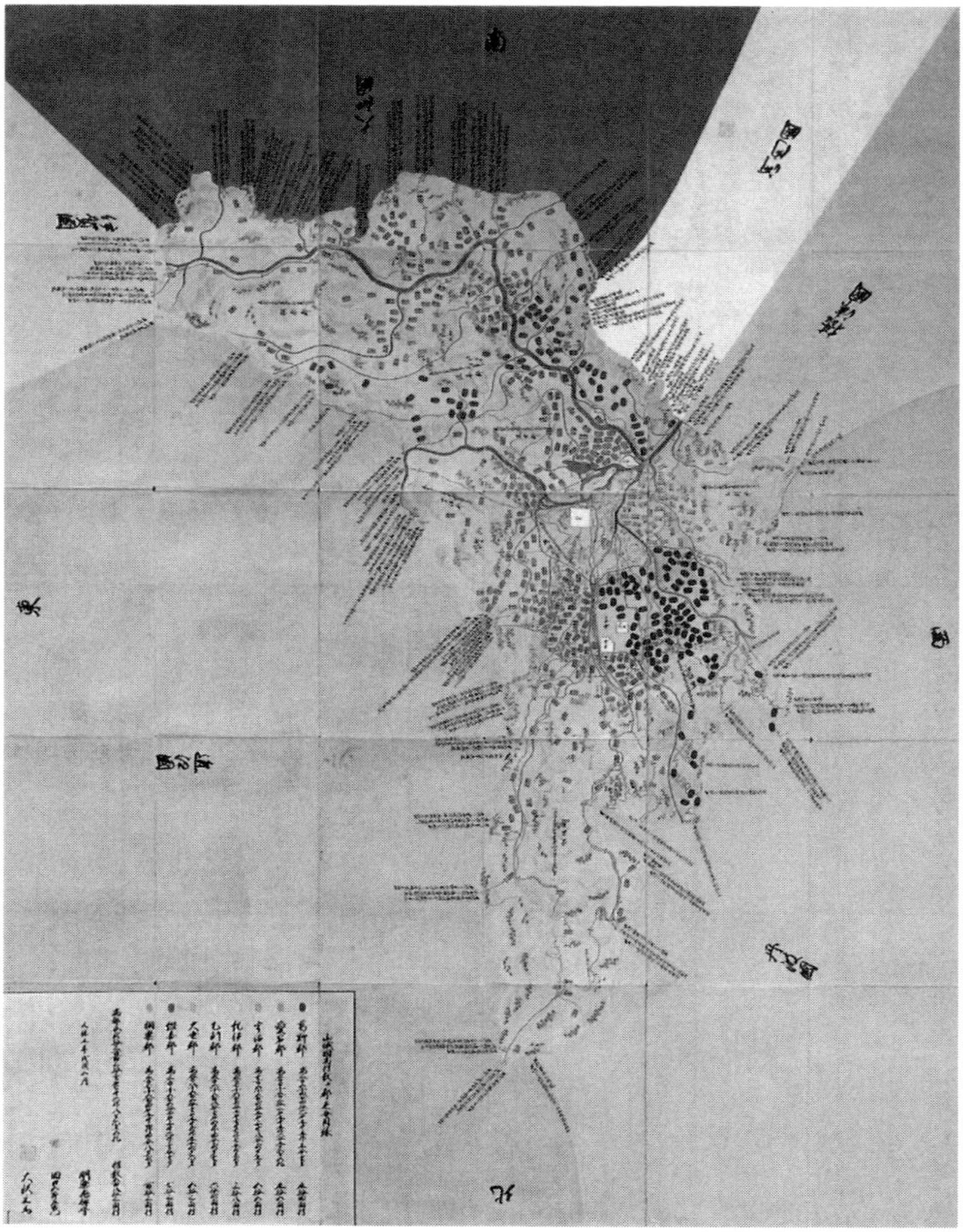

山城国絵図（天保度）

89　二国　　書

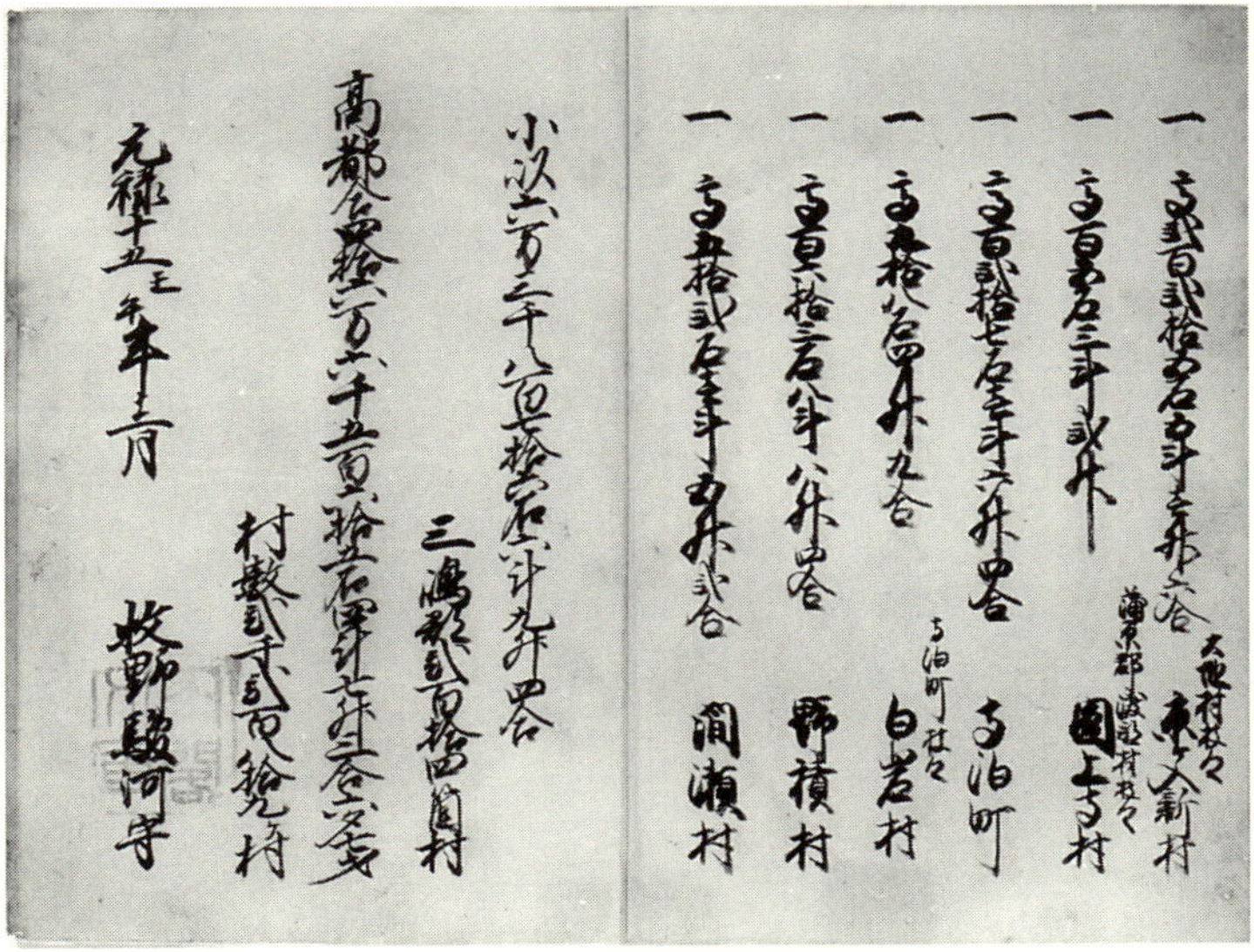

元禄郷帳

内閣文庫では、国絵図（一）には、元禄度の献上本八鋪と天保度の全国分八三鋪（紅葉山文庫・勘定所本の混在・重複を含め、実数は一一九鋪）、元禄度の模写図八鋪、天保度の縮図一二図が存し、郷帳は元禄度は、（二）転写本（一七国一九冊）しか存しないが、（三）天保度は八五冊全点が揃っている。図は一里を六寸とする縮尺率（約二万一六〇〇分の一）で統一され、厚手の料紙に極彩色で山・川・竹林・道路が描かれ、道路の両側に黒点を描いた一里山（塚）の表示もある。郡ごとに色分けされた楕円形の枠の中には、村名と石高が記入され、図の一隅には石高・村数の総計を掲げ、年次とともに責任者の氏名が記載されている。

郷帳は原則として一国一冊に装訂され、

郡別の村々の生産高が「合」まで、時には「夕（勺）」・「才」の微小単位まで記されている。郷帳は天保度のみながら全国分の原本がいわゆる北方四島を含む松前島から琉球まで完全にそろって現存することは、史料的に大きな意味がある。

昭和五十八年（一九八三）六月、かつて国絵図を保管していた勘定所伝来の箱四合とともに国の重要文化財（歴史資料の部）に指定された。

［餘録］ この指定のための調査の経緯および調査で判明した事柄については館報『北の丸』第一六号に詳しく報告しているが、そのいくつかを紹介することとする。

内閣文庫所蔵資料の重要文化財指定は、昭和三十二年（一九五七）以来、久しく機会に恵まれなかったが、今回は久し振りであり、かつ筆者が国立公文書館に就職して最初の経験であった。文庫員が所蔵する資料の重要性を強調し、その保存のための配慮を要求しても、その実現がなかなか困難な状況にあったとき、同じ国の組織ではあるが、外部からお墨付きを得ることができればと常々考えていたので、文化庁からの申し出は、筆者としては、「渡りに船」と大歓迎であった。しかし、館では、指定に伴い、新しい管理のための体制や施設が必要になるのではとの心配があり、そのような必要のないことの確認を取ってから作業に入るなど、窓口になった筆者の不慣れも相俟って前途多難を予想される幕開けであった。これまで、全点を開陳して調査する機会などなかった文庫および館、その関係者にとっては、願ってもない機会と歓迎され、思いのほか調査作業は順調に進んだ。しかし、指定のための専門委員会に提出するために一部資料の貸出を実施する段になり問題が発生した。当初、文化庁からは「指定会議のために、数点の貸出を依頼する」とあったのが、実際には六二鋪三七冊と全体の半数近い分量となった。文化庁としては、種々の例を示して資料の重要性を説明するために必要と考えた数量ではあったが、「数点」とは余りに差があり過ぎるとの意見があり、暗礁に乗り上げてしまった。結局数量を二一鋪八冊に圧縮するとともに、それらを必要とする理由をそれぞれについて説明を受け、記録に残すことで折り合いがついた。文化庁としては初めての経験とのことで、担当官に面倒をお掛けしてしまった。

調査の段階で判明したもののなかで最も大きなことは、『天保国絵図』の伝来の別が判明したことであると思われる。

附属として指定された箱に「勘定所」との墨書があり、勘定所が所蔵していたことは明らかであるが、『御書物方日記』寛政六年（一七九四）七月十日の条に「勘定所所有の国絵図を修復するために御書物蔵所在の国絵図を借用したい」との申し出があったとの記事があることから、紅葉山文庫にも国絵図が所蔵されていたことが知られる。『天保国絵図』の中には、一国で三〜九鋪存在する例がある。その理由は、紅葉山文庫本・勘定所本が混在しているほかに、一国がいくつかの地域に分かれている場合と縮図と名付けたほぼ二分の一（面積で四分の一）の小型図が存在するためである。縮図は、一見して原図と異なることは明らかであるが、紅葉山文庫本と勘定所本の区別は、全体を調査することによって初めて可能となった。それは、顔料の塗布された面の四周約一センチは裏側に折り込まれているが、裏に回ったその部分が、折り曲げたままで顔料が見える状態にあるものと、折り曲げた裏の部分に、さらに紙を貼って顔料が見えなくしたものとがあることである。前者を勘定所本、後者を紅葉山文庫本と判断した。この基準で天保度国絵図の原本を分類すると、勘定所伝来の国絵図が、紅葉山文庫伝来のそれと比較して、顔料が濃く、文字が太くて大きく、装飾的でないのは、すべて日々の実用に供されたからである。紅葉山文庫所蔵のものが、将軍の下にあって、一種の権威の象徴であり、絵画的要素が強いのに対し、実務遂行上の種々の要求に応えるために作成されたものが勘定所所蔵の国絵図であったのである。これは、国絵図中最大の伊予国の場合、一国を一鋪に描き込んだものと南北に二分して二鋪とした二つの系列がある。これも、象徴と実用という異なる目的のための処置であり、分類基準を当てはめると、後者が勘定所伝来の国絵図となり、他の特徴も一致する。

さらに、国絵図の作成方法についても、一つの結論を得ることができた。残された元禄度の原本のうち、『日向国絵図』の裏面には、国絵図調製の下命を受けてから提出までの経緯——地元での作成——が記されており、他の国についても地元で調整されたものと思われる。一方、天保度では、各図の描法が非常に近似している以外にも、村名を示す楕円が、すべての図で一致することにより、各国から提出された情報に基づいて、一ヵ所でまとめて作成されたものと思われる。

重要文化財指定の効用と期待している補修予算の獲得についても実現を試みた。

虫損等の損傷の進行した状態で、文化庁の調査を受けるのは、管理者として本意ではなく、指定後では、現状の変更が難しく補修を加えることも容易でないとの理由で、指定に先立ち、特に損傷の進行した一三鋪について、損傷個所の原状の回復とさらなる損傷の進行を防止するために文庫の修復係で最小限の修復作業を実施することを提案した。急な提案のうえに年末であったことも加わり、早急な補修用紙の調達は困難であったが、指定会議のために貸し出される予定の四鋪については手持ちの用紙を利用して作業を実施して貸し出しに間に合わせるとともに、他の九鋪についても用紙の入荷を待って無事終了した。この作業は文化財指定という事情がなければなかなか実現できない作業であるが、この時期に実施できたことにはもう一つ別の意義があった。それは、この種の作業は非常に高度な技術と細心の注意を必要とするものであるから、口や参考書だけでは十分に理解できるものではない。幸い今回の作業ではこの種の作業に習熟した村石元技官から、いろいろな技術や注意を若い職員に直接伝達することができたことは、これだけではもちろん不十分とはいえ、願ってもない機会であった。

余談ながら、筆者が就職した当時は定年制はなかったので、ある程度の年齢まで勤務を続けることが可能であったが、突然停年制が実施された。村石技官ももっと勤務されるものと思っていたが、翌翌年早々停年を迎え退職されたので、余計、その感を深くしている。

29［諸国城郭絵図］（正保城絵図）（御書籍来歴志著録本）　（一六九一—三三五）　六三鋪

「正保城絵図」と通称される本図は、正保元年（一六四四）十二月二十五日、前記の『国絵図』『郷帳』とともに幕命によって作成を始め、承応三年（一六五四）ごろまでに諸国から呈上されたものである。大目付井上筑後守政重・宮城越前守和甫《まさよし》が、二種類の絵図の編纂を総裁した。幕府体制に一応の完成を見たこの時期に、幕府と各大名との確固たる支配関係を確認するために実行されたものであり、その信憑性は高く、作成時期が近世城郭の完成期であることと相俟って本図の資料的価値を一層高めている。本図は強く軍用地図の性格を持つ故、図に含まれる情報については他の城図と違い城郭の中心はもちろん、城下の町割りや城外の山川の布置・形勢、域内の個々の建物や施設――具体的には、道筋、道幅、寺社の配置、川幅、橋や船着き場の有無、水田と乾田の区別、建物の外観、規模、構造、井戸の配置と数量、堀の幅や深さと水の有無、土手の高さ、施設と地形との間の距離や高低差等――が正確かつ詳細に描くことが求められているが、描写の様式については、必ずしも一定ではなく、近隣する地域では共通する性格、特に色合いを有している。

本図は古くから紅葉山文庫に保存されていたが、元治年間（一八六四―六五）の蔵書目録では一三一鋪、近藤正斎の『好書故事』には一五七枚、現存する城絵図の内最南の「肥後国八代城廻絵図」には「一五三」との墨書があるが、もともと何鋪存したのかは不明である。現在は、内閣文庫に六三鋪が存在、このほか明治維新当時に散逸した仙台・会津・今張（治）の三図の存在が知られている。

内閣文庫では昭和五十一年（一九七六）から原色影印版による複製の刊行を開始し、平成五年（一九九三）に至って全点の刊行を完了した。この間、昭和六十一年六月、国の重要文化財（歴史資料の部）に指定された。

［**餘録**］　本図の刊行計画は、筆者の前任者福井保和漢書専門官によって立案された。本図の史料

諸国城郭絵図（小田原城）

としての重要性は言を俟たないが、二〜三メートル平方の大きさと損傷の進みという史料自身の理由のほかに、閲覧場所を準備できないという国立公文書館側の理由もあり、その利用は容易でなかった。これまでも、昭和四十三年（一九六八）に日本城郭協会が編集・刊行した『日本城郭絵図集成』の中に六一鋪が影印・刊行されたが、単色のうえにかなり縮写されており、史料として利用するには不十分であった。福井氏はそれらの問題を解決するために、四六全判用紙（七八・三×一〇六・八センチ）を用いて、縮率も三、四〇％（実際は、二五〜五〇％）におさえ、大判フィルムによる一度撮りで分割撮影による接合部の不自然さを解消、赤・青・黄・黒に補色（具体的には古色を出すための黄土色）を加えたオフセット印刷によって忠実な再現を実現した。それでも濃い顔料や折り目の部分などに加えられた注記で判読困難な部分が発生した場合には、「注記図」と名付けた、複製版と同じサイズで縄張りを墨版で起こし、そこに活字化した文字を貼り込むという方法で作成した附図を添附した。これによって、絵図としての雰囲気と文字情報を完全に利用できることとなった。この「注記図」に注記されなかった情報は、原図に当たっても判読できないものである。

刊行を開始した当初は一五鋪の複製のみが計画され、昭和五十三年に完了した。そのころから、福井氏は体調を崩され休職されることとなり、翌五十四年五月、筆者が後任として採用され、同時に氏は退官された。この年から残余の四八鋪についても複製の継続が決定され、既刊分を参考に作業を始め、解説については福井氏に校閲をお願いして、どうにか刊行を継続した。後に、福井氏は回顧談中で、「注記図」に関連して、「これはかなり労力と経費を要する仕事であるから、私が退職した後、作成は中止された。」と記されている。しかし、これは誤解で、三、四鋪ずつ一五回続いた作業のうち、四回までは全く前任者のとおり実施した。ところが印刷会社から、注記図作成の経費が従前の予算では捻出が難しいとの申し出があった。予算の増額は簡単ではなく、一回の作成枚数の減少も考えたが、かえって割高になるうえ完結がさらに遅れるので、その解決策として、従来印刷会社で作成していた注記図の墨版原稿を、最小限の不鮮明箇所を選んで筆者が作成し、それを別刷としないで解説の冊子の中に綴じ込むことにしたのである。故に「注記図」の機能は最後まで確保されている。

経費と関連してもう一つ思い出がある。一一鋪を残した時点で、大手の出版社から『正保城絵図』を中心とした全国の原色版城図集成の出版計画が提起され、小さなフィルムでの新規撮影の申請が提出された。影印計画は原本の損耗を防ぎながら原本の利用の促進を図るところにあったから、小さなフィルムでの撮影を許可することは、館の出版時に再度撮影する必要があり、かえって原本の損耗を増加しかねないという、当初の目的に合致しない結果となる。そこで、これまで影印出版のために作成した八×一〇フィルムの出版への無償使用を許可するのと代替に、残余の一一鋪については、これまでと同精度のフィルムの作成と館への納入を提言した。幸い出版社は承知されたので、館の予算を使用することなくフィルムを入手することができた。撮影が不要になったことで、予算に余裕ができたので、最後の二回は、四鋪に増加して実施することができた。

筆者が最初に担当したのは、山形・小田原・大垣・津山・小倉の五城であったが、山形城の裏面下方に、八項目の墨書のある紙片（二二×三九センチ）が貼附されていた。内容は、図中の注記のうち不十分な項目について補記を促すもので、表面の図には朱または墨筆で加筆が施されていた。幕府は各城主が提出した城絵図を無条件で信用するのでなく、その当否を判定できる資料を事前に準備したうえで、提出を命じていたことが判明する。いかに正直に軍事的情報を報告しているか、幕府に対する忠誠心を試すために提出させたのが、この城絵図であったのである。

一回の複製に含まれる城図の候補を選定する場合、一地方に偏らないで、満遍なく全国から選び出した方が購入を希望される人々には有効ではないかと考え、なるべく偏在することのないよう選定した。しかし、購入者の意見は、自分の郷里とか研究の対象とする城は比較的狭い範囲に存在するので、地域ごとにまとめて出版された方が、まとめて希望する城図を購入できるが、これまでの方式では複数のシリーズを購入しなければ、求める城図が揃わないということであった。国立公文書館の独立行政法人化に際し、従来の業務の見直しが実施された。内閣文庫に関係する出版物も対象となり、研究者等が入手を求めた場合に有償頒布と題して販売するために保存している在庫に対しても、価格と保存量が妥当なものか検討が加えられた。価格については総製作数の中に有償と無償が含まれるのに、有償頒布の価格を決定する場合は要した総経費を総冊数で除した一冊当たりの単価を有償頒布の価格としていた。しかし、有償頒布の数だけ別に作成すれば、刷版や用紙のように単純に印刷数に比例するものもあるが、最も経費の中で大きな部分を占める製版等は部分的にしか価格に反映していないこととなり、従来の方法での価格の決定が妥当かという意見も出た。しかし、これまでと同じ資料の価格を高めに改定することは、その理由付けが困難であるとの理由で、変更は沙汰止みとなった。しかし城絵図に関しては刊行一回分に収められる地域がバラバラであることが購入者に不評との観点から、全部一点頒布とし、価格も若干低いが区切りが良いとの理由で一鋪一〇〇〇〇円に設定した。これで、頒布数が増加し、利用者が増え、在庫が減れば、従来の方式に拘る必要は何もない。

また、全く私的な希望であるが、絵図に描かれた城やその遺跡を実見したうえで解説を書きたかったと思っている。自分の郷里の城やかつて訪ねたことのある城は、絵図と現在の比較や城下の様子など、実感をもって表現することができたが、ほとんどの城が未見のまま、参考書だけを頼りに執筆することに、いつも不安を拭い去ることができなかった。個人的にでも実査するのが良心的ではあるが、一年に三ヵ所、そのために旅行するのもなかなか難しく（近在の城にすれば、まだ可能であったかも知れないが）、結局、不安のまま全作業が終わってしまった。

30　カラフト島図　（一七八一―三一六）　一鋪

長崎の和蘭商館に勤務したドイツ人医師シーボルト（Philipp Franz von Siebold 一七九六―一八六六）が、文政十一年（一八二八）六月の帰国に際し、積み荷を終えた船が、折からの台風で長崎港外に流され座礁した。国内に戻すに際し、漂流民の帰国と同様、改めて積み荷の検査が実施されたところ禁制品である地図が発見され、幕府に没収され、本人は翌十二年九月に国外追放の処分を受けた

（実際の退去は十二月）。

本図には当時の筆で「シーボルト所持品之内ゟ《より》取上候」との附箋が貼附されていることより、その没収品と推定される。この地図は間宮林蔵のカラフト探検の結果に基づくもので、当時としては最新の国家機密であったかも知れないが、今となっては、それほど珍しいものではない。しかし、高橋景保の獄死にも発展する歴史的事件を、生々しく伝える史料として重要である。

［餘録］　この地図の奇異な伝来から、展示などでもしばしば利用した。しかし原本の保存を考える時、余りにも危険であるので、早い時期に複製を作成したが、極細の筆で書かれた地名などは、当時の最新の写真技術をもってもなかなか十分に再現することが難しく、伝統的な技術の素晴らしさを実感させられた。

この図と関連して、高橋景保のように罪を得て処罰を受けた人物の蔵書の行方について若干の考察を行ったことがある（館報『北の丸』第二八号）。

10『倭名類聚鈔箋注』で言及した柳田国男氏の回顧談中で、氏は「山県大弐や大塩平八郎のように犯罪で死んだ人物の蔵書は没収され、江戸城乾門の近くの不浄蔵に保管され、後に一部は内閣文庫の蔵書にも含まれていた」と発言されていたが、これは氏の誤解であった。この記述を読んだ読者から、この真偽について質問を受けることがあり、既刊目録の旧蔵者欄を調査しても、これらの人物に該当するものはなく、別に目録編纂時に事務用に作成された蔵書印の悉皆調査記録にも関連するものは発見できなかった。

平成七年（一九九五）五月の内閣文庫の春季展示会は「江戸時代名家自筆本展」と題して実施された。そこで、高橋景保の自筆本を調査していると、蔵書印で旧蔵が確認される一七部には、景保の蔵書印以外に、（一）「安政庚申」・（二）「昌平坂」・（三）「昌平坂／学問所」・（四）「番外書冊」・（五）「新刊納本」・（六）「編脩地志／備用典籍」の印が全部ではないが捺されていることがわかった。先の『カラフト島図』にはシーボルト事件との関連を伝える附箋のほかに（一）（二）（六）の学問所関係の蔵印が捺されている。

シーボルトが国外追放処分を受けた文政十二年から三二年も経過した安政庚申（七年・一八六〇）に学問所に地誌編修の資料として受け入れられたこととなる。景保の旧蔵書と思われる一七部のうち七部に（一）印が捺され、このほか（一）印を持つ六五部のうち二一部は、『カラフト島図』と同様シーボルト事件に関係すると考えられる。景保の旧蔵書あるいはシーボルト事件に関係する史料は、全部ではないにしても幕府に没収され、ある時期まで利用されないまま保管されていたことが確認される。学問所に移管された安政七年の前年にはシーボルトが再来日し、幕府の顧問として江戸に滞在することとなり、追放令も実質解除されたことと関係していると思われる。

31

（一）律（養老律）（特一一〇―一）二軸

（二）令義解（特八六―一）七軸

（三）令集解（特一一〇―二）一〇軸

『駿府記』慶長十九年（一六一四）七月二十八日・八月十九日の条に、文禄三年（一五九四）に右大臣菊亭（今出川）晴季が豊臣秀次から贈られた金沢文庫本の『律』等を徳川家康に進献したとある。この三本がそれに当たるが、近藤正斎は、『右文故事』巻一中で四つの理由を挙げて、これらが秀次より贈られた鎌倉時代正嘉・文永ころ（一二五七―七五）の清原教隆・北条実時らの奥書を持つ原本でなく、その模写本であると考証している。三本はともに薄手の斐紙（雁皮紙）を用い、装訂・烏糸《うし》*欄《らん》・朱墨点《しゆぼくてん》*・裏書・校異・書き入れなど同じ様式で書風も近似するが、多数の筆跡を区別できる。『律』の名例律の紙背には、表の本文と対応した位置に勘物《かんもつ》と称される書き入れがある。元和二年（一六一六）に駿河御譲本として紅葉山文庫に入った。

金沢文庫旧蔵本の伝存しない今、忠実な模写と思われる本書は、零本《れいほん》*ながら、伝来の知られる律令の善本として尊重され、底本・校本としてしばしば用いられている。

［**餘録**］　古来、大切にしている書物を手放すことを惜しんだ所蔵者は、代替物でその場を切り抜けようとすることはよくあることである。本書の場合も、家康の古書採訪に応えて進献したものであるが、その例に当たるものと思われる。古い目録の記載は、甚だ漠然としており、書名と冊数のみという極端な場合があり、その情報が一致すれば、同一書と見なされ、原本が庫外に流出してしまったという例は枚挙に暇がない。本書の場合、かなり詳しい情報が知られていたために、原本と見紛う模写本を作成する羽目となったのである。筆跡が多数存在するのは、急いで模写するために多くの書き手が分担して作業をしたためであろう。さらに推測すれば、この史料が家康の手に渡っ

て三五〇年以上経過して、筆者が目にしたこととなるが、それにも増して十分に古色を帯びており、あるいは秀次から菊亭家にもたらされた時に、すでに模写本であったかも知れない。いずれにせよ貴重な史料が後世に伝えられたことは喜ぶべきであろう。

32（一）庶物類纂　（特五四―一）　四六五冊
（二）庶物類纂図翼　（特五四―二）　二八冊

（一）は、動物・植物・鉱物の中から薬効のある「本草」と称されるもの三六〇〇種を選び二六目に分類、それぞれについて漢籍中から関係する記事を抽出したもので、我が国博物学史上画期的な業績とされる。元禄十年（一六九七）三月、本草学者稲生若水は加賀藩主前田綱紀の命により一大本草書の編纂に着手、正徳五年（一七一五）に九属三六二巻を上呈したところで病死した。加賀藩における事業の中断を知った八代将軍吉宗は、幕府による継続を図るべく稿本の呈上を求めた。享保四年（一七一九）、これが実現すると、若水の男新助と加賀藩で若水を助けた内山覚伴を江戸に招き、若水門下の幕府の医官丹羽正伯を主任に本事業を継続させ、元文三年（一七三八）、二六属三四三三種一〇〇〇巻が完成し、さらに延享四年（一七四七）に至り、補遺八属一六七種五四巻が追加された浄書本が幕府に進献された。内閣文庫本はその進献本である。

（二）の著者は御書院番・小普請組を勤めた幕臣戸田裕之（要人）、五四歳で没した。母は紀州藩の儒医高瀬学山の女《むすめ》。若年より薬草を好み、『本草綱目』所載の草木について彩色の写生図を描き集め

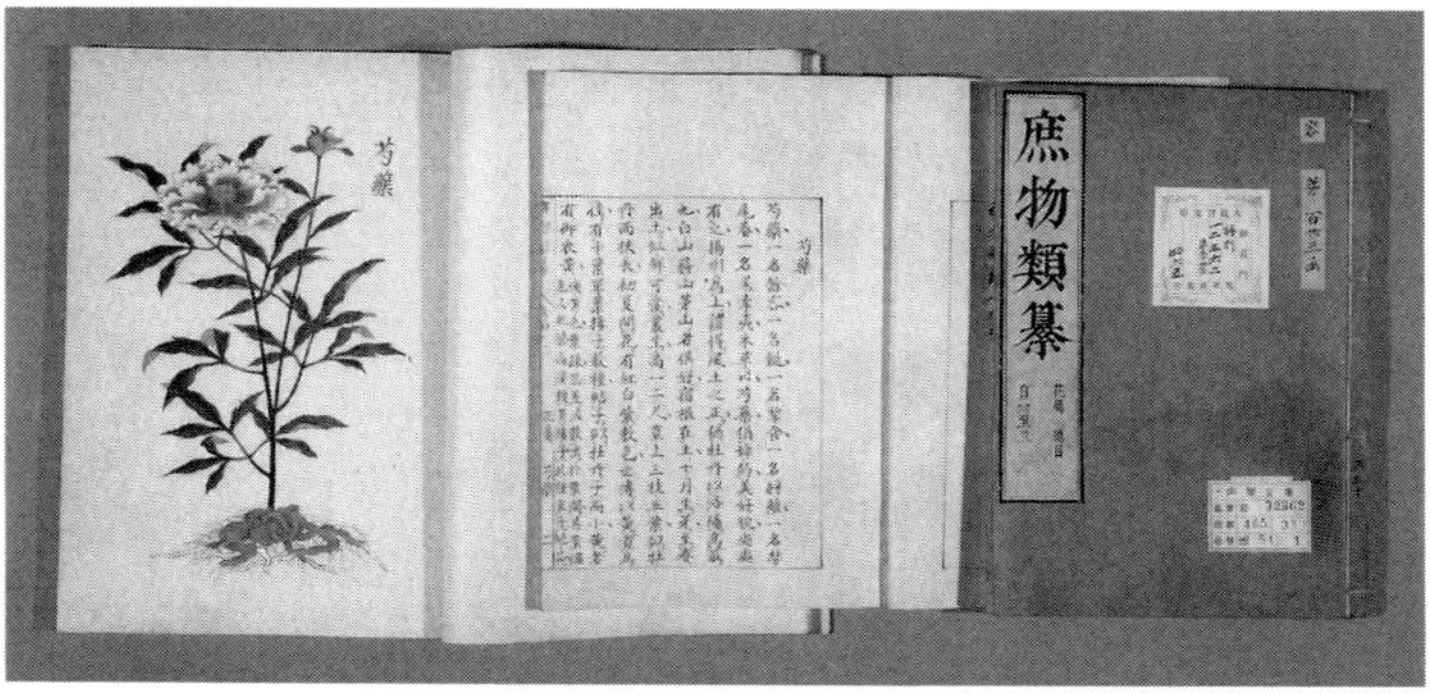

庶物類纂・庶物類纂図翼

ていたが、晩年に至り植村政勝・田村元長ら本草家の修訂を経て、安永八年（一七七九）四月、これを一〇代将軍家治に献じ褒賞を受けた。元長らは先に幕府が完成した『庶物類纂』の参考図譜として有用の書であるとの意味で、この書名を与えた。附録の『草木別録』は、『本草綱目』未収の植物を描いたものである。三百余種の図譜には、それぞれ和名を注し、描写精確、色彩鮮麗である。後の転写本が金沢市立図書館に伝わるのみである。

（一）は、我が国博物学史上の画期的な業績として、（二）は、*一具《いちぐ》として（一）とともに紅葉山文庫に伝えられた来歴により、平成八年（一九九六）六月、ともに国の重要文化財（歴史資料の部）に指定された。

［**餘録**］　平成十五年（二〇〇三）四月、独立行政法人となった国立公文書館では、独立採算制を原則とすることとなり、新たな収入源を求めての試みが実行された。筆者は関与していないが、館蔵資料の紹介を兼ねた絵葉書の作成もその一つで、最初に候補に挙げられたのが、上記の

（二）であった。（一）の資料的有用性は言を俟たないが、表面的には漢字ばかりの味気無いものであるのに対し、（二）の美しい花の彩色画は見ているだけでも楽しい気分にしてくれた。この彩色画から季節ごとの植物を選び絵葉書にすれば、展示会などで来館された方々が来館を記念して購入されるのではないか、そして、その葉書を受け取った人たちにも、公文書館の存在を知ってもらえるのではないか、そんな思いを込めての試みであった。春の部から始まった絵葉書は、その後、憲法や宋版などの文字資料にもおよび、ロビーの受付に彩りを添えている。

33（一）［魚仙水族写真］（彩色図）　（一九七―一五七）二冊
（二）水族写真（魚譜）（鯛譜一巻）　（一九七―一一一）二冊

魚類の彩色図譜。（二）の森立之の序文によると、著者奥倉辰行は、「幼時から画技に長じ、種々の写生に熱中したが、狩谷棭斎の勧めで、自家が青物商であったこともあり、途中から魚類の写生に専念、二十年にいたり、世に魚仙と称された」とある。一方本人は、（二）の著者自身の凡例で、「先人の魚説書も少なくないが、万を以て数えられるといわれる我が国の魚類のほんの一部しか扱われず、それも伝聞に基づくものが多いのに発奮、加えて、諸州の産物が集まる魚市場に近いこともあり、毎日朝早くから出かけ、未見の魚を見つけると写生し、漁師・魚商・調理人には産地・性味・旬・調理法・能毒などを質し記録した」とある。屋号を甲賀屋長右衛門、字を子園、書斎号を水生堂と称し、神田多街（町）で青物商を営んだ。

（一）は、収集した図を切り離して分類、整理し、名称・産地・性質等を注記した自筆稿本である。この稿本には、魚の大きさに関する情報が一切含まれないが、これは（二）の刊行のための凡例の末に「原図ハ魚ノ大小分毫モ違ヘズコレヲ写ス」と述べるのと一致する。

巻首に「辰行」・「子園」と「森氏」（森立之）の朱印を捺す。内務省・農商務省旧蔵。

このようにして収集した魚類が千余種となったので、類を分かち十数巻とし、魚中の最貴たる鯛類八七種を第一巻としたのが（二）であるが、（一）と重複するものはほとんどない。

［餘録］（二）の凡例の末に「今其形状を写真し、且つ附するに説解を以てす」とあるが、第一巻の鯛部二冊以後の刊行は確認されず、（二）には解説も附されていない。この解説の刊行は充分予想されたが、確認しないままとなっていた。平成十一年（一九九九）十二月、神田の古書店発行の目録に解説附二冊本が出現したものの筆者の購入できる価格ではなかったが、書店の配慮により実査の機会が与えられた。しかし、さらに詳しく（二）と比較するためには部分的な複写が必要であるが、商品からでは不可能であるので、この伝本と同種の伝本を所蔵する公的機関を照会したところ江戸東京博物館を案内された。博物館の伝本は書店のものと同様の体裁と冊数である。この調査から、（二）は図版のみの二冊本であるが、博物館本は図版を一冊にまとめ、第二冊目は「水族写真説巻之一」と題する解説となっている。二本の図版は同版であるが、家業を傾けたともいわれる（二）の雲母を使った豪華な多色刷も、博物館本ではかなり色版の数が省略され、単純なものとなっている。ただ博物館本には、解説文と対応するためにそれぞれの図版に序数が加刻されている。

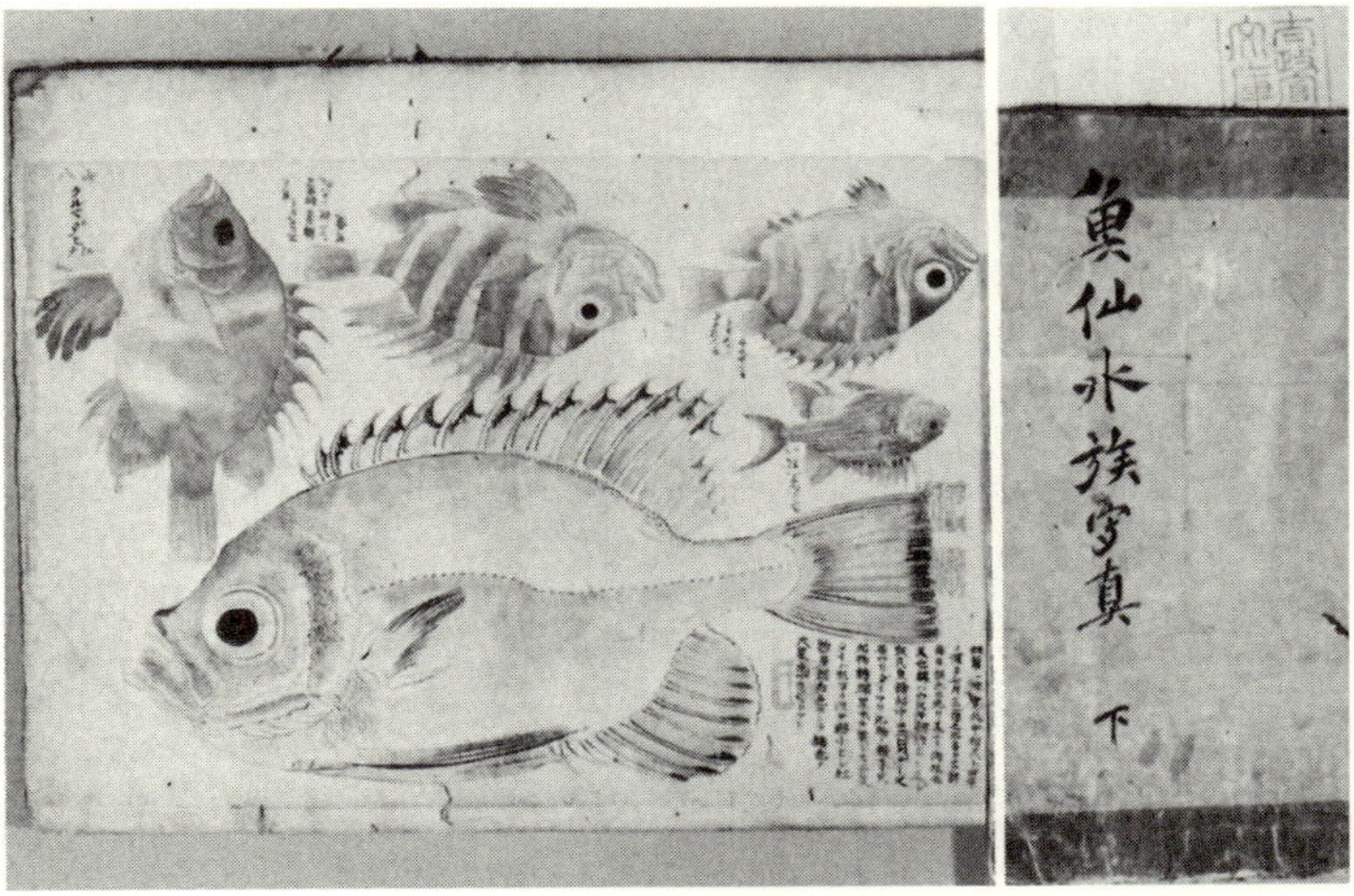

魚仙水族写真

水族写真修訂本（左）と初印本（右）

二本の比較については館報『北の丸』第三三号を参照されたい。また国立公文書館の専門官氏家幹人氏は、（二）の文字部分の翻字を館報『北の丸』第四一号に発表している。

34　華鳥譜　（一九七―一四六）　一冊

真名鶴から烏（はしぶと）まで、食用となりうる鳥類六一種（六四図、「華」は六一の意）を選んで、「森立之　問津館蔵板」の柱刻のある料紙の右（表）に服部雪斎が極彩色で鳥類を描き、左（裏）に森立之がその一般的な名称・和漢の異名・薬効・食味を記したもの。名称は平仮名で表記されているので、当時の呼び名を直接知ることができる。文庫本に添付されていた書付によれば、図譜の初稿は、安政六年（一八五九）九月に起筆され、翌万延元年（一八六〇）八月に仕上がったとある。巻首に「森氏」の、巻末の図に「雪斎」の朱印を捺す。明治十二年（一八七九）内務省購入、農商務省旧蔵。伝本は、国立国会図書館に稿本一本が知られるのみである。

森立之（号は枳園、通称は養竹、問津館は別号、一八〇七―八五）は備後福山藩医。医学・本草関係の著述のほか、狩谷棭斎・伊沢蘭軒門下の書誌学者としても知られる。服部雪斎は動植物写生画家。その精密な画風が用いられて、明治初年文部省刊行の各種動植物図譜に画筆を揮っている。

昭和五十二年（一九七七）に帙入り折帖仕立てで原本より豪華な影印本が刊行されたことがあったが、より一層の普及を図るため、簡易な洋装本仕立てで「内閣文庫影印叢刊」の一つとして刊行されている。

華鳥譜（まなづる）

〔餘録〕　大型の美しい鳥類の図譜は展示効果もあり何度か利用したが、気掛かりなことは、この図譜が「食用になり得る」鳥類を対象とするというところにあった。これらの鳥の中には、後に絶滅することとなった鴇《とき》などが含まれており、動物愛護の面から非難を受ける懸念があり、事前に対応を考えさせられたが、冷蔵庫などの保存方法を持たなかった時代では、絶滅させるという形で貴重な食料源を自ら放棄することなどあり得ないと結論付けた。事実、絶滅の例をみると、食料以外の目的——装飾・衣料（皮革・毛皮・羽毛など）・薬剤・彫刻（象牙・螺鈿《らでん》・鼈甲《べっこう》・珊瑚など）など——で、特定の部分だけを一時に多量に利用する時に起こっている。故に、食用を目的とする限り、絶滅に至ることはないと説明した。しかし、微妙な問題を孕んでいることは、否めない事実でもある。

余談ながら、普及版の価格より安価に豪華本を入手したことがある。

35　唐蛮貨物帳（宝永六至正徳四年）　（特一一四―一）　一三冊

長崎における唐通事・阿蘭陀通詞が翻訳して幕府に提出した唐・阿蘭陀船の積荷目録の原本。文庫には、わずか一三年分が伝わるのみである。唐・阿蘭陀船による輸出入物品の品目・数量・価格・積出港・船頭名などを正確に知ることができる貴重な外国貿易史料である。農商務省旧蔵。昭和四十五年（一九七〇）、文庫から山脇悌二郎先生の解説を附して影印版が刊行された。

［餘録］　本史料を用いて江戸時代の海外貿易、特に書物の輸入についての研究で大きな成果を挙げられた大庭《おおば》脩《おさむ》先生は、閲覧に来館されるごとにお声をおかけくださり、その後の研究の成果をお話しくださった。そして、この研究が一段落した段階で、御自身が京都の古書店から入手された、本史料と一具となる史料を公文書館へ寄贈する旨をお申し出くださっていた。平成八年（一九九六）四月二十四日、自ら史料を携えて御来館になって正徳三年（一七一三）の『唐船貨物改帳』および『阿蘭陀船通貨物改帳』の二冊を御寄贈下さり、暫し館長とも歓談された。

文庫蔵本が本来二〇冊に仕立てられていたことは、表紙の「共廿」の書き入れで推測されるが、現在は七冊を欠き、一三冊が現存するのみである。各冊には三点から二三点の貨物帳が収録されているが、各冊内の船番の順序にも混乱が見られ、また欠番も多い。寄贈を受けた史料は二〇冊にまとめられる以前に散逸したものと思われ、散逸の例が多いことに不安を感じた担当者が二〇冊に合綴したものであろう。これは、若干裁断された内閣文庫本に比して寄贈された本の天地が一回り大きいことから推測される。

先生は、本史料だけでなく、内閣文庫所蔵の『荷蘭馬具図』〈近藤守重編、寛政五〈一七九三〉年写〈模写・自筆〉〉と関連して、近藤守重の手になる『唐馬具図』が馬事公苑に所蔵されている旨御教示くださり、御自身で入手された写真史料を複写のうえ、ご提供くださったりもしていた。

研究者と図書館とは本来表裏一体の関係にあるといわれながら、ややもすれば図書館が使い捨ての観のある中で、研究資料を所蔵する機関にまで敬意を払われる先生の態度に感激するとともに、利用者との間にこのような良好な関係を醸成することに意を用いてきた内閣文庫の先達諸氏にも敬意を表さざるを得ない。先生が意外に早く平成十四年末に亡くなられたのは残念である。

36　万川集海　〈特一一三―五〉　一一冊

本書は、甲賀流忍術の総師藤林保武が、延宝四年〈一六七六〉、伊賀・甲賀の一一人の忍者の術を中心に、古今の前例を加えて集大成した忍術書。本論に入る前に、忍術問答・正心・将知などを冠し、ともすれば卑しい術と思われがちな忍術に精神論を加え、その武術としての正統性と重要性を強調している。忍術としてよく知られる「水蜘蛛《みずぐも》の術」・「水遁《すいとん》の術」などの説明はあるが、この種の秘伝書の通例として肝心の点は口伝に譲って説明を避けている。ほかに伝本は少なく、この本は特に良い写本である。

［餘録］　本書の請求番号は、紅葉山文庫本と同様の「特」に分類されているが、必ずしも同類とは考えられず、文庫全体の史料の中でも、かなり異質なものである。しかし興味深い内容であるので、閲覧による利用は比較的多くあった。ある時、閲覧係から「小学生が本書の閲覧を希望しているが、どうしたらよいか」との連絡があった。当時の公文書館では、閲覧は原則として二〇歳以上の調査・研究者に限られていたので、小学生の希望に応えることは不可能であった。将来の公文書館理解者を失うのも残念であるので、さらに事情を確認すると、本人は今まで忍術についていろいろ研究しており、その中で本書の存在を知り、是非閲覧したいとのことであった。二〇歳以上の人たちの閲覧動機と何ら変わるところはなく、拒絶する理由がない。母親が同伴していたので、その母親に閲覧申請を提出してもらい、一緒に閲覧してもらうこととした。母親は当然二〇歳以上であるし、研究・調査も本人の申告次第で、判別することは容易でないから、母親の申請を拒否することは事実上困難である。

公文書館が独立行政法人化された現在は、閲覧申請に一切の制限は設けられていないので、このような問題が発生する余地はない。しかし、保存されている史料は、公文書を含め、容易に代替できるものではないから、永く後世に伝えるためにも、この種の史料の取り扱いについて理解していることを条件に、ある程度の制限を設けたとしても、制限を解除する方策（以前にも存在したが、「特に館長が認めた場合」など）が確保されるならば、国民の権利をむやみに制限したことにはならないと思っている。それ以上に、この種の制限は必要ではないかとも考えている。

三　漢　籍

37　論語［集解］　（別四四―一）　五冊

我が国で最初に刊行された経書として知られる『正平版論語』を覆刻したいわゆる単跋本である。全巻に室町時代の乎古止点《をことてん》・訓点や注記の書入がきわめて多い。書き外題《*かげだい》は『魯論』とある。林羅山の愛蔵書で、巻末にある寛文六年（一六六六）の鵞峯の手跋《*しゅばつ》には、慶安三年（一六五〇）、梅洞（鵞峯長男、当時八歳、寛文六年没、二四歳）が羅山から句読を教授された時に与えられたものであること、所蔵久しく、破損が進んだので改装したが、篇名を記した原表紙の一部は新表紙に貼附して保存したことなど本書の由緒が述べられている。篇名の筆者については、古筆了仲の極《きわ》めで横川景三（室町時代の僧侶、明応二年〈一四九三〉没、六五歳）とある。巻頭には、羅山の蔵書印「紅雲渭樹」と梅洞の蔵書印「勉亭」がある。

［**餘録**］　本書は林家相伝の蔵書中の白眉ともいえるものであるが、虫損の多いものを裏打ちの方法で補修を加えているので、その後も損耗が進み、改めて補修を加える必要性を感じていた。しかし三五〇年前の補修の跡を残しながら新たに補修することはなかなか難しく、筆者の在職中には着手を決心することができなかった。裏打ちのあるものに補修を加える場合は、古い裏打ち紙は除去して新しい用紙で新たに裏打ちし、本紙の補強を図るのが通例であるが、古い裏打ち紙に意味があ

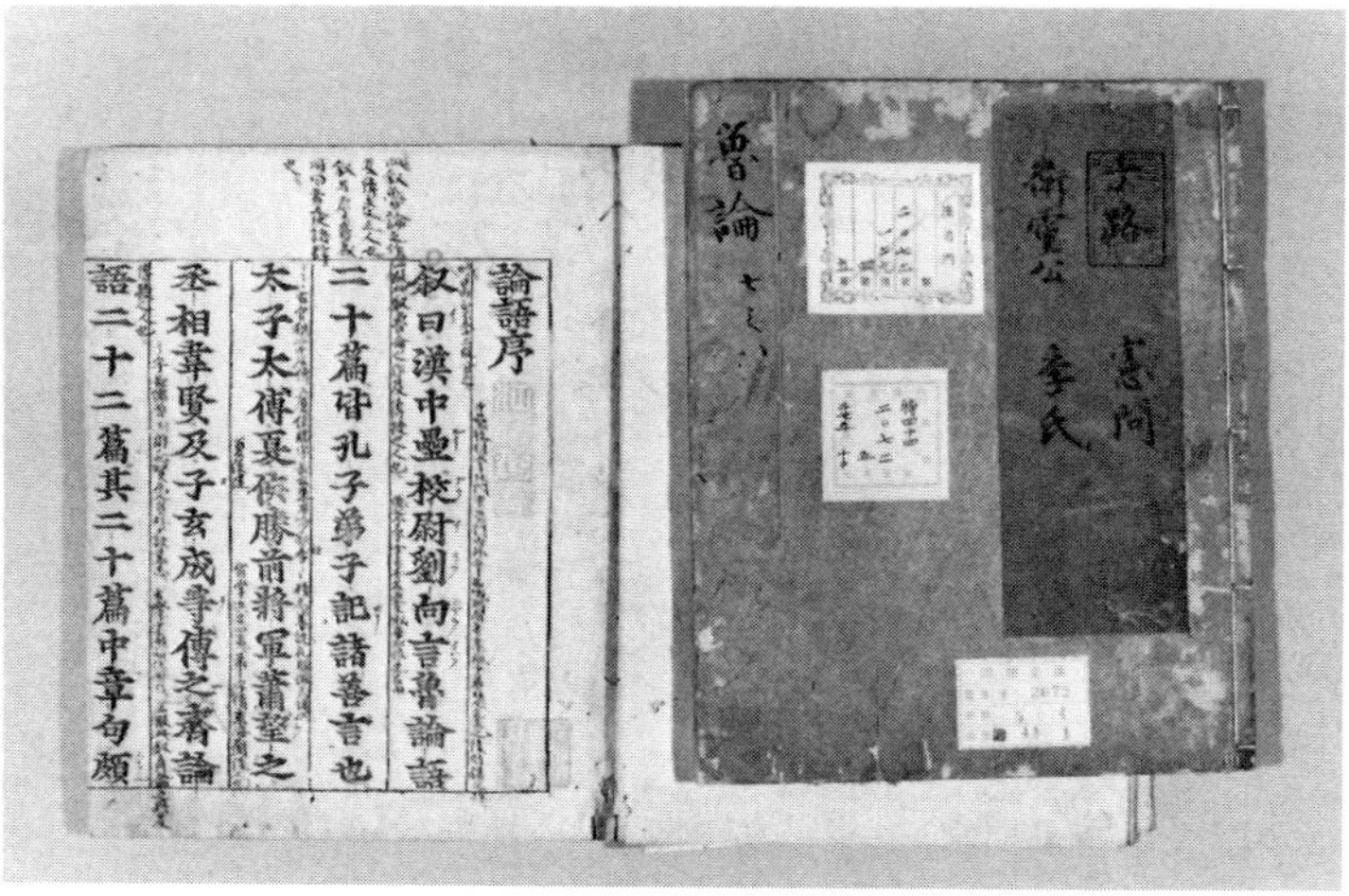

論語集解

るとすれば、その方法でよいのか。とはいえ古い裏打ち紙を残して再度裏打ちを実施するわけにもいかず、ふんぎりが付かなかったのである。今にして思えば、虫穴は虫かがりの方法で埋めたうえで、必要な部分は極薄様紙で裏打ちを実施するのも方法ではなかったかと考えている。

ちなみに、この時代の漢学者の読書とは、本文に句読点・返り点・送り仮名・縦点と、その中の固有名詞等に棒線を加えることであった。

棒線には、次のような約束があった。

人名（中央）一条・地名（右）一条・官名（左）一条・書名（中央）二条・年号（左）二条・国名（右）二条

この約束を覚え易くするために、次のようにいい習わしている。

右所、中は人の名、左官、中二《なかに》は書の名、左二《さに》は年号、右二《みぎに》は国の名

38（一）十三経注疏　（経六〇―一）　一二七冊
（二）同　（二七六―一六）　一一九冊

『十三経注疏』とは、儒学の基本書一三種の本文に注と疏を合刻した一種の叢書であり、これが一三種まとまって同じ版式で刊行された最初は、明嘉靖中（一六世紀前期）に李元陽・江以達が閩《びん》（福建省）中に開板したもので、閩本・李元陽本・嘉靖本などと称されている。

その後多くの出版が認められるが、（一）は「嘉靖本」で、善本として知られるものである。特に内閣文庫本は明朝の宮廷内に置かれていた特製本で、料紙には純白の白綿紙を用い大型本に仕立てた美本である。「東閣」「東書閣」「謙謙君子」「繡虎斎」等の朱印が捺されている。もとは完全本として紅葉山文庫に入蔵したが、その後『爾雅注疏《じがちゅうそ》』を散逸している。（二）は、林羅山旧蔵のものである。羅山のような当代一流の学者であっても、書物の入手は困難であったらしく、第一経の『周易』のみは後印ながら（一）と同版であるが、それ以下は明万暦十四―二十一年（一五八六―九三）に、北京の国子監（北監）で逐次刊行されたいわゆる北監本で、所々に見られる欠葉は書写して補っている。羅山は本書に寛永四年（一六二七）の秋から冬にかけて朱墨点を加え、さらに、承応二年（一六五三）九月の日光参宮の帰途、足利学校を訪ね、宋版『五経』を借用、翌三年にかけて鵞峯とともに新たに入手した白綿紙本に校訂を加えた。これを機会に、（二）本を鵞峯に与え、鵞峯は二度目の校訂

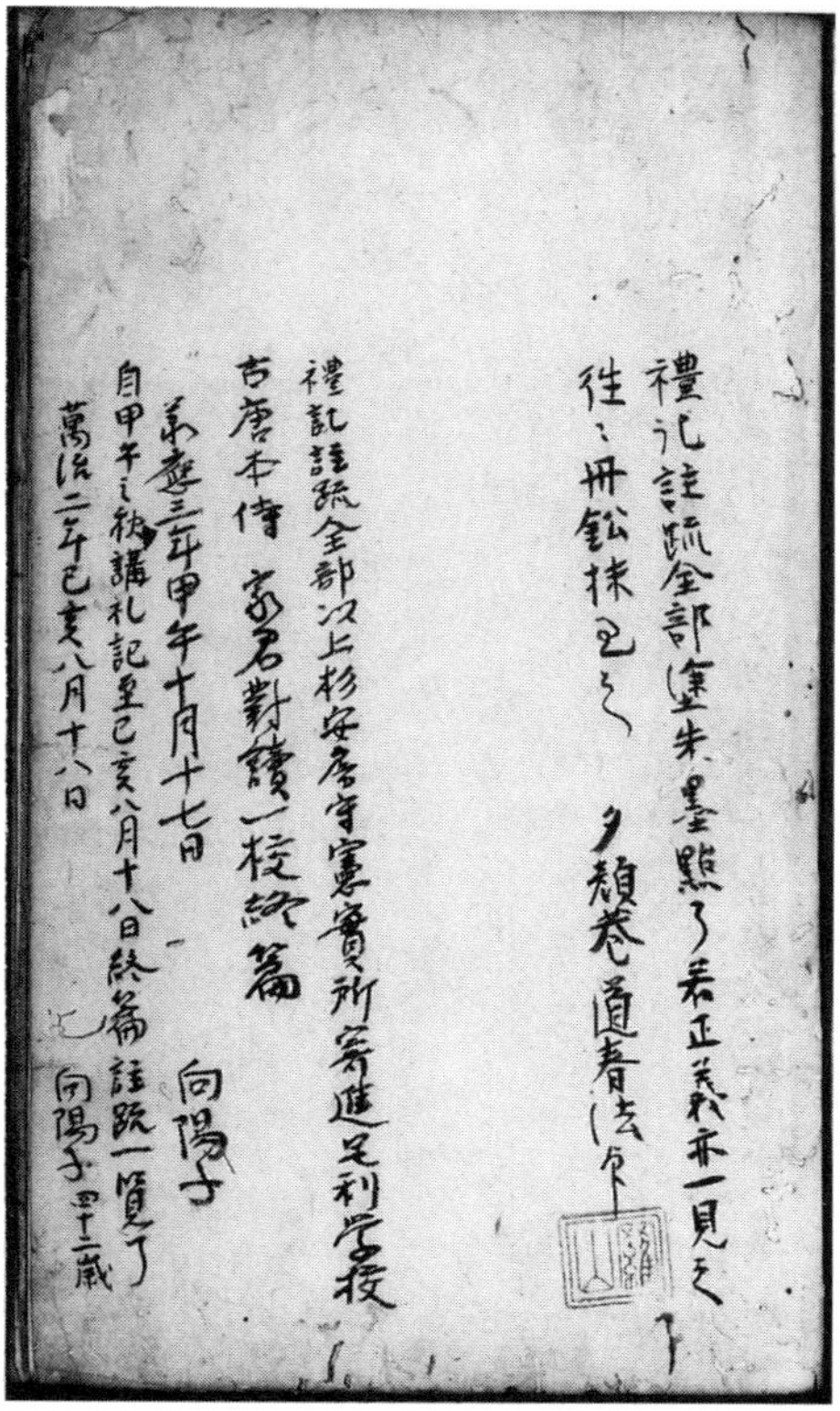
禮記註疏全部塗朱墨點了若正義亦一見之
往々冊鉛抹已之　夕顔巷道春法印
禮記註疏全部以上杉安房守憲實所寄進足利学校
古唐本傳家君對讀一校終篇
承應三年甲午十月十七日　向陽子
自甲午之秋講礼記至己亥八月十八日終篇註疏一覧了
萬治二年己亥八月十八日　向陽子 四十二歳

十三経注疏（二）礼記末手跋

の経過も各経末の手跋に残している。新たに入手した白綿紙本は、明暦三年（一六五七）に焼亡したので、（二）本は、羅山父子の学習の実際を知る貴重な資料となっている。

39（鉅宋）広韻　（重三—三）　五冊

『広韻』は有名な韻書として宋元明初の間に流行したので版本も多く、我が国にも伝本は少なくないが、南宋刊本で完全なものでは内閣文庫本が最古版であり補刻もない。刊記の「己丑」を、古くは

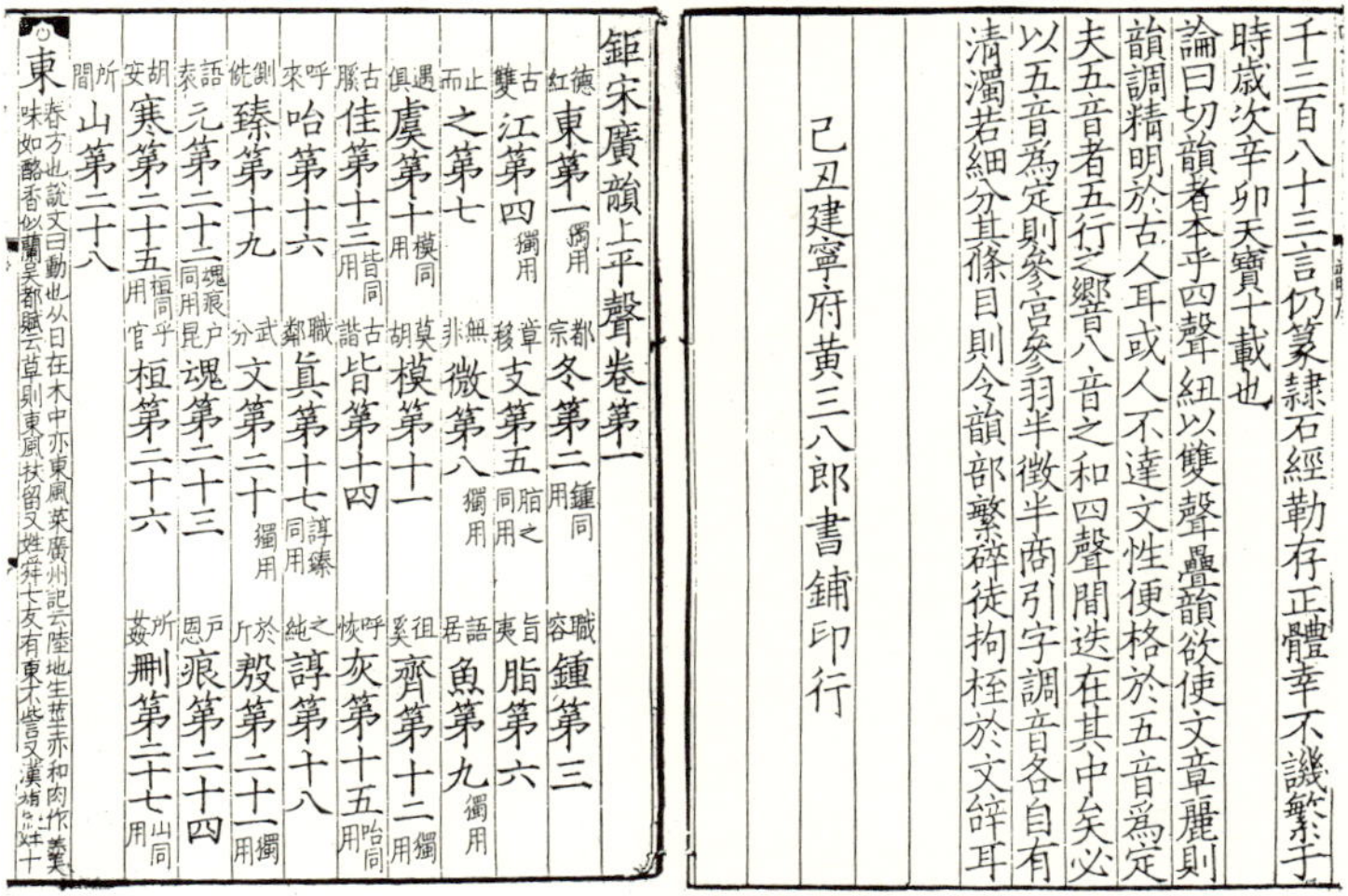
千三百八十三言仍篆隷石經勒存正體幸不譏煩于
時歳次辛卯天寶十載也
論曰切韻者本乎四聲紐以雙聲疊韻欲使文章麗則
韻調精明於古人耳或人不達文性便格於五音爲定
夫五音者五行之響八音之和四聲間迭在其中矣必
以五音爲定則參宮參羽半徵半商引字調音各自有
清濁若細分其條目則令韻部繁碎徒拘桎於文辞耳

己丑建寧府黄三八郎書鋪印行

鉅宋廣韻上平聲卷第一
東第一獨用　冬第二鍾同用　鍾第三
江第四獨用　支第五脂之同用　脂第六
之第七　微第八獨用　魚第九獨用
虞第十模同用　模第十一　齊第十二獨用
佳第十三皆同用　皆第十四　灰第十五咍同用
咍第十六　眞第十七諄臻同用　諄第十八
臻第十九　文第二十獨用　殷第二十一獨用
元第二十二魂痕同用　魂第二十三　痕第二十四
寒第二十五桓同用　桓第二十六　刪第二十七山同用
山第二十八
東

広韻

北宋皇祐元年（一〇四九）にあてていたが、*欠《けつ》筆《ぴつ》や字様の調査によって、南宋乾道五年（一一六九）であることがわかった。蒹葭堂木村孔恭の旧蔵。その没後、文化元年（一八〇四）に木村家から昌平坂学問所に入った蔵書のうちで最善本のひとつである。昭和三十二年（一九五七）二月、国の重要文化財（書跡・典籍の部）に指定された。

［**餘録**］　昭和六十年（一九八五）、筆者は中国第一歴史檔案館創立六〇周年記念式典に日本国立公文書館館長の代理として参加する幸運に恵まれた。当時、中国を訪問されたばかりであった館長が、漢籍に興味を持つ筆者にその機会を与えてくださったもので、今も感謝している。この出張の旅程は甚だ贅沢で、最初の一週間は式典と公文書研究会が催され、その後北京周辺の見学が実施された。次の一

週間は西安・四川・広州の各地を訪ね檔案館等を見学した。最後の旅程として広州を訪問したおりに、同行していた神田信夫・松村潤先生とともに、北京では実現しなかった古籍書店訪問を行った。いわゆる古書は石印本の印譜くらいしかなく期待はずれであったが、原装影印本がいくつか並べられており、その中に内閣文庫本を底本とした『(鉅宋)広韻』を発見した。当時の中国では著作権は認められていなかったから、一〇〇〇年も以前のものなど全く気にしないで複製するのであろう。本書と『杜荀鶴文集』『三体詩』『孟浩然詩集』(ともに宋版)を購入した。清代以前の書籍の国外持ち出しを禁止していた中国では、一般の書籍と異なり古書仕立てのこれらには出国時に税関に提示する証明書が添附されており、少し高級品を入手した気分になったことを覚えている。

40　廬山記　(重二一一)　五冊

廬山の地誌。廬山は『枕草子』の「香炉峰の雪いかならむ」という白楽天の詩を引用したくだりで知られる香炉峰をその北峰として持つ中国江西省の景勝の地。実査に基づく資料を用いて詳述され、巻首に図一葉がある。

内閣文庫本は、その完全に揃った宋刊本である。巻三に徽宗《きそう》の諱「桓」字を「犯淵聖御諱」に作る所から欽宗在世中の南宋紹興年間(一一三一―六三)の刊本と認められる。従来、本書の宋刊本は補写を含む成簣堂文庫《せいきどうぶんこ》蔵本が知られるのみで、中国にも完本の存在を聞かなかった。毛利高標旧蔵。本書の出現により、従来完本と目されていた元禄十年(一六九七)の和刻本にも誤脱の多いことが判明した。

昭和三十年（一九五五）六月、国の重要文化財（書跡・典籍の部）に指定され、同三十二年には内閣文庫の最初の影印本として長澤規矩也の解説を附して刊行された。

［餘録］　文政十年（一八二七）に毛利高標旧蔵本が幕府に献納された時に附された目録には「宋版」と著録されていたが、明治以降の目録では誤認して「日本活版」と記載されていたこともあり、明治二十四年（一八九一）の宮内省図書寮への移管の対象ともならず、文庫に残る結果となった。

41　坤輿万国全図　（史二一二一一）　一二帖

明の万暦八年（一五八〇）に中国に渡来したイタリアのイエズス会士マテオ・リッチ（Matteo Ricci 漢名・利瑪竇、一五五二―一六一二）が漢文で著した世界地図。万暦三十年に、著名な天文・暦学者である工部員外郎李之藻が北京で刊行した。本図によって中国人の世界観は大きく変化し、また早く我が国にも伝えられて、渋川春海・新井白石をはじめ江戸時代の天文・地理学に著しい影響を与えた。現在知られている伝本は内閣文庫のほか京都大学附属図書館・宮城県立図書館（重要文化財）・ヴァチカン文書館に各一本が、その転写本が千秋《せんしゅう》文庫（東京）に存在する。

内閣文庫本は、『皇輿図』と題する鮮やかな顔料と鳥瞰図法で描かれた中国を中心とする東アジア図一二帖の第二から一一帖の裏面に、地球図の部分のみを切り貼りしたもので、図の欄外に記載されていた天文・地理学上の注記やイエズス会の紋章等を欠くのが惜しまれる。元文二年（一七三七）に

坤輿万国全図

紅葉山文庫に入った。

［餘録］　内閣文庫本は他の伝本に比して刷りの状態は良好であるが、上記のように地球図の部分のみの不全本であり、文化財指定の対象とはなり得なかった。ただ、なぜこのような状態で伝来したかについては、まったく推測ながら以下のように考えている。資料の形態としては、彩色の『皇輿図』が主体であり、『坤輿万国全図』はたまたま裏面に貼られていただけとの様相を呈しているが、幕府の、あるいはこの図の入手を意図した人達の真意は『坤輿万国全図』にあったと思われる。しかしこの図には禁教となったキリスト教の要素があまりにも強く、表立って輸入できるものではなかったので、そのような問題のない『皇輿図』を前面にし、その陰に隠すように入手

を図ったものと考えている。入手したかったのは正確な世界図であったから、それに直接関係しない周囲の情報などは思い切って切除したとも考えられる。幕府の中枢における政治的立場と学問的立場の鬩《せめ》ぎ合いを見る思いがする。

本図は、昭和五十七年（一九八二）五月に開催された内閣文庫の展示会「貴重古写本展」に展示

皇輿図

された。このとき来観された千秋文庫理事長の小林昌次氏が、千秋文庫にも手書きの『坤輿万国全図』を所蔵しておられる旨申し出られた。その存在自体存じ上げなかったので、是非拝見したいとお願いし、会期が終わった翌々日、ご持参いただき、並べて展示し、詳しく比較することができた。千秋文庫本は万暦壬寅（三〇年・一六〇二）刊本を安政戊午（五年・一八五八）に館良譲なる人物が書写したもので、六軸に仕立て直されていた。図の全体の調子は刊本と変わらないが、細部にはかなりの差異が見られた。千秋文庫はかつて出羽国久保田（秋田）藩主佐竹氏が江戸で所蔵していた資料の一部を、一時同氏に家令として仕えた小林昌次氏が昭和十七年に引き継ぎ、同五十六年に東京九段に開設された文庫で、本図のほか正保年代（一六四四―四八）作成の『出羽国大絵図』など大小の絵図類のほか、美術品・印章等を所蔵し、常設的に展示もされていた。

『皇輿図』についても後日譚がある。本図は鮮やかな顔料と鳥瞰図法を用いて、東は日本、西は緬甸（ビルマ、現在のミャンマー）、南は占城（ベトナム）に囲まれた地域を描いた、なかなか雅趣豊かな絵地図である。本図は内閣文庫の目録では「清写」、すなわち中国の清代に中国人によって調製されたものであると記しているが、事務用の目録には前任者によって「明末写」と訂正されている。しかも本図を展示した時に観覧者から、描法や文字に和臭が感じられる、第一帖が東夷日本国であるのは中国で描かれた中国図としては異例であるなどの指摘があり、果たして何れの判断が正しいのか決めかねていた。同じく五十七年の展示会に来観された青木千枝子氏（当時、女子栄養大学講師・地理学）は、『坤輿万国全図』の徹底した調査を続けておられたが、学界にもあまり知られていない本図についても関心を持たれ、関連する資料との比較等も始められた。この期におよんで専門外の筆者等があれこれ思いを巡らすより良策と考え、初めての試みではあるが閲覧者による本図の製作地・制作者・製作時期に関する報告の国立公文書館の館報『北の丸』への寄稿をお願いした。その報告によると、①描法は明末清初に南中国で発生した奇想派の傾向を示していること、②地形は宋代から明末清初に至る時代に描かれた最も新しい情報を採用していること、③地名、特に国都の順天・南京・漢城・遼陽が最上級の記号である楼閣附城郭で表示されていること等の特徴が見られ、遼陽が府となるのは、清の順治十年（一六五三）で、十四年まで存続することから、清初、それも順治十年以後に作成されたこと、作者は中華思想に基づく漢民族国家の再興を願う明の遺臣であると結論付けられ、さらに、『坤輿万国全図』が貼られたこの図の注文主は、将軍吉宗ではないかとも推測された。結果として、本図は内閣文庫目録の記載通りの「清初写」となった。文庫目録の編纂に関与された人々の卓見に敬意を表さざるを得ない。先生はその後も『坤輿万国全図』の徹底した調査を続けられ、その成果を博士論文にまとめられようと準備されていたが、平成八年（一九九六）九月にスペインでの学会から帰国された後、突然お亡くなりになった。

42　群書治要　（三九七―二一）　四七冊

家康は、隠居後、駿府で林羅山や金地院崇伝に命じ、金属活字による出版（駿河版）を行った。この時の出版物には元和元年（一六一五）の『大蔵一覧集』と同二年の『群書治要』があるが、特に後者は羅山が専ら担当した。この間の事情は天明中（一七八一―八九）に尾張藩で出版された同書の巻首に附された林信敬（錦峰、第七代大学頭）の序に詳しい。この駿河版『群書治要』は、当時、金沢文庫に所蔵されていた鎌倉時代鈔本を底本にして出版されたもので、内閣文庫本はその原刊本である。表紙の色は真朱、題簽は木版で刷られ、巻表示のみ活字が用いられている。家康は本書の完成に先立ち没したので、ほとんど頒布されることのないまま、活字とともに紀州藩に移され、後、巻末に「紀州徳川／氏蔵板記」なる朱長方印を捺して紀州藩より再頒布された。なお、本書の底本となった旧鈔本は後に幕府に献上され紅葉山文庫に伝わったが、明治二十四年（一八九一）、宮内省に移管され、今も書陵部に蔵されている。

［餘録］　駿河版『群書治要』の底本となった金沢文庫旧蔵鎌倉時代鈔本が明治二十四年（一八九一）、内閣文庫から宮内省に移管されたことは既述した（二四頁）が、これに関連して苦い思い出と嬉しい思い出を持っている。

林羅山に関係する内閣文庫の展示会は、昭和三十二年（一九五七）と五十八年に、それぞれ没後三〇〇年と生誕四〇〇年を記念して開催された。金沢文庫本の移管を受けた宮内省では、昭和十六年に本書の原装仕立ての影印本と冊子体の翻印本に解説を附し、桐製の両開き式扉の簞笥に収納して刊行した。筆者が担当した後者の展示会では、羅山が刊行に関与した駿河版の参考資料として、その底本となった金沢文庫旧蔵本を複製された影印本で展示すべく、展示会の目録にも「附陳本は、その影印複製本である」と記述した。ところが、いざ展示ケースに並べる段になって、別系統で入

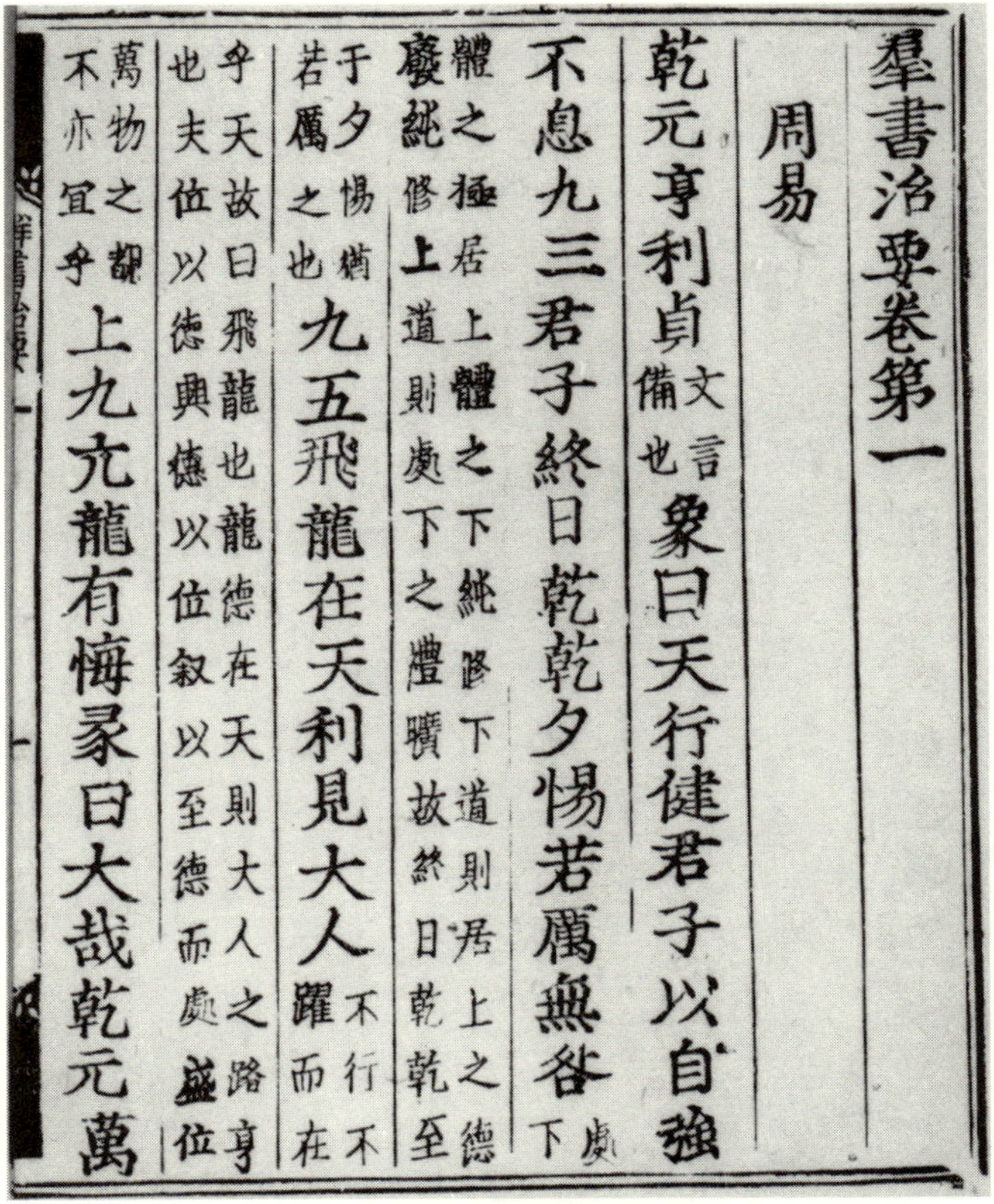
羣書治要卷第一
周易
乾元亨利貞文言備也象曰天行健君子以自強
不息九三君子終日乾乾夕惕若厲無咎處下
體之極居上體之下純脩下道則居上之德廢純脩上道則處下之禮曠故終日乾乾至
于夕惕猶若厲之也九五飛龍在天利見大人不行不躍而在
乎天故曰飛龍也龍德在天則大人之路亨也夫位以德興德以位叙以至德而處盛位
萬物之覩不亦宜乎上九亢龍有悔彖曰大哉乾元萬

駿河版群書治要

蔵した翻印本のみ所蔵しており、当然寄贈を受けているはずの複製本を所蔵していないことに気付いた。慌てはしたものの如何ともしがたく、展示が込み合っているのを幸いに展示ケース内に「展示省略」と断って切り抜けたものの苦い思い出となっている。

展示会終了後、このことを書陵部の方にお話したところ、「残部を調べてみましょう」といってくださった。昭和五十八年八月二十五日附の「総国文二二五号」を以て菅野弘夫館長名で書陵部長宛に寄贈依頼を提出、早速、同月二十九日附の「宮内書発第八〇五号」で回答をいただき、複製本一式の管理換による移管が許された。箪笥の扉の内側には、「限定部数／八十之内／第七十七号（宮内省図書寮）」との紙片が貼附されていた。たまたま、箪笥の扉の不調のために残っていたという事情はあるものの、刊行後四〇年以上経過していたにもかかわらず、新しく蔵書とすることができた。直接仲介をしてくださった当時の図書調査官を始め宮内庁書陵部の方々に感謝している。ただ、この書は現行の内閣文庫の目録には当然未載である。事情を知らない人によって、筆者とは反対に、所蔵しているのに所蔵していないと誤られる恐れがある。現行目録の改訂とともに、現行目録刊行後に入蔵した古書類の全体目録も早く編纂しなければと痛感しながら、実現をみないまま停年を迎えてしまった。

43　（欽定）古今図書集成　（別）五〇〇六冊

清の康熙帝の命によって編修された中国最大の類書。清の雍正三年（一七二五）に完成、まもなく銅活字をもって刊行された。我が国にも元文元年（一七三六）舶載されたが、将軍吉宗は、欠本のあることを疑い、調査させた結果、購入を中止したとの経緯がある。文庫本は、その後、改めて輸入されたもので、紅葉山文庫旧蔵本である。なお、本書の印刷に使用された活字は、後に鋳潰されてしまったため、乾隆三十九年（一七七四）に武英殿《ぶえいでん》聚珍版《しゅうちんばん》を刊行する際には、新たに木活字を作成したと伝えられる。

［餘録］類書とは、語句や故事を類別に分かち、使用の実例を時代順に記述したもの。語句や故事を解説する意味で一種の辞典であるが、あくまでも使用の実例を示すのみで、語句の意味自体を断定するものではなく、作詩・作文のための手引書として誕生した。現在の図書分類では、百科辞（事）典に比定されているが、必ずしも妥当な分類とはいえない。

本書は、吉宗が厳しく検査させて輸入したにもかかわらず若干の欠巻があったうえに、これらを収納する箱にも問題があった。一〇冊前後を一括りにして収納するようにできた支那桐で作られたケンドン箱は、経年による接着剤の劣化によりバラバラの状態で、それぞれ紐で結ばれ、さらにそれらは、明治以降に作成されたと思われるほぼ三辺が各六〇センチのケンドン箱二六個に分散・収納されていた。出納はほとんどなかったが、それでも閲覧を希望する部分を探すのが大変で、閲覧係から何とかしてほしいといわれていたし、点検でも全部を解いて、また結び直すという作業が必要であったので、すべてを箱から出して、部門と冊次を記した見出しを附けて書架に並べることとした。いずれ元のケンドン箱は修理して、箱に入れた状態で再度書架に並べようと考えていたが、

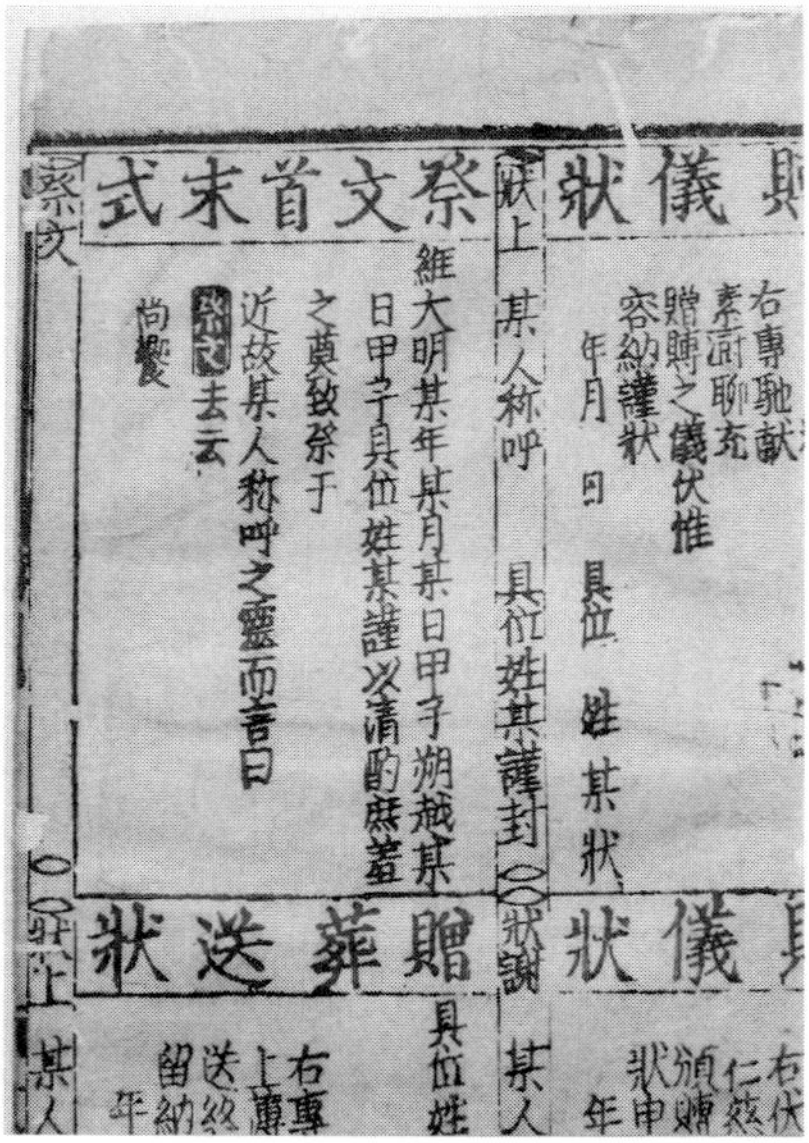
贈儀狀
右事馳献
素簡聊充
贈賻之儀伏惟
容納謹状
年月　日　具位　姓　某狀
狀上　某人稱呼　具位姓某謹封
祭文首末式
維大明某年某月某日甲子朔越某
日甲子具位姓某謹以清酌庶羞
之奠致祭于
近故某人稱呼之靈而言曰
祭文云云
尚饗
贈儀狀
贈葬送狀
具位姓

事文類聚啓箚青銭の大明某年部分

そのまま停年を迎えてしまった。書物と箱の関係は関係者にも伝えてはいるが、どうなっているか、今も心配の種である。

44　事文類聚啓箚青銭

（別六〇―九）　三冊

元代に、各種の文書・書翰類作成の手引書として、その書式や用語を分類・編修したもの。内容が社会生活の百般におよんでいることから、今日では、社会・法制史料としても重用視されている。内閣文庫本の体裁や版式はいかにも元代建安刊本に近いが、巻八の本文中に「大明某年云々」との字句が発見され、明初刊本であることがわかった。現在では徳山毛利家に元の泰定元年（一三二四）刊五一巻本の存在が知られ、本書はその改編本であることが明らかになった。文化九年（一八一二）昌平坂学問所入蔵。

［**餘録**］　書物を再製する場合、再製する価値のある元の書物に似せて作成するのが一般的であるから、どうしても古さが強調されることとなる。しかし体裁や目的は同じであっても、その内容に新しさが求められる場合は、改訂された部分が強調される結果となる。

本書のように、役所に提出する書類の雛型集では、本書を下敷きに、容易に書類が作成できるように、変化する役所名や所在地、日付等には細心の注意を払う必要があったのである。

45（一）（集千家註批点）杜工部詩集（元刊本）（別五五―二）一〇冊
（二）同（南北朝刊本）（別二一―三）一〇冊

本書は杜甫の詩文集に諸家の注と批点を附したもので、注の簡明さと選択の適切さをもって広く世に行われた。

（一）は市橋長昭献本の元版で、（二）は毛利高標献本の南北朝覆元刊本、いわゆる五山版である。文庫では（二）をさらに二本所蔵している。覆刻の技術の高さをもって、両者はしばしば比較される。

［餘録］ 筆者が上京する以前、後に養父となる長澤規矩也に従い京都大学の貴重書庫の調査に参加する機会に恵まれた。今もってそうであるが、当時は、一層、古書に対する見識は浅く、養父の言葉を記録することも覚束無く、夏ではあったが汗だくの毎日であった。その中で二部の本書に出会ったが、すでに本書に（一）と（二）のあることを承知していた養父から、二本は同版かそれとも異版かと問われた。識別の要点など、今は、多少心得てはいるが、要領を得ない比較をあれこれ続けている筆者に、養父は持ち前の短気を押さえて辛抱強く待ってくれた。そんなお陰で異版と判定する決定的な根拠を発見することができた。高い覆刻技術をもっても、写真版のように全く同じに再現することは不可能であるので、一つ一つを克明に比較すれば二版が異版関係にあることは比

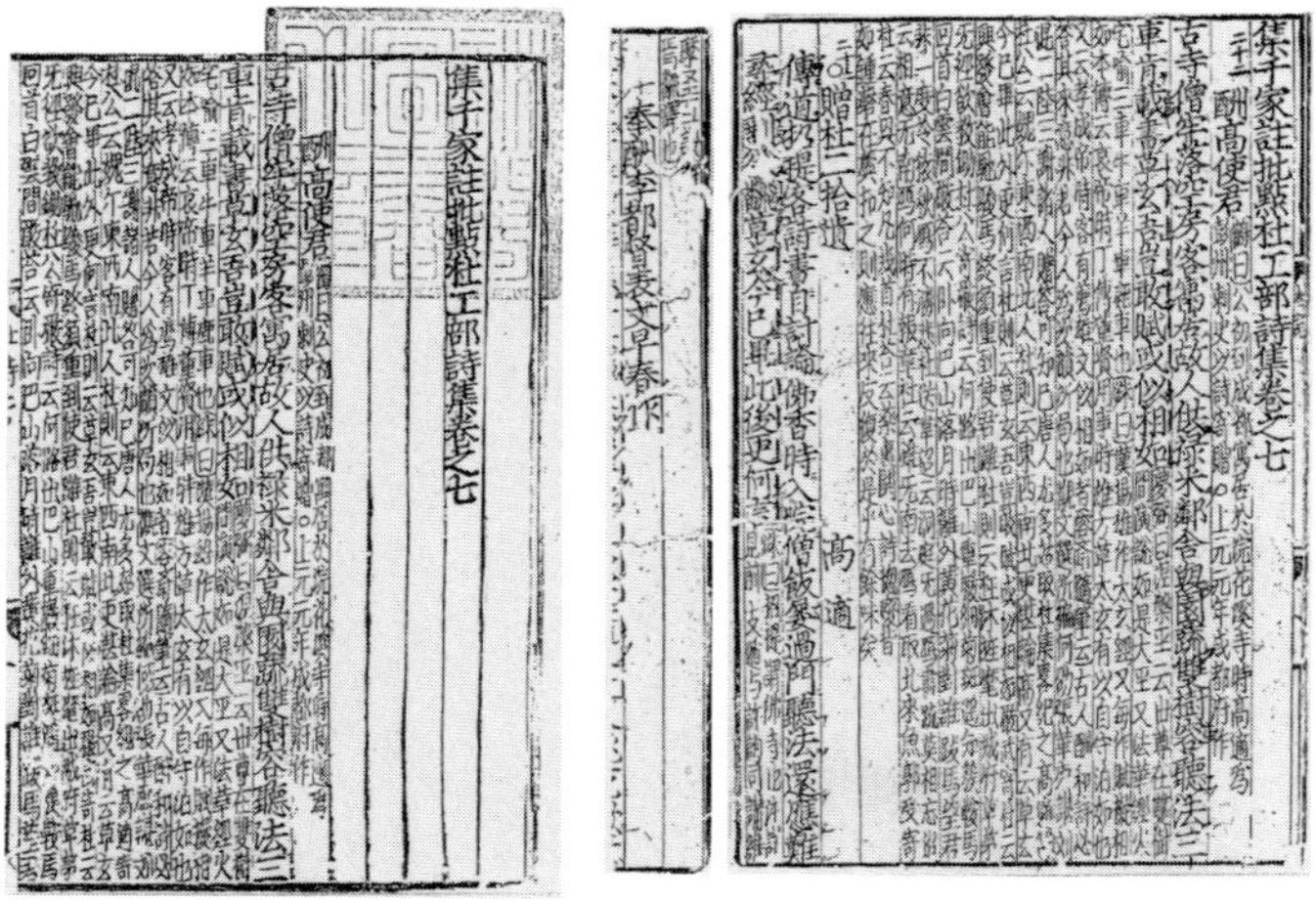

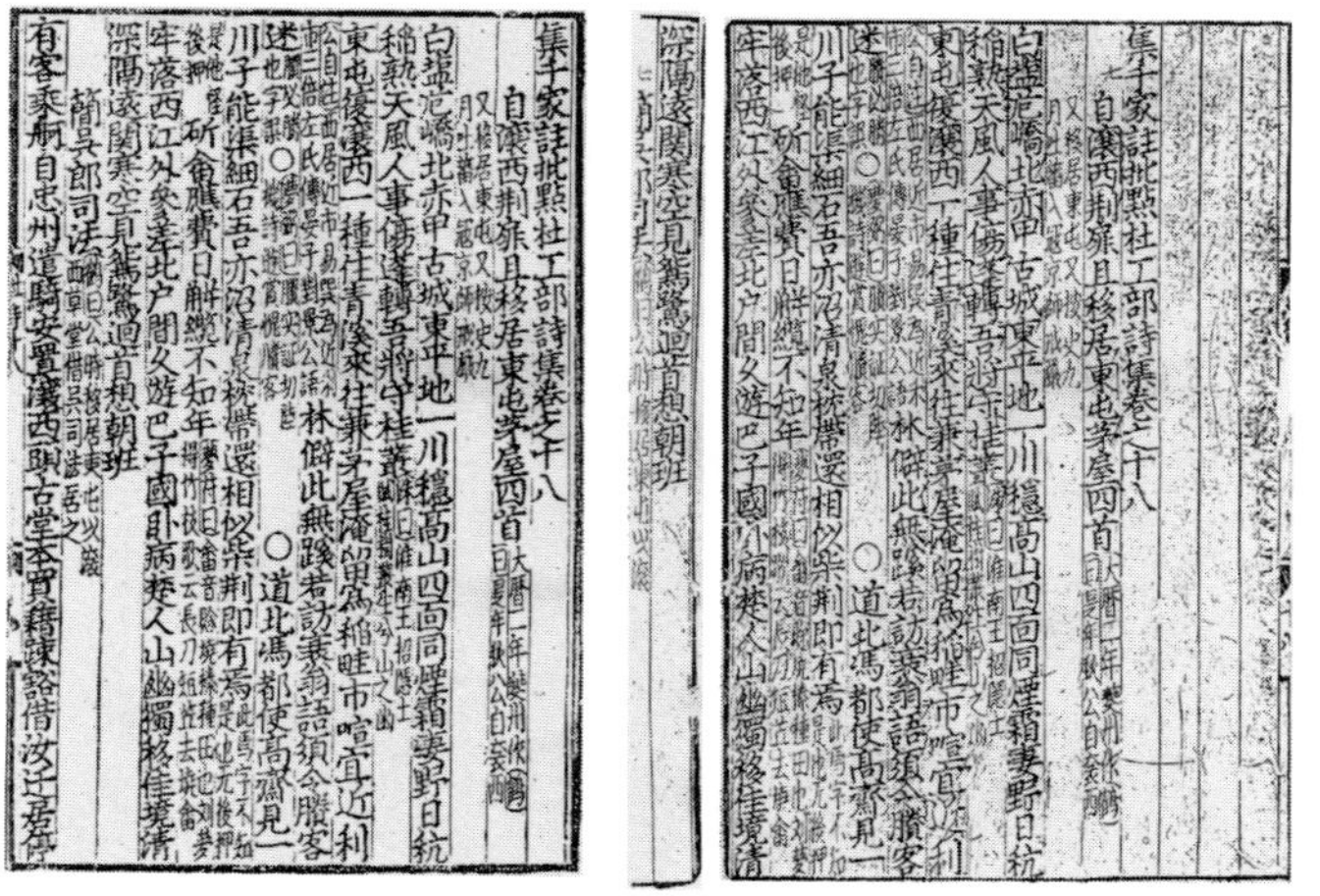

杜工部詩集巻之七（上）・十八（下）の巻頭（両図とも右は元版，左は五山版）

較的容易に判断できる。しかし研究者ならいざ知らず、図書館人には一つの資料の目録化にそれほど長い時間は許されていない。加えて、単独でも貴重書扱いとなる二版が同じ書庫に存在することなど考えられず、現実に目にしている書物単独で（一）と（二）の何れかを判断しなければならない。二版の決定的な違いは、巻七と巻十八の巻頭が、元版ではすぐ前の巻の最末丁の裏から始まるのに対し、覆刻本では改丁して次の丁の表から巻頭が始まっていることである。これを承知しておけば一本でも容易に判断が可能となる。なぜこのような結果となったかは定かでないが、最末丁の裏面に文字がない場合、その部分を切り取ってしまうように用紙半分も大事にする中国人のエコ精神の現れか、貴重な唐本をわざわざ覆刻する以上、書物としての正当な姿に戻したいとの日本人の気持ちの現れか、何れにしても中国人と日本人との国民性の違いに由来するものであろう。もっとも巻七と巻十八がともに欠巻の場合や巻七と巻十八を含まない零本の場合は、この基準は適用できない。元版の影印本はすでに刊行されているので、それと一々比較するしか方法はないこととなる。

46　歌行露雪（自筆）　（特一一九―一二）　一冊

林羅山は文禄四年（一五九五）一三歳の時、建仁寺に入り、大統庵の古澗慈稽と十如院の英甫永雄に師事した。翌年、永雄の『長恨歌』『琵琶行』の講義を聞き、自らその鈔注を作った。内閣文庫本はその自筆稿本で、中程には永雄の文禄五年正月の手跋が挿入されており、「寔後生可畏者」と羅山の才能を賞嘆している。これらの若書に加え、「道春考」等として後年の書き入れも見られる。また、

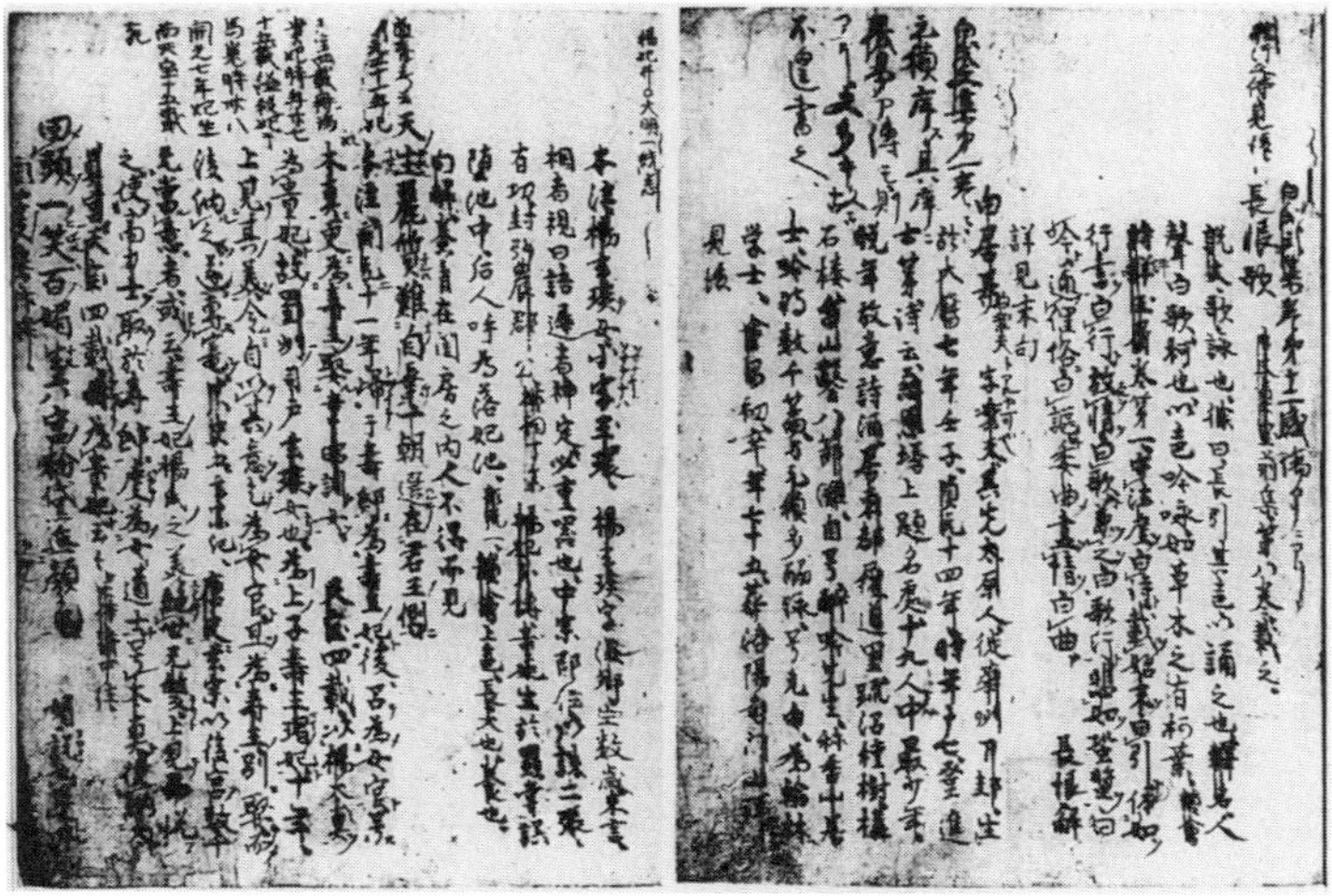

歌行露雪

本書後半は、『琵琶行』に関する同様の著述であるが、その成立は前半に比べやや後年と思われる。

〔**餘録**〕　羅山の筆跡は非常に特徴的で、比較的容易に判別することができると考えていた。しかしそれは後年の筆跡についてであって、本書などの若書と呼ばれるものは全く異なった特徴を表している。やや稚拙の観もある後年に比べ若年はいかにも流麗で、特に平仮名は漢字の書風からは思いも付かない筆跡である。『野槌』の仮名の部分は異筆と思えるほどである（13参照）。このようなこともあり、昭和五十八年（一九八三）五月に開催された内閣文庫の展示会「林羅山展」では、「筆跡年譜」と題して蔵書のうち自筆の年紀があり、筆写の時期が明白なもの三五点を年齢順に展示し、文禄四年（一五九五）から慶安元年（一六四八）以降まで五〇年間にわたる変化を実感してもらうこととした。

筆跡は親子・兄弟・師弟で似通っていることが多く、作為的な行為を加えるとなかなか書いた人を限定することは困難である。鑑定はそれを本業とする人たちを含め、折々、所々で実施されてきたが、信用できないものの代名詞とも取られかねないのが現実である。それでも一定の組織の権威をもって審定されたものは、個人的な見解であっても一人歩きを始め、ついには組織そのものの判断のように社会に広まり、思わぬ誤解を招くことも少なくない。それ故に公的な機関に籍を置く者は、鑑定のような、誰をも納得させるのが困難な事柄に断定的に関与することは禁じられている。

先の「林羅山展」では鑑定の難しさを感じさせられることがあった。同じ日のほぼ同じ時刻に二人の観覧者から、全く同じ内容の漢詩を「わが家に伝わる羅山の筆跡」と称して持ち込まれ鑑定を依頼された。例によって我々の立場を説明し、お引き取り願うこととしたが、たまたま昭和三十二年に同じく「林羅山展」を開催した経験もある筆者の前任者が来館されていたので、筆者自身の勉強のためにもと、一緒に見ていただき、ご意見をお伺いすることとした。職を辞しておられる気安さか、簡単に「どちらも、いけません」で終わってしまった。一つは、いかにも羅山らしい筆跡ではあるが、筆勢に欠け印もないので比較的簡単に了解できたが、もう一方は、およそ羅山の筆跡らしくなく、筆跡からは簡単に否定できるものであったが、「道春」の朱印が捺され、その印も偽印と断定できるほど稚拙なものではなかった。たとえそれが偽印であったとしても、それを作ってまで偽物を作るのであれば、文字の部分も当然羅山らしい筆跡とするはずで、それが、通常、我々が知り得る書風と全くの異質となると、どのように理解してよいのか、今もって解決できない疑問である。書風の多い羅山故、あるいはの気持ちは今も拭い去ることができない。

内閣文庫の羅山関連の所蔵物はいわゆる書物と称されるものばかりで、壁面を使用して展示するものがなく、写真に撮って図版にするにしても限度があるので、この展示会では文庫の所蔵物のみでなく、林家の後裔の方や湯島の聖堂にある斯文会《しぶんかい》、それに当時は「個人蔵」とのみ表示したが内閣文庫諮問委員の伊地知鐵男《いじちてつお》先生から掛軸を参考資料として借用した。前者二点は漢詩で、いわゆる羅山らしい筆跡であったが、伊地知先生のものは書簡で、漢字を中心とするも、全く趣の異なるものであった。展示会終了後、伊地知先生には御寄贈をお願いしようと思っていたが、時期を失し、今は早稲田大学の有に帰した。

47　予章先生文集　（重三一―二）　七冊

東坡とならび称された宋代の詩人黄山谷の作品集のうち、最初の刊本であろう。欠本ではあるが、見事な大字本で、『経籍訪古志』には、この本を「楷法端正、字殆銭大」と評している。宋諱は「慎」字まで欠くことより、孝・光宗間（一一六二―九五）の刊本である。ほかに伝本は知られない。本書は『東坡集』『淮海集』等と同じく市橋長昭献納宋元版三〇種の一つである。戦後の内閣文庫刊行物の題字は、すべてこの本から集字している。昭和三十二年（一九五七）二月、国の重要文化財（書跡・典籍の部）に指定された。

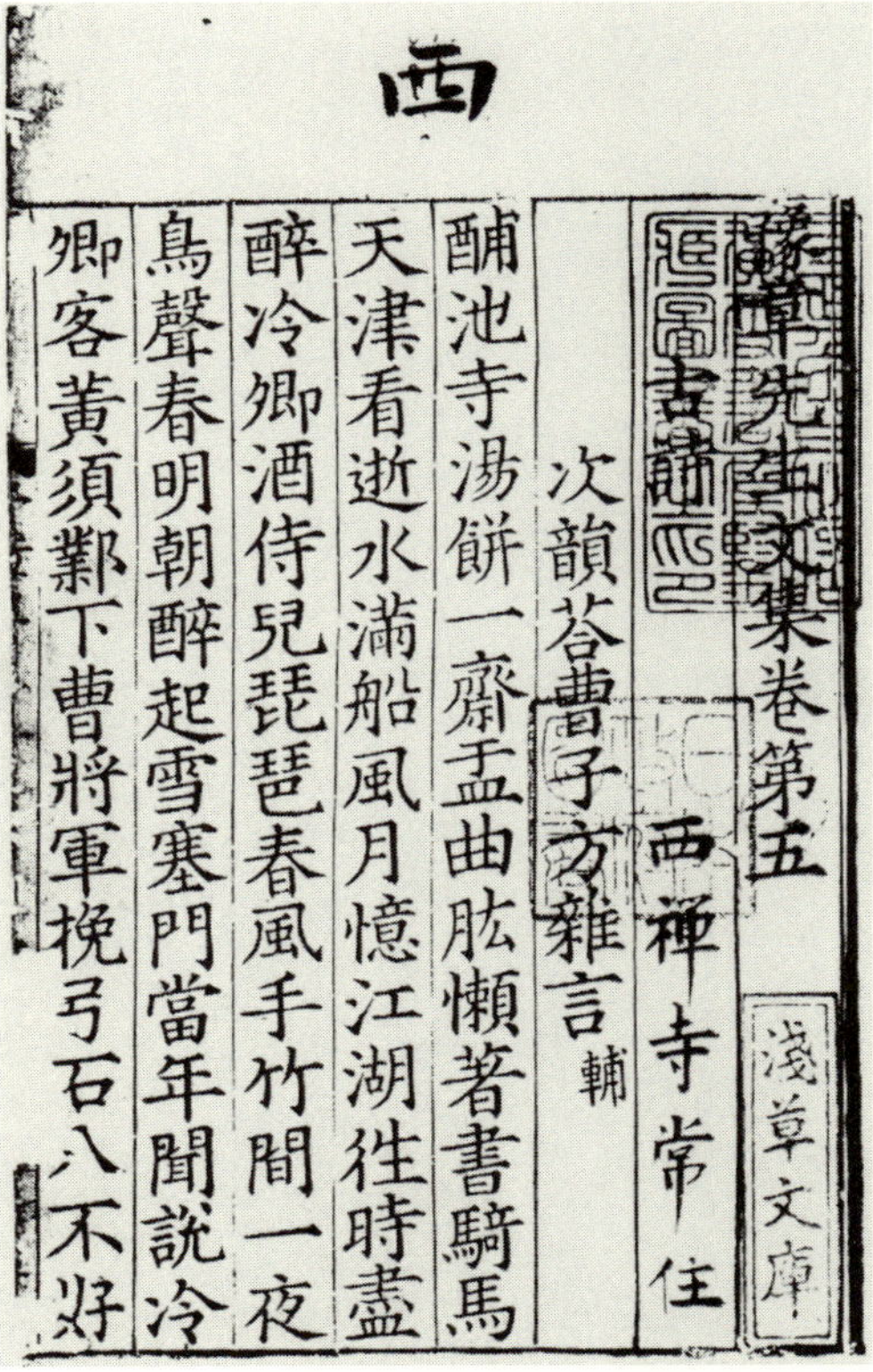
西
豫章先生文集巻第五
浅草文庫
西禅寺常住
次韻答曹子方雜言　輔
醎池寺湯餅一齋盂曲肱懶著書騎馬
天津看逝水滿船風月憶江湖往時盡
醉冷卿酒侍兒琵琶春風手竹間一夜
鳥聲春明朝醉起雪塞門當年聞説冷
卿客黄須鄴下曹將軍挽弓石八不好

予章先生文集

〔**餘録**〕　市橋長昭の献納本については苦い思い出がある。平成三年（一九九一）五月に開催された「内閣文庫貴重書展――源流をたずねて――」の展示資料解説書において、筆者は「寛政頃、毛利高標・松平冠山とともに好学かつ古書の鑑識に長じた三大名の一人として知られた近江国西大路（仁正寺）藩主市橋長昭は、苦心集書の宋元版三十種（実は、内二十三種は明版）に、佐藤一斎の選文、市川三亥（米庵）の執筆になる献書跋を附して、文化五年（一八〇八）二月、湯島聖堂に献納した。本書を含め二十一種が、文庫に現存している。」と記述した。この記述の大要には誤りがないが、「(実は、…)」の部分に大いなる誤解があった。これは、このことに関する福井保専門官の記述「(内、二三部は、明版)」の「二三」を「二ないし三」でなく「二十三」と誤解したためである。このこともあって、内野皎亭(五郎三)が編纂した『官板書目』に附載された『(市橋下野守長昭文廟寄贈)宋元槧三十種書目』および長昭の蔵書目録『黄雪園書目』等により再査した結果、「宋槧本十六部元槧本十四部」とあるうち版種に変更のあるのは、次の五種である。なお、( )内は現行の目録記載の書名である。

一『五朝名臣言行録』『皇朝名臣言行録』『皇朝道学名臣言行録』(『五朝名臣言行録』)　宋刊→元刊

二『文中子』(『中説』)　宋刊→明初刊

三『黄亜父伐檀集』(『(青社黄先生)伐檀集』)　宋刊→明初刊

四『唐詩鼓吹』(『唐詩鼓吹』)　元刊→明初刊

五『三蘇先生文抄』(『三蘇先生文抄』)　元刊→元末明初刊

以上のうち、一は変更があっても宋元版中に含まれるので問題はなく、四・五についても、ほとんど問題にするに足らない。二・三のみに市橋長昭は鑑定を誤ったこととなる。正しく二ないし三部が明版であったのである。

三〇部のうち二一部が内閣文庫に、五部が宮内庁書陵部に、二部が国立国会図書館に現蔵されており、*巾箱本《きんそうぼん》の『周易』と『尚書』が伝を失ったことになる。

48　平斎文集　（重三一一）　一二冊

著者洪咨夔《こうしき》は、刑部尚書・翰林学士等にのぼった政治家で、本書の内容にも政治上の文章が多い。南宋中期の刊行と思われるが、他に宋刊本で伝来の知られるものはない。宋諱・欠筆は一定しない。狩谷棭斎旧蔵本でその印記があり、『経籍訪古志』巻六には「未見」として著録している。安政二年（一八五五）、昌平坂学問所に入蔵した。昭和三十二年（一九五七）二月、国の重要文化財（書跡・典籍の部）に指定された。

中国中華学芸社が編刊した『四部叢刊』では、鉄琴銅剣楼所蔵影宋鈔本を影印の底本としているが、それに欠ける巻一一～一四・一九～二二は内閣文庫本で補っている。

［**餘録**］　本書は一般に中華学芸社の影印本が通行している。底本が影宋鈔本とはいえ上々の出来栄えで、宋刊本の部分とほとんど違和感がない。一部にせよ文庫本を利用するのであれば、全部文庫本を底本にすればよいのにとも思われるが、外部から写真版を入手する手間と費用の問題のほかに、影宋鈔本の上々の出来栄えに捨て難い愛着もあったのであろう。

利用者から本書の閲覧の申請が出された。理由を質してみると、「影印本ではどうしても意味の通じない部分があり、それが写本の部分であるので原刊本では如何なものか確認したい」とのことであった。もっともな理由であり、その結果については我々も承知しておくべきものと判断したの

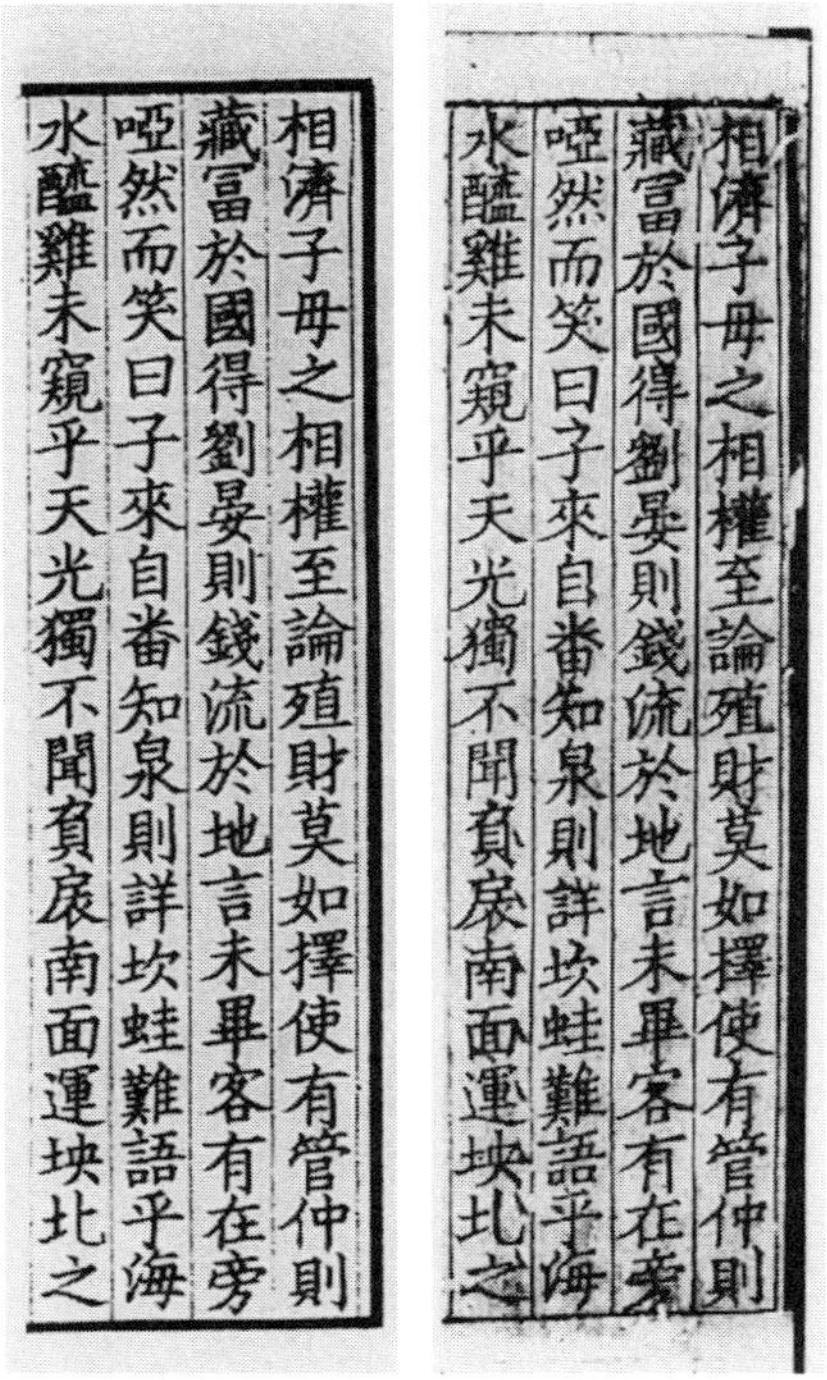
相濟子毋之相權至論殖財莫如擇使有管仲則
藏富於國得劉晏則錢流於地言未畢客有在旁
啞然而笑曰子來自番知泉則詳坎蛙難語乎海
水醯雞未窺乎天光獨不聞負扆南面運块圠之

平斎文集（左は影宋鈔本，右は宋刊本）

で、かたわらで調査を拝見することとした。

調査の結果、写本の写し間違いによることが判明した。それは、調査者中嶋敏先生の報告（『汲古』第三二号）の通り「大冶賦」の終わり近くに内閣文庫本では「運块圠之鈞」とあるところを『四部叢刊』では「運块⿰土匕之鈞」としていたのだ。「圠」は軋と同音で、块圠は山が曲がりくねっている様を表しているが、「⿰土匕」は「北」に似ているが文字として存在しない。写本の底本が虫損あるいは汚れなどで不鮮明であったのかも知れないが、写本にはこのような誤りが少なくない。さらに中嶋先生は「（二二系統ある本書の伝本のうち）（A）系統が優れていることは明らかであり、（A）

系統の最高峯を占めるのが、内閣文庫宋本であることを銘記すべきである。」とも記されている。

49（新刻出像増補）捜神記　（三〇九—八七）三冊

『捜神記』は、中国正史の一つ『晋書』の成立に寄与した干宝が神怪な説話を各書から採録し、それに自己の見聞を加え三〇巻にしたのに始まるといわれるが、それは今に伝わらない。後人が類書等から集め復元した二〇巻本と、さらに後世の説話も加えた八巻本が伝わるのみである。しかし本書は、それらのいずれとも一致しない。編者の唐富春は、金陵（現在の南京）の有力出版者富春堂その人であり、本書も著者を干宝に託するも、編者が独自に類似の説話（儒・仏・道教）を集め、絵を附して出版したものであろう。唐本では珍しく図と文が見開きの状態で一見できるようになっているが、図は稚拙で、明代の絵入り本としては初期のものである。林羅山旧蔵本。

50（新刻末臺公餘勝覧）国色天香　（附二一—一三）一三冊

国色は牡丹を、天香は優れた香りを意味するが、書名と内容はほとんど無関係である。本書は二段本で、下段には六篇の伝奇的小説が含まれるが、上段は多少小説的な文章はあるが、中心は手紙文・詩譜・笑話・箚記《さつき》から士大夫の心得等まで多種の内容となっている。これは、小説とともに日常的な知恵すなわち雅俗を同時に提供しようと企てられた結果であると思われ、一種の類書ともいえる。この種の書は類書と同様、特に知識の部分は新奇を求めしばしば改編されたので、原刻本は中国本土に

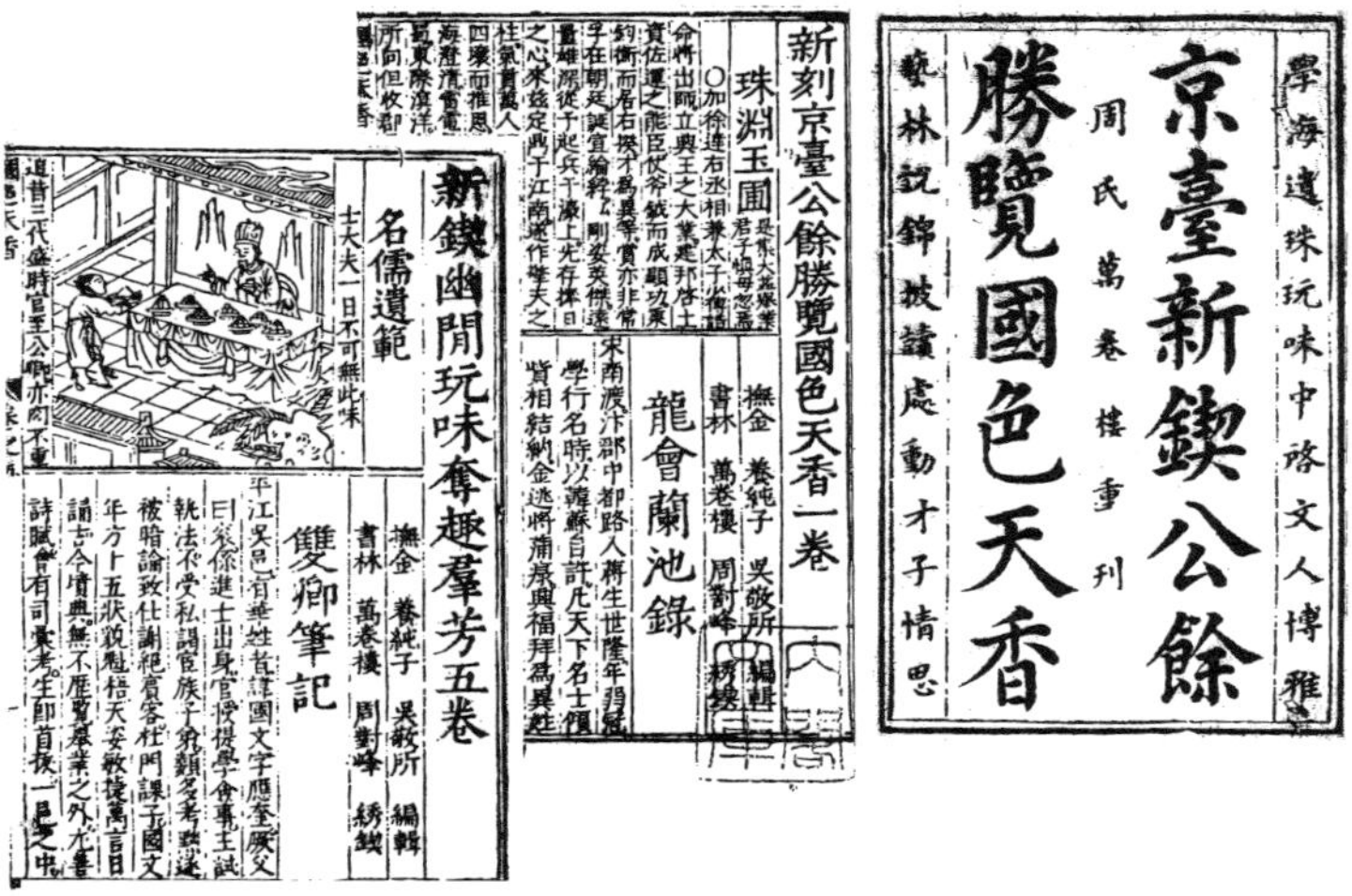
學海遺珠玩味中啓文人博雅
京臺新鍥公餘
勝覽國色天香
周氏萬卷樓重刊
藝林說錦披讀處動才子情思

新刻京臺公餘勝覽國色天香一卷
珠淵玉圃
撫金　養純子　吳敬所　編輯
書林　萬卷樓　周對峰　繡梓
龍會蘭池錄

新鍥幽閒玩味奪趣羣芳五卷
名儒遺範
士大夫一日不可無此味
撫金　養純子　吳敬所　編輯
書林　萬卷樓　周對峰　繡梓
雙卿筆記

国色天香

も残らず、内閣文庫本が確認される唯一の伝本である。文庫本は短い内容のものが上・下別々に収載されているため、図は全く挿絵的で、一部には同じ丁の上下段ともに挿入されている場合もある。紅葉山文庫旧蔵本。

51　繍襦記　（附四―一三）　四冊

本書は、曲と台詞からなる劇（北曲）の台本の体をなしている。その内容は、科挙受験のために上京中の主人公（鄭元和）が、名妓（李亜仙）を見初め結ばれるが、仮母の計略で見捨てられ乞食にまで身を落とす。しかし再び亜仙に見つけられ、科挙に備える。睡魔に襲われる元和を見た亜仙は、自らの目をくりぬいて元和に与える（剔目勧学）など献身的に支えた。科挙合格後、たまたま地方官として赴任していた元和の父は、亜仙の貞節に感じて結婚を許す、というものである。筋は唐の白行簡（白居易の弟）の「李娃伝《りあでん》」に基づくといわれ、本書の巻頭には、「汧国夫人（李娃）伝」が附されている。青木正児《あおきまさる》博士は、「明曲中屈指の傑構なり」と評している。本書は、芝居としての面白さのほか、版面は朱墨*套印《とういん》で、図も精緻をきわめ、中国版画史上最高時の出版と思われる。紅葉山文庫旧蔵本。

52　（至治新刊）全相平話（五種各三巻）　　（重二一―二）　五冊

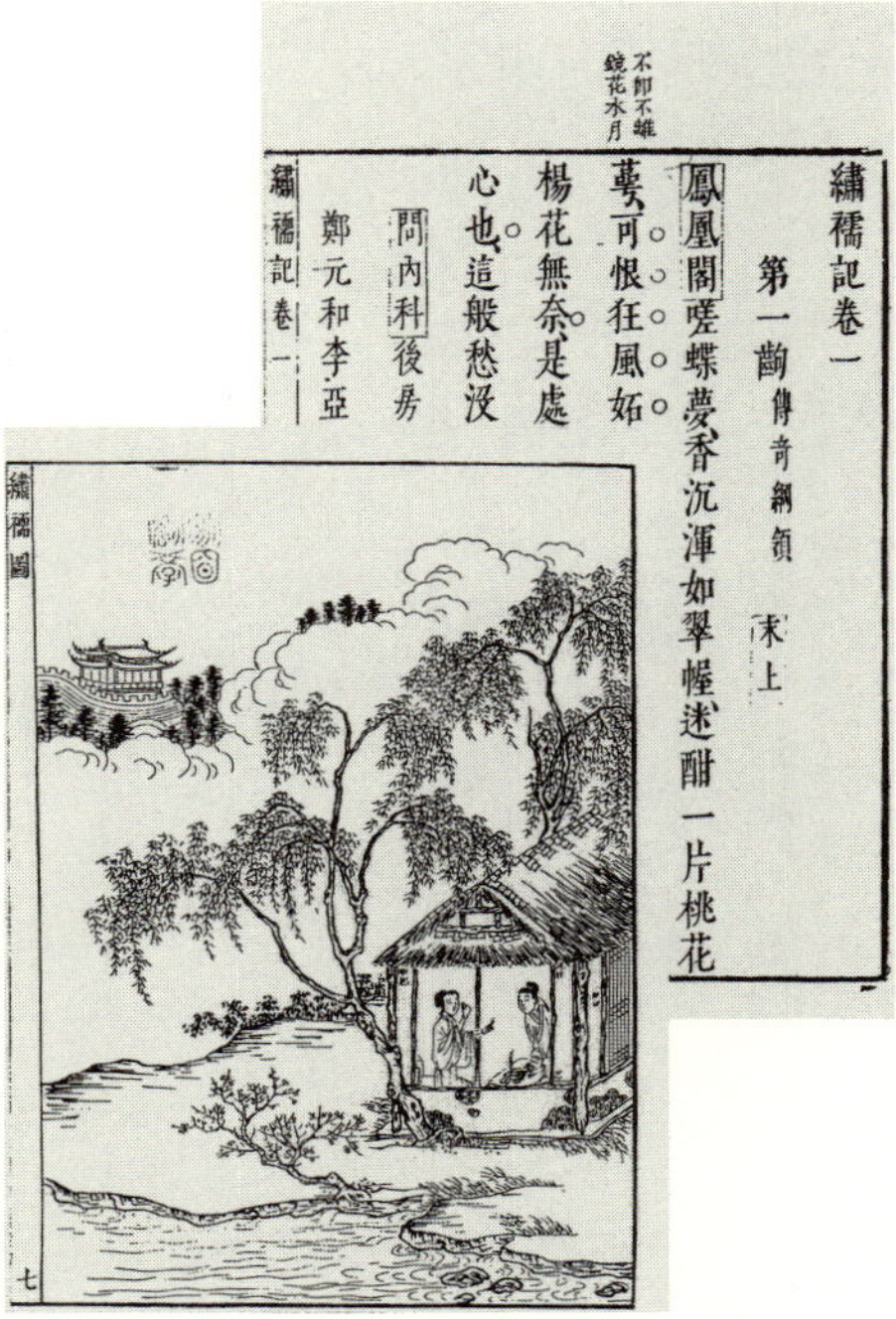

繡襦記

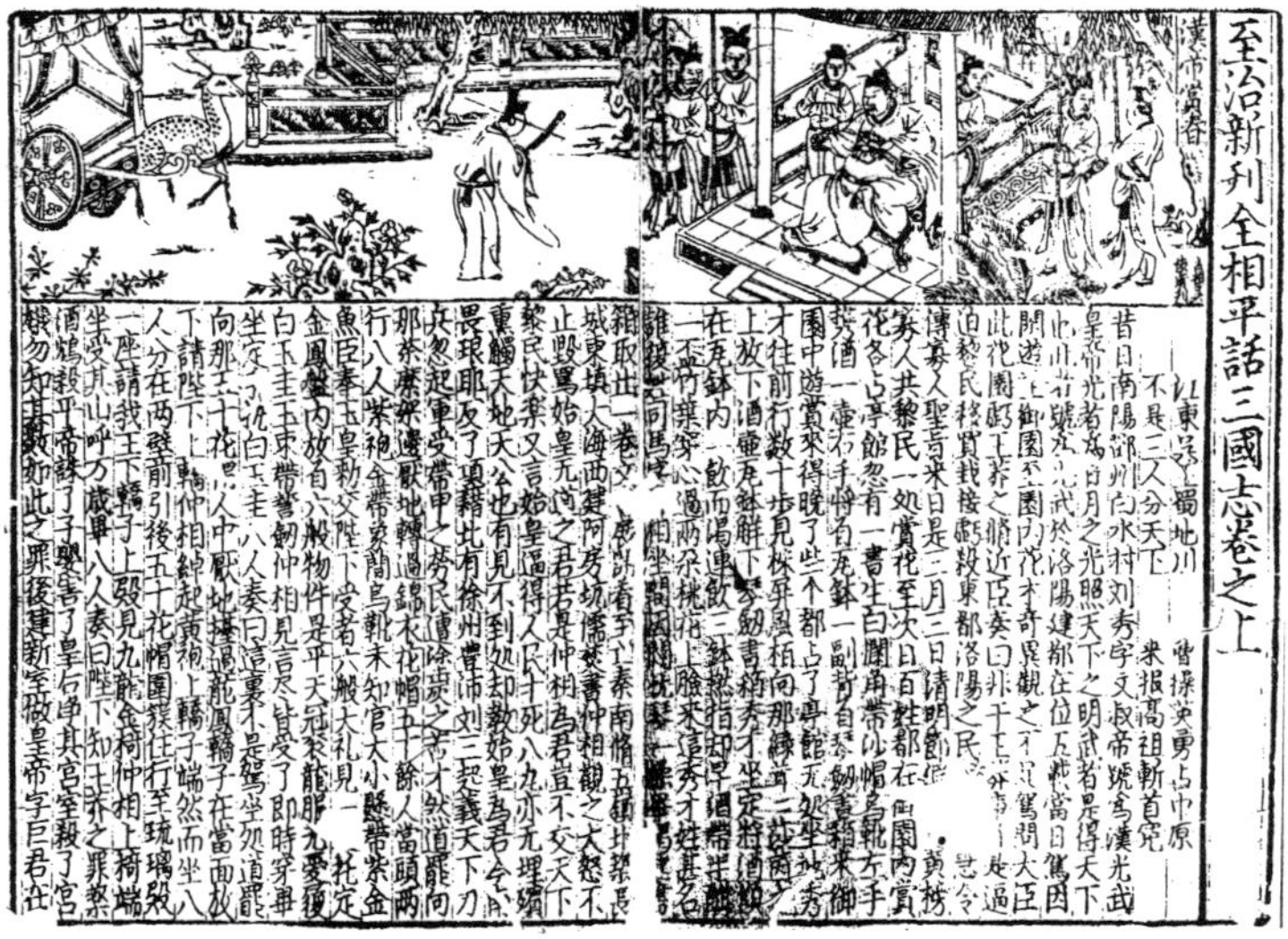

全相平話（三国志平話）

全相とは全像と同じく、各丁に絵があること、平話とは歴史物を専門に語る講史（講談）の台本のことである。絵が各丁の上三分の一弱くらいに帯状にあり、下の残りの部分が文字という、いわゆる上図下文で、この種の版式の刊行は全相本と呼ばれ、建安（福建）地方の刊本の特徴とされている。内閣文庫本の出版の時期は、『三国志平話』の*封面《ふうめん》に「至治新刊」とあることより、元の至治年間（一三二一―二三）であることが知られる。このことから、本書は現存する中国講史類の最古のもので、またこの種のものが当時幾種類出版されたか不明であるが、現存するものも『武王伐討書・楽毅図斉七国春秋後集・秦併六国平話・前漢書続集・三国志平話』の五種のみで他に類書がなく、中国文学史ならびに図書（書誌）学上貴重な資料として世界的に知られている。紅葉山文庫旧蔵本。昭和三十年（一九五五）六月、国の重要文化財（書跡・典籍の部）に指定された。

本書を底本とする影印本は、大正十五年（一九二六）に『三国志』が日本で、その後残り四種が中国で出版され、さらにそれらの影印本を底本に一九五六年上海文学古籍刊行社が『全相平話五種』と題して刊行している。

［餘録］　もと本書は、粘葉装といわれる装訂で、刷面を内側にして折り、折り目の外の部分に糊を附け、重ねた外から別紙の表紙でくるまれていた。各丁は見開きの状態で、図も左右で連続していたが、糊付けの部分の虫損が進行したため、解体し、虫損部分を補修したうえ刷面を外側にして、線装本（袋綴）に改装しているので、今では図は同一丁の表裏に配されることとなり前後に分断された状態になっている。最初に中国で刊行された影印本では装訂を粘葉装の旧に戻し、見開きの状態となっている。

53（精鐫合刻）三国水滸全伝（英雄譜）　（附一―一〇）　一二冊

中国歴史小説の傑作といわれる『水滸伝』と『三国志演義』を上・下二段にそれぞれ配したもので、封面・版心には、『英雄譜』なる総合書名が附けられている。図は一〇〇丁（表は図、裏は題詠）あり、第一～六二回は『三国志』に関するもの、第六三～一〇〇回は『水滸伝』に関するもので、図・題詠ともに朱墨套印である。題詠の署名者が多く崇禎中（一六二八―四四）の人物であるので、本書の成

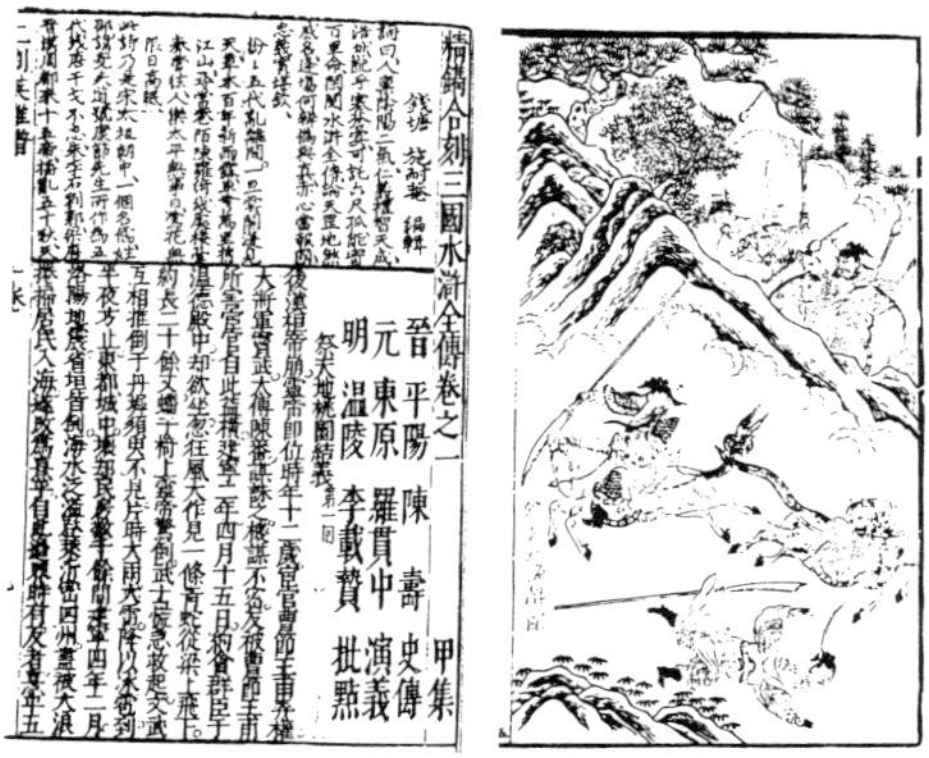

三国水滸全伝

立もそのころと思われる。図の第一丁上方に「刘玉明刻」と刻工劉玉明の名が刻されている。蘇州刻工の一人であろう。

［**餘録**］　京都大学では所蔵する漢籍の善本を集め『京都大学漢籍善本叢書』を刊行した。その第一八〜二〇巻に本書と同版本が、詳しい解説を附して影印されたが、図をすべて欠き、欠丁もある。それらは内閣文庫本で補っているが、本文も京大本は文庫本に比べかなり後印と思われる。

54　姜氏彙抄（姜沆手跋本十六種）

（二七五―二三七等）　二一冊

いわゆる文禄・慶長の役で俘虜となった朝鮮人姜沆（当時、工刑曹佐郎）は、慶長二年（一五九七）に、四国の伊予大津（洲）に連行された。翌三年七月には伏見に移されたが、その地で学才をもって藤原惺窩等と深く交わり、その四書五経の和刻本の刊行に協力した。この間、惺窩門下播州竜野城主赤松広通の求めに応じ、経書・性理書一七種の正文を墨刷りの罫紙を用いて携帯に便利なように袖珍版に書写させ、ほぼ同文の跋を加えて与えた。その時期は、跋の年紀より慶長四年春より翌五年正月で、四月には許され朝鮮に帰国している。慶長五年九月、広通は関ヶ原の戦で西軍に加担し、なおかつ民家に火を放ったとの廉で、戦後、家康より自刃を命じられ赤松氏は滅亡した。しかし遺愛の書物は幕府の手に渡り、紅葉山文庫に入った。古くからこのことはよく知られていたらしく、延宝八年（一六八〇）には林鳳岡が、宝永三年（一七〇六）には新井白石が、殿中でこれを閲覧した旨を、それぞれの日記に記している。一七種のうち、『皇極経世書』を除く一六種が内閣文庫に伝わった。日朝文化交流および朱子学受容の沿革を知る史料として興味深い事実を伝えている。

[餘録]　『姜氏彙抄』一覧（目録所載順）

種類	冊次	内容	書写年	冊数	請求番号
一	一—三	曲礼全経附伝集（曲礼全書）	万暦二七年	三冊	二七五—二三七
二—六	四—九	易・書・詩・礼記・春秋（五経）	万暦二七年	六冊	二七五—二三七
七—一〇	一〇—一四	大学・中庸・論語・孟子（四書）	万暦二七年	五冊	二七六—　三六
一一	一五	通書	万暦二八年	一冊	二九八—一二二
一二	一六—一七	正蒙	万暦二八年	二冊	二九八—一二三
一三—一五	一八—二〇	近思録・続録・別録	万暦二七年	三冊	二九八—一五四
一六	二一	小学	万暦二七年	一冊	二八九—二一九
一七	（欠）	皇極経世書			

本書には各書を統合する書名は附けられておらず、第一・二を除き請求番号がそれぞれ異なり目

録の所載箇所が異なることからも明らかなように、伝来するうちに分離され、まとまって保存されてはいなかった。筆者の前任者福井保氏が伝来の経緯を重視し、『姜氏彙抄』なる新たな総合書名を附したが、目録上の所在は旧のままとしている。

なお、姜沆は帰国後、日本渡航の経緯を記した報告書『看羊録』を著している。そこには我が国にとって不適切な記述があるとの理由で、日本では意図的に破棄されることがあったため、国内に今に伝わるものは非常に少なく、原刊本といわれる朝鮮崇禎二十九年（一六五六）序刊本で完全なものは、東京大学名誉教授阿部吉雄氏所蔵本が唯一の伝本と称されるほどであった。今、その本は足利学校（栃木県足利市所在）に寄贈され、保存されている。

四　明治期の資料

55　府県史料（稿本）　（別一）　二一六六冊

明治初期、政府が各府県に命じて提出させた府県史編纂のための編集稿本。廃藩置県によって中央集権的な行政組織の実現を見た新政府は、その基礎をより確固たるものとするため、『復古記（維新史）』『藩史（江戸時代地方史）』『府県史（明治時代地方史）』の三部よりなる国史の編纂を計画、明治七年（一八七四）十一月、太政官達によって各府県に沿革・租法・勧業・戸口等諸般の実情を詳説して正院歴史課に提出することを命じた。地方からの提出本は同十七年七月以降修史館によって改編が加えられ、一部は原稿として整理統一されたものもあるが、翌十八年十二月の内閣制度の発足により、修史館が廃止された後は、稿本のまま公文書として保管され、大正三年（一九一四）内閣文庫の保管に移り、一般の利用に供されることとなった。本書は未完の稿本ではあるが、全府県について広範な明治初期の情報を提供する史料として有効で、現在も府・県・市史等の編纂にしばしば利用されている。

本書については、昭和三十七年（一九六二）にマイクロフィルム版が出版社から刊行された時に、その解説と細目作成が福井保氏によってなされたが、同氏によってさらに詳しい解題と内容細目が昭和四十九年発行の館報『北の丸』第二号に掲載され、その他を合わせて刊行された『内閣文庫未刊史料細目』下にも収録されている。

〔**餘録**〕　福井氏の解説の中に本書の内閣文庫への移管と公開に関し、以下のごとき記述がある。

「大正三年十月にいたり、本書の内容に特段秘すべきものも無いので、これを記録課庶務掛から同課図書掛すなわち内閣文庫の管理に移し、図書として一般の利用、閲覧に供することとなった。時の記録課長は牛塚虎太郎であるが、この公開措置がこの時点でとられたことを考えると、あるいは、この年四月まで記録課長であった前任者柳田国男の示唆があったのかもしれない。」

しかし、本史料の、特に警察・裁判関係の記述には、今となってはプライバシー保護の面から一考を要する内容のものが少なからず存在する。一方、この史料を公開してから一〇〇年近く経過し、筆者の在職中を含め戦後だけでも七〇年近くが経過しているが、この史料が原因となった人権問題の発生を聞いたことがない。たまたまの結果かもしれないが、この事実は、歴史史料における個人情報の秘匿期間に一つの示唆を与えているように思える。

一般に公文書の公開保留期間は三〇年といわれている。三〇年が経過すれば、公文書を作成した者も、それに関係した者も現役を離れ、現実的な利害関係は軽減されると判断されるからである。しかし、個人情報に関しては、この原則を適応することは認知されておらず、正面切った論議さえも行われていない状態であった。いろいろな問題はあるにしても、戸籍や判決など、当時の社会情勢を理解するための貴重な資料が厳重に保管はされているが、結果として手付かずで放置され、滅失を待っている状態である。統計的な利用など固有名詞を必要としない利用方法もあり、厳しい管理と利用のルールの確立を大前提に、三〇年とはいわないが、本史料のように五〇年とかを目安に歴史資料としての利用を考慮することが必要ではないだろうか。

引用文の後段では本書の公開に踏み切った人物が推測されている。この推測が当を得ているか否かは別として、何か動きがある時には、切っ掛けとなる人物が必要である。誰かが端緒を開かなければ、なかなか物事は進行しない。衆知を集め十分に検討することはもちろんであるが、思い切った方策を提言し議論の端緒を開いてほしいものである。

56　諸官庁所蔵洋書目録（法律之部・経済之部）　（E一四二三〇・一四二三一）　二冊

太政官文庫創立の四年前、明治十三年（一八八〇）十月二十二日、太政官は各省に令達して、所蔵洋書の目録を提出させ、記録課で一種の総合目録に編修して、明治十五年に刊行した。各省庁が所蔵する洋書の実態を把握し、その相互利用の実現を目的とするもので、全一三部門にわたって刊行する計画であったが、法律・経済の二部門のみで終わった。「法律之部」は約五〇〇〇部一万冊、「経済之部」は約三千四百余部四万一二〇〇冊を収録し、各官庁別に著者名・書名・刊年・冊数を記載し、その訳語を附記したところもある。所蔵者は各省・元老院・諸学校・東京図書館・教育博物館等である。この目録の編刊は我が国図書館史上、画期的な事業であるとともに、こうした実績を背景に翌十六年には官庁の中央図書館としての太政官文庫を設立し、官庁所蔵図書の一元的運用を図ろうとする機運が生まれることとなった。

57　大東秘鑑（明治三年）　（二七一—二五二）　二冊

本書には成立の事情を知る記述はないが、第乾（上）冊末の「皇国開闢以来年数」の項で、「明治三年（一八七〇）マテ」等とあることより明治三年ころの成立と考えられる。また本書は版心の下部に「外務省」と大きく刻された罫紙に書写されているが、内政・外政の区別の明確でなかった当時では、外務省が中央政府において強い権限をもっていたことと開国後の対外折衝の間に自国の国勢を知る必要性を痛感していたことから、本書は同省によって作成された可能性が高い。構成を欧米統計書に倣いながら、巻頭には皇室の記事があり、さらに五箇条の御誓文・キリシタン禁教令がある等、時代色とともに日本色の強いものとなっている。本書は、刊行された最初の官庁統計書である次掲の

『辛未政表』に対し、未刊ながら我が国最初の国勢を総括した官庁統計と思われる。構成は、上冊が皇室・誓文・制札・三都の戸口と人口・国郡数・里程・貿易・皇国開闢以来年数、下冊が教育・全国の戸口と人口になっている。ほかに伝本は知られない。

58　辛未政表（明治四年）　（一八七—一七三）　一冊

維新政府にとって戸籍の整備は一大急務であったので、渋沢栄一の推薦で明治三年（一八七〇）七月、当時沼津兵学校のフランス語教授で、すでに前年静岡において統計のための調査を試みていた杉亨二を招き、民部省出仕を命じた。その時、杉は戸籍調査のみを目的とする政府とスタチスチック（統計学）に対する考え方が相違し、建白書を提出、それも容れられないと、一旦静岡に帰った。しかし、翌年再び上京を命じられ、政表課主任に就任した。その年の四月十二日に太政官政表課が発足するのは、杉の主張を新政府が容認したことによるものと思われる。この杉の手になる我が国最初の刊行統計書が本書である。書名の「辛未」は調査年の明治四年が辛未の年に当たることによっている。しかし本書は総合統計書でなく、各省別の官吏の員数・俸給・諸費用の一覧表にすぎず、杉の「統計は全国の大勢を表示するものである」との考え方を充分実現しているものではなかった。翌年も明治五年（壬申）を調査年とする同種の『壬申政表』を活字出版したが、それには各省別の官吏の員数・学生数・雇入外国人数が上巻として刊行されただけで、原稿には存した月給・諸経費は、その確認に大蔵省の協力が得られず、結局下巻は出版されなかった。

59　徴発物件一覧表（明治十六—三十年）　（三九五—七）　一四冊

明治十五年（一八八二）に制定された「徴発令」に基づいて実施された明治十六年一月一日現在の調査結果が本書の第一回（明治十六年度）である。内容的には、日本国内の国別の耕地面積・石高・人口・物産を一覧した『共武政表』を充実させたものである。軍管区内の「戸口表」と各府県の「郡別徴発物件概覧表」・「府県平均物価表并物産」等からなる。第一回の調査項目は『共武政表』の第二回以降とほとんど変わらないが、年々項目は細分され、最終的には人口の内でも軍役に有効な技術をもつ医師・工員等の員数を特に別記し、倉庫・寺院・学校・病院等の施設および船舶も調査の対象に加えている。影印本が刊行されている。

［**餘録**］　このほか、明治期の資料には官庁出版物を中心に珍しいものも少なくないが、57〜59は筆者が国立公文書館で最初に担当した展示会「統計書展」で調査した資料の一部で、思い出を込めてこの「蔵書点描」に加えることとした。

五洋書

60　*Information for the people*, by William Chambers, Philadelphia, Lippincott, 1867.
（E一七九一）　二冊

初版がイギリスで刊行され、一八六七年にアメリカで刊行されて以来、しばしば版を重ねた当時の代表的な百科事典。九二項目からなる大項目主義が採用されている。内閣文庫本は明治四年（一八七一）十一月から六年九月まで岩倉具視を全権大使として欧米に派遣された使節団が持ち帰った図書の一部で、「使節用弐冊之内」なる附箋が表紙裏に貼附されている。本書は使節団の帰国直後から有用な書として、我が国でも『百科全書』の名で文部省を中心に、翻訳・刊行が試みられ、明治時代前半の我が国における代表的な百科事典ともなった。

〔**餘録**〕『百科全書』の最初の文部省版は、全体として九二篇二〇〇冊の刊行が和装・木版刷で計画された。明治六年（一八七三）から八年に五篇三〇冊の出版が確認できるが、以後中絶されたらしい。それに代わって九年から十六年に洋装・活字による出版が同じ文部省で行われ、それは十一年から十六年に二〇冊に分冊された。

木版本・活版本ともに文部省本を底本に各地で出版が奨励され、かなりの数量が流布した。十三年から十九年に東京の書肆友隣堂が先の二〇冊本の翻刻と称し中扉を換えて出版している。これの前半は文部省版と異版で、その意味では正しいが、後半は全くの同版で後刷りである。これとは全く別に文部省本を底本としながら、原書と同型の大型で本文一二冊索引一冊が十六年十月より十八年一月に東京丸善より出版された。この出版では、新たに索引を附すとともに各月一冊刊行という現在の全集の配本に似た出版方法がとられている。この配本の途中から、四冊配本するごとに合冊、上・中・下・索引の四冊として十七年の一・五・十月、十八年の一月に別途配本されている。合冊本の中扉は分冊本のそれと中央下方が異なっている。この版は、索引を下冊に合わせ三冊として昭和六十年（一九八五）丸善から複製、再刊された。

61 *A Journal of a Voyage to the South Seas*, by Sydney Parkinson, London, 1773.

（E二三〇五）一冊

著者パーキンソンが英国を出船して南洋に至り、ニュージーランド・マレー・スマトラ等の諸国を遍歴したとき、島内の風土および習慣から同地方の貿易状況に至るまで観察し記述したものである。本書の伝本は少ない。シーボルト献納本の一つで、現在内閣文庫が所蔵する洋書の単行書の中では最古版である。

62 *Journals of the House of Commons 1547-1891*, and Index, London, 1770-1891.

（E一七一〇三）一四六冊

イギリス下院の議事録。明治政府が西欧制度の研究・導入のために購入した書籍の一つ。一五四七年（エドワード六世）から一八九一年（ヴィクトリア女王）までの一四六巻が内閣文庫に所蔵されている。原刊本は第三二巻（一七七〇年ジョージ三世）以降で、それ以前は一八〇三年のリプリント版である。また、一五〇九年（ヘンリー八世）から一八八八年（ヴィクトリア女王）までの上院の議事録（*Journals of House of Lords*）も内閣文庫に所蔵されている。

63（一）*On parliamentary government in England : its origin, development, and practical operation*, by Alpheus Todd, London, Longmans, 1867.　（Ｅ一〇三六〇）　二冊
（二）英国議院政治論　（ヨ三一三―五五）　七冊

カナダの議院図書館長トッドが著した英国議会制度の起源・発達・運用についての詳細な解説書。（一）は、その初版で、内閣文庫本は明治九年（一八七六）九月、明治天皇が元老員議長有栖川宮熾《たる》仁《ひと》親王に、憲法草案起草の参考にと下賜されたものである。両冊の見返には本書の伝来を語る「天皇陛下ヨリ本院ニ御附与被遊候／二冊之内壱（弐）」との朱書の附箋があり、本文中にも、本書が実際に使用されたことを示すと思われる多数の書き入れや傍線が見られる。（二）は（一）のうち八篇を「憲政の神様」と称された尾崎行雄（咢堂）が抄訳したものである。薄冊ながらプレス模様のある真っ黒なボール表紙は独特の雰囲気を呈している。

六　そ　の　他

64　紅葉山文庫の本箱

紅葉山文庫の蔵書は、すべて桐材の本箱に収納されていた。本箱の防虫・防塵・防湿等の保存上の効果によって、蔵書は格段に良好な状態で伝わり、今もこの本箱とともに保存されている。本箱にはその蓋裏に当時の書物奉行四名の署名と「文化十一年（一八一四）甲戌十二月成」の墨書があるもの

七個、「文化十一年甲戌十二月成」の墨書のみのもの一個があり、このことは『御書物方日記』の記述とも一致する。このほか、「文政己丑」(十二年・一八二九)の焼印のあるもの六三個、千字文の一字が墨書されているもの二三個がある(二五六頁参照)。

65 文廟(聖堂)への寄贈本の本箱

元禄三年(一六九〇)七月、五代将軍綱吉によって神田湯島の地に営まれた聖堂は、元禄十六年・安永元年(一七七二)・天明六年(一七八六)としばしば火災により焼失した。規模はそのつど縮小はされたが再建され、同時に諸大名に図書類の献上を命じた。献上のための本を入れた本箱の蓋の裏には事情を記した献辞が署されている(二五三頁参照)。

66『(特命全権大使)米欧回覧実記』の挿絵用銅版

右大臣岩倉具視を全権大使とする一行は、明治四年(一八七一)十一月横浜を出航、欧米諸国との親善・文物制度の視察・条約改正の申し入れなどのため各国を歴訪し、同六年九月に帰国した。この視察の国民への報告書として刊行されたのが『米欧回覧実記』で、その間の見聞の詳細をより具体的に国民に知らせるために、本文中に銅版による挿絵三百余枚が加えられている。この銅版の大部分は内閣文庫に保存されている。

本書の扉ページの裏に「太政官記録掛刊行」とあり、その上に捺されている「版権所有」印の現物が内閣文庫に保管されていることでも明白なように、版権は内閣文庫の前身である太政官文庫を管理した太政官が所有していた。そこで、出版の実務を担当した博聞社による勝手な増刷を防止するため、本書の重要な要素である挿絵のための原版を太政官が別途保管していたものが、太政官文庫を経て内閣文庫に伝わったものと思われる。

［**餘録**］『米欧回覧実記』の挿絵用の銅版が内閣文庫に保存されていることは承知していたが、新聞紙で包まれ荒縄で括られたそれを詳しく検分することはなかった。昭和六十年（一九八五）、東京の目黒駅前に開館することとなった久米美術館は、開館記念展に久米邦武の業績の一つ『米欧回覧実記』に関係する資料を展示することを計画され、関連する公文書とともに、挿絵用の銅版についても借用を申し出られた。展示会の趣旨・展示施設・運用体制等に問題はなかったが、肝心の銅版が、出版当時の三〇〇〇回以上の印刷に耐えたうえに一〇〇年以上保存のため特別の配慮が加えられていなかったので、印刷インクがよく拭き取られていなかったり、版同士が直接接触したりするなど良好な保存状態ではなかった。全体に薄黒く変色しており、中には錆が発生しているものさえあった。このような状態で、「内閣文庫所蔵」と銘打って展示するに忍びず、その旨を美術館側に伝えたところ、展示資料としてはぜひ必要なものであるし、文庫側の心情も理解できるとのことで、美術館の負担で、銅版に必要な修復を加えた後に貸出を受けることを申し出られた。それも、借用の対象となった銅版のみでなく、現存する挿絵用のすべてと、『米欧回覧実記』に直接関係しないが同所に保存されていたかなり大判の銅版も含めてとのことであった。

米欧回覧実記のさし絵用銅板

この修復作業を担当された菅野陽《すがのよう》氏は、銅版画作家として数々の作品を生み出されたばかりでなく、銅版画の技法や歴史等理論的方面にも造詣が深く、単行書を著されていたほか、洋学関係の専門誌にも多数の論文を発表されていた。ただ、この修復作業を実施する場所が問題となった。公文書館としては自前の作業でないので、館の判断で作業場所を指定することはできないが、まだ貸出し手続きを終えていない資料を館の外に持ち出すことを許可することもできない。作業場所を館内とすれば、菅野先生がこの作業に専念するわけではないので、作業で来館されるたびに重いプレス機や修復器具を移動することになる。これも困難であるとのことで折角の計画が頓挫しかねない状況となった。

最終的には、筆者が菅野先生のお宅を訪ね、重いプレス機や修復器具の実態、作業の手順、資料の管理状況等を拝見させていただき、判断することとした。結果的には、資料は一日の作業が終わると保管庫に収納されるなど管理体制に問題はなく、技術的な面でもいろいろな道具や資料がそろっている先生のアトリエでの作業の方が安全かつ能率的であると判断し、銅版を枚数を決めて移動し、作業が終わると新しいものと交換することとした。この移動は筆者が担当し、足立区にあった先生のアトリエと公文書館との間を何度か往復した。錆が落とされ、変形を正し、元の美しい銅色に変身した原版を用いて二部の試し刷りを作成した後、防錆処理のためのコーティングを施し、一枚一枚ビニール袋に収納された。文庫ではこれらの間にクッションを挿んでレコードのように立てて保存している。試し刷りは公文書館と久米美術館に納められた。筆者の在職中は、原版は修復を終えたときと全く同じ状態で、美しい光沢を保っていた。

『米欧回覧実記』には一頁大の図版が一六六枚、本文中に組み込まれた挿図が一二枚存在する。図版の原版のうち一四二枚が現存するが、挿図の原版は一枚も現存しない。これは、挿図の原版は本文を管理する博聞社に保管されていたために、本文とともに失われたものと思われる。なお、一頁大の図版の大部分は上下二段組となっているので、実際の図版の数はほぼ二倍となる。

修復作業が一段落して、しばらく先生ともお会いしなかったが、先生が入院されたとの情報を得て、川崎の病院に伺った。お話もできない状態に驚かされた。後に先生の年譜には、公文書館の作業が終了した後、一度に疲れが出ての入院のように書かれていて、大変申し訳無く思うとともに、それほど精魂を込めて作業してくださったことに感謝している。快復された先生はこの作業を機に、本原版に関する研究を深められ、挿絵の原図の探求、当時の銅版画技法、素材、錬成法等についての論稿を発表されるなど、先生にとっても意味のある作業であったと思われる。その後、筆者の住む茅ヶ崎に居を移され、お目にかかる機会も多くなったが、平成七年（一九九五）十二月に七八歳で亡くなられた。近親者のみのご葬儀とのことであったが、筆者もお見送りをすることができた。

67　『法規分類大全』の図版用版木

『法規分類大全』（第一・二編、内閣記録局編、明治二十二〈一八八九〉―二十七年刊、八五冊）は、明治元年から二十二年に至る政府の法規類・諸外国との条約類等を一八門に分類して集大成したもの。各部門とも豊富な図版が挿入されている。本文は活版であるが、図版には木口木版《こぐちもくはん》＊等が使用されている。出版後、本文は解版されたが、本書が内閣記録局により出版されたことから、図版の版木は内閣文庫に引き継がれた。

［餘録］　本版木の数量は不明で、五〇センチ角の木製の箪笥七棹に一杯としかわかっていない。筆者は在職中にその数と本文中のどの図版に用いられた木版かを確定したいと願っていたが、展示会に使用したいくつかを確認した以外、結局果たすことができなかった。このため、本資料は、閲覧に供せる状態ではない。

このほか蘆野徳林撰、明治十年元老院刊『無刑録』一八巻一八冊の各巻の巻頭部分のみであるが、その版木を保管している。

『米欧回覧実記』の銅版とともに、今に残された明治期の珍しい出版資料となるのではと思っている。

68　蔵　書　印

江戸時代に使用された蔵書印で現存するものはないが、明治五年（一八七二）から十七年までの太政官歴史課・修史局・修史館、明治十七年からの太政官文庫、明治十八年からの内閣文庫で使用された蔵書印を現蔵している。

（一）「秘閣／図書／之章」

「秘閣」は、天子の蔵書庫の意味で、明治維新後は紅葉山文庫の別称として使用された。この印には、同文の三種がある。第一印は明治五年から同六年の皇居の火災で焼失するまで使用された。第二印は第一印の焼失に伴い新調されたが、やや小型で印文が判読しがたいとの理由で、使用が中止された。第三印は同十二年十二月に第二印の使用中止に伴い、第一印を覆刻したもの。印材は、第二印は黄楊製、第三印は銅製である。第二・三印を現蔵する。これらの印は紅葉山文庫旧蔵本に明治維新後捺印されたが、これらの捺印のない紅葉山文庫旧蔵本も存在する。

(二)「紅葉山／文庫印」

紅葉山文庫旧蔵とは無関係に、明治前期の新刊書・新収書に捺印されており、明治十四年刊本がその下限である。

(三)「太政官／文庫」

この印は、明治十七年に設立され、諸官庁の蔵書の一切を収集・管理することとなった太政官文庫で、収集した蔵書に捺印された。この印には、銅製と大理石製の二種類があるが、使用の区別は明確でない。これらとは別に、現存しないので印材は不明であるが、同文の双郭長方一行印がある。

(四)「日本／政府／図書」

明治十八年十二月の内閣制度発足に伴い、太政官文庫も内閣文庫と改称された。それ以後の収集書には、翌十九年二月に新彫されたこの銅製の印が捺印され、昭和七年まで使用された。

(五)「内閣文庫」

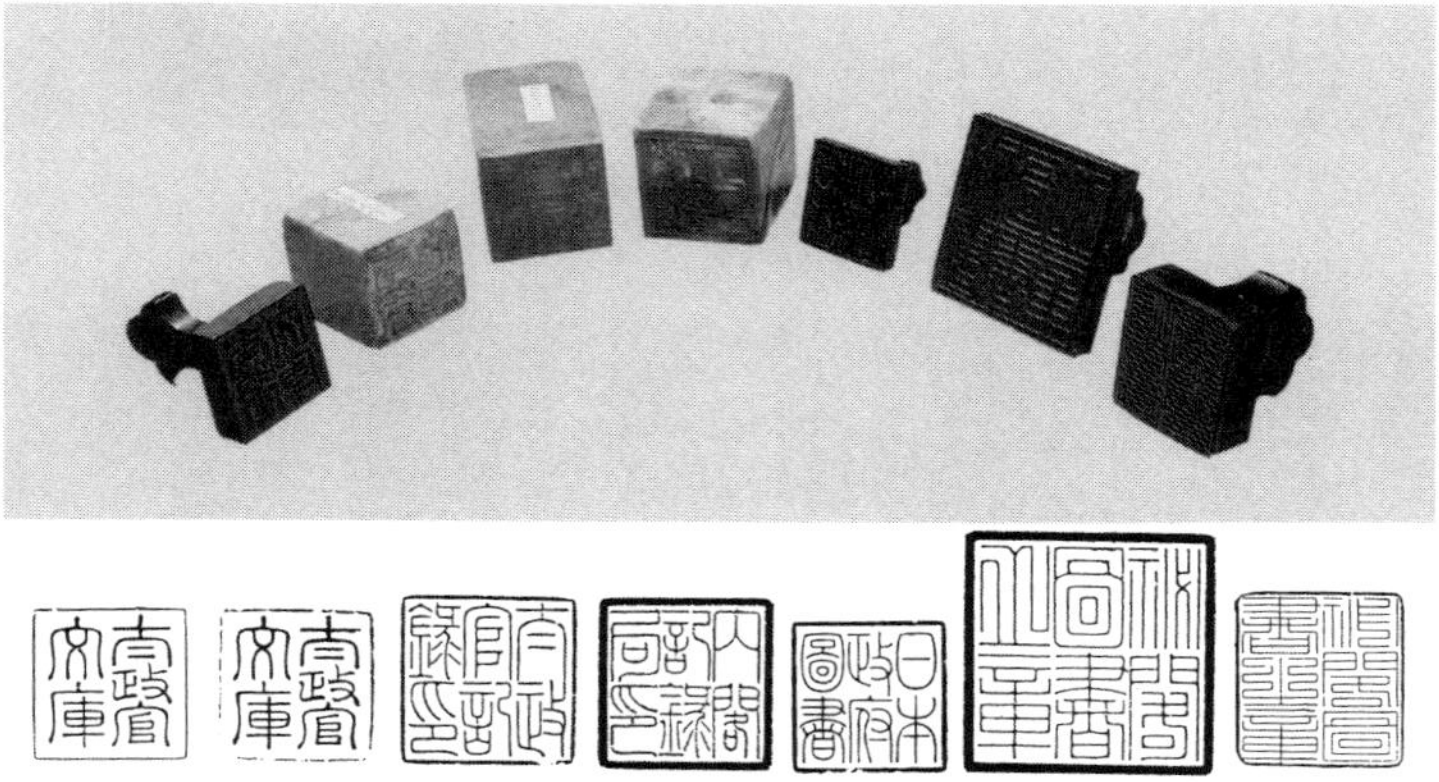

蔵書印左より（三）銅・大理石製，太政官記録印，内閣記録局印，(四)，（一）第３・２印

昭和八年（一九三三）以降に内閣文庫で使用された蔵書印で、この印文のもので現存するものには三種類がある。第一は大理石製双行方印、第二は第一を覆刻した黄楊製双行方印（現用）、第三は黄楊製一行長方印である。

以上九顆のほか、これらの蔵書を管理した部局の印（これらも蔵書の所属を明らかにするため、蔵書印として使用された）一四顆に、『米欧回覧実記』の扉頁の裏に見られる「版権／所有」の大理石製双行方印を加えて二四顆が保存されている。

《用語略解》　＊を附した語について所出順に簡単な説明を加えておこう（数字は所見文献の番号）。

行款：「字詰め」のこと。一頁内の行数と一行内の字数で表す。

版心（１）：袋綴じ本の折り目に当たる本文の欄外の細長い部分。綴じを外し、用紙を開くと、中央に位置するので、我が国では「柱《はしら》」ともいう。

柱刻（1）：版心（柱）に掘り込まれた文字や記号。ここには、書名・略称・別名・巻次・丁次・刊年・補修年・出版者・刻工名・大小字数など様々な情報が含まれる。「柱書き」ともいう。

善本（3）：校勘が行き届いた良いテキスト。内容・形式・伝来の優れた書物。

料紙（4）：文字や絵図を書写または印刷するための用紙。

寄り合い書き：二人以上で一部の書を分担書写した本。また、分担書写すること。全巻を一人で書写した場合は、「一筆書《いっぴつがき》」という（「ひとふでがき」とはいわない）。

題簽（6）：書名や順序数などが記されて、表紙に張り付けられた細長い小紙片。「題箋・題籤」とも書き、「張り外題」ともいう。この題簽が、手書きの場合は「書題簽・肉筆題簽」、印刷の場合は「印刷題簽」といわれる。

離れ（6）：一部の本から一部分が抜き出て、元の本と離れ離れになった本。「離れ本」ともいう。

斐紙（11）：和紙の一種。沈丁花科の落葉灌木である雁皮を材料にして漉いた紙。「雁皮紙《がんぴし》」ともいう。紙質は、肌理が細かく光沢がある。薄くも厚くも漉くことができるが、特に薄く漉かれた「薄様」は、大部な書物の嵩（厚さ）を減らしたり、敷き写しのために利用される。一般に使用される桑科の落葉低木の楮《こうぞ》を材料とした楮紙《ちょし》より高級品とされている。

手写（12）：編著者以外の名のある人が手書きすること。手書きの本はすべて「写本」（漢語では「鈔本・抄本」）というが、その内、編著者自ら手書きしたものは「自筆本」、それ以外は「転写本」という。その内、名のある人が手書きしたものを特に手写本あるいは手書本という。筆者名が知られても、社会的に有名でなかったり、その書物にとって重要でない場合は、特に手写本と称さない。

本奥書（12）：底本となった本に元々存在した奥書。「ほんおくがき」ともいう。

綴葉装（12）：料紙を何枚か重ね、今日のノートブックのように、一括ずつ糸でかがり、数括を綴り合わせたうえで、前後に表紙を附けた装訂。本を展げて置くと、蝶が羽根を展げたように見える胡蝶装の一種。「列帖装・列葉装」ともいう。「てつようそう・てっちょうそう」は誤読。

枡形本（12）：米を量る枡のように、ほぼ正方形な形の本。歌集・物語など国文学の本に多い。

雲母刷（12）：木版刷で、墨に代えて雲母を用いて行う印刷法。雲母《うんも》は、花崗岩などに含まれる薄く剝がれ、光沢のある物質。きらきらとするゆえ「きら」とも呼ばれ、「きらずり」ともいう。

花押（12）：印章と同じ役目の手書きの署名。「書判《かきはん》」ともいう。書き方には約束があり、他人に真似られないような独自な工夫も加えられている。現在のサインのようなもの。

外題（13）：表紙にある書名。本文の巻頭にある書名（内題《ないだい》）に対していう。

金泥（13）：墨に代わり、金粉を膠で溶いたもの。

真名（13）：「漢字」のこと。漢字のみで書かれた本を真名本、仮名のみで書かれた本を仮名本というが、19（一）『寛永諸家系図伝』の場合は、振り仮名のついているものを仮名本と称している。

袋綴じ（15）：料紙の表（文字等がある面）を表に二つ折りしたものを重ねて、折り目と反対の方の余白部分をコヨリで二ヵ所下綴じをしたうえ、前後別々に本文よりやや大きい厚めの表紙をつけ、表紙の下綴じのある方の部分に、四、五ヵ所穴をあけ、糸を順々に綴じ穴を通して綴った装訂。本文用紙が袋（実際は筒の状態）になっているから、このように呼ばれた。中国では、「線装本《せんそうぼん》」と呼ばれる。古書と呼ばれる書物の最も一般的な装訂法。

右筆書き（19）：右筆が用いた書風で書かれたもの。右書とは、身分の高い人に代わって筆を取る人をいう。武家の公式の書風は、「御家流《おいえりゅう》」と呼ばれる青蓮院門跡が代々伝えたものが採用されている。

翻印（19）：既に存在する写本又は刊本を、新しく活字に置き換えること。又は、既に存在する写本又は刊本の読み下しを、現行の活字体の文字で表現すること。

御家流（21）：書道に優れた青蓮院門跡尊円親王の後、代々の門跡法親王が受け継いだ書風に敬意を表して「家様《いえよう》」と呼び、後には「御家流」と称した。

烏糸欄（31）：本文の匡郭（文字の部分を囲った線、枠・辺ともいう）や界線（行間の細い線、罫・欄・闌ともいう）が黒色のこと。「烏」は色の黒いこと、「糸」は界線を示すのに糸が使われていた故事による。

朱墨点（31）：文章の要点を示す符号として、文字の右わきにつける丸「○」や点「丶」を「圏点《けんてん》」という。その圏点が朱および墨の場合をいう。

零本（31）：一揃いの本の内、ごく一部が残っている本の場合。

一具（32）：一揃いのものとして保存されているもの。

書き外題（37）：外題（13）が墨書きされているもの。印刷されているものは「印刷外題」という。

手跋：跋を書いた筆者の名前が知られる場合の「跋」をいう。

欠筆（39）：古来から中国では、高貴な人、特に天子の名（諱）に当たる漢字を避けて、同義あるいはこれに近い漢字に代える習慣（避諱《ひき》）があった。唐代には、漢字の最後の一画を省略して完全な漢字の形にしない習慣が起こった。これを「欠筆」という。

巾箱本（47）：小形本のこと、巾箱とは手巾（ハンカチ）のような小裂れを入れる小さな箱。その箱くらいの大きさの本のこと。「袖珍本・馬上本」ともいう。現代の「ポケット判・文庫本」に当たる。

套印（51）：二色以上の色で印刷すること。我が国の「多色刷」に当たる漢語的表現。套とは、外套の「套」で、上から重ねること。朱と墨の場合は「朱墨套印」、三色の場合は「三色套印」という。なお、濃淡のある同じ色で何度も重ね刷りをすることを「多度刷《たどずり》・数度刷《すうどずり》」という。

封面（52）：表紙裏または表紙と本文の間に独立して存在する、書名・編著者名・発行者などの情報が記されたページの漢語的表現で、我が国の「見返《みかえし》」に相当する。我が国の「見返」は、表紙裏にあるものを指し、独立したものは「扉」と称している。

木口木版（67）：堅い木材（柘植《つげ》等）の木口（木の幹の縦の軸に垂直に切った切り口）に銅版彫刻に使用するような彫刻刀で文字や絵を彫り込む木版（凹版）。一般の木版は、木材の板目（木の幹の縦の軸に平行に切った切り口）に彫り出している（凸版）。

Ⅲ　内閣文庫の仕事

一　内閣文庫の日々

筆者が内閣文庫に在職中に従事した仕事は、もちろん内閣文庫の仕事のすべてではなく、時には内閣文庫の仕事の範疇に入らないものもあったかもしれないが、それらを思い起こしながら述べてみよう。

内閣文庫も、所蔵する資料に古書と新書の差異はあっても本質的には一般の図書館と異なるところはないので、その仕事も同様の性格をもっている。

一般に図書館の業務としては、資料の選定・収集・受入・装備・排架・閲覧・保存および広報等が考えられ、これらに準じて筆者が日々従事した内閣文庫の仕事をみてゆきたい。

二　選定・収集

資料購入の予算　筆者が在籍した期間では、総理府あるいは内閣府の職員のために本府の建物内に設置された内閣文庫（分室と称されていた）のために、新刊書を中心に蔵書とすべき資料の選定には定期的に関与し、最終的にはそれを管理する立場にもなったが、古典図書館としての内閣文庫では資料の選定・収集の業務にかかわることはなかった。すなわち、新しい古書資料を購入するための予算が認められることがなかったわけである。内閣文庫に関係する蔵書印を持つ古書が、市場に出ることは少なくなかったが、それらを入手することは不可能で、古書店の厚意により調査させていただき、その結果を国立公文書館の館報『北の丸』誌上に報告するのが、筆者のできる唯一の方法であった。

国立公文書館の独立行政法人化以前の新刊書の購入予算は、その大部分が「支部図書館費」と称する国立国会図書館の資料提供ネットワークのなかで、国立国会図書館のお墨付きを得て計上されたもので、総理府等の独自の判断で配分されたものではない。この予算は、行政支部図書館としての内閣文庫の蔵書の充実に使用されるのが原則ではあるが、公文書館に存在する古典図書館としての内閣文庫も、広い意味で総理府等の機関であり、国立国会図書館が期待する内閣文庫も古典図書館である内閣文庫であったので、そこで必要とされる資料についても、この費用から支出されていた。

しかし、内閣文庫の資料を調査したり紹介したりするために必要となる資料は、いわゆる新刊書のみでなく、出版当時には必要を感じなかったり、必要であっても購入できなかったりしたものも少なくない。古書店でそれらを発見し、購入したいと思っても、年に数回の選定会議の承認を得なければ、発注できないとなると、ほとんどの資料は、それまでに売却されてしまうのが常であった。購入のルールは曲げることはできないが、便宜的方法として、三〇〇〇円までの資料については、筆者が購入し保管したうえ、選定会議で承認を得ることができた場合は、新しい購入リストにそれらも加え、処理のうえ、納入業者から払い戻されることが、暗黙ながら了解されていた。選定会議で承認を得ることができなかった場合は、筆者の蔵書としてそのまま所蔵することとなるのはもちろんである。

独立行政法人化以後は、支部図書館としての内閣文庫は国立公文書館から分離され、内閣府図書館として内閣府に直接帰属することとなったので、支部図書館費といわれる資料購入費も当然そちらに属することとなり、独立行政法人としての国立公文書館で手配されることがない限り、新刊書といえども購入することはできなくなった。幸い一定程度の予算措置はその後も継続されたので、必要最低限の資料購入は確保することができた。

管理換　資料の収集には購入以外に管理換と寄贈（受贈）がある。管理換とは会計主体を同じくする機関間での物品の移動をいう。独立行政法人化以前の内閣文庫の場合は会計主体が国であるから、他の国の機関からの寄贈などはこの方法がとられる。国の機関に文庫資料を貸し出す場合もこの方法が適用され、所有権を含め、一旦資料そのものを対象となる機関に移管することとなり、無事に帰って来てくれるだろうかと何か不安な気持ちで、いつも承認印を捺していたことが思い出される。

寄贈（受贈）とその問題点　国立以外の大学や研究機関の刊行物や文庫資料を使用した著作物は、通常の寄贈の形で刊行のつど納入される。このようにして納入される資料が文庫の受け入れる資料の大部分であるが、これ以外に自身が所蔵する古書資料を文庫に寄贈することを申し出られる場合がある。きっかけの多くは、内閣文庫の展示会に来館され、「我が家にも同じような本があるが、ここなら大切に保存し役立ててくれるかもしれない」との気持ちを抱かれたことである。

内閣文庫の資料には江戸幕府および明治政府の諸機関が収集したという伝来上の由縁があり、これに合致しない資料はいかに貴重なものであっても受贈すべきでないとの意見もある。確かに正論であるし、加えるに受け入れるための設備の不足などもあって、現実に困難が伴うのも事実である。しかし、筆者は必ずしもこの状況にこだわる必要はないと考えている。古書はもはや新たに生み出されることがない資料であるばかりでなく、減少の一途をたどる資料でもある。そして古い時代の出版物は、出版技術の影響から資料一つ一つが微妙に異なり、全く同じ資料は存在しないといっても過言でない。それが、写本となれば、その差異はもっと顕著である。故に、今所蔵している資料を、また他の場所に保存されている資料を、より良く理解するためにも、できるだけ数多く保存し、利用に供する態勢を整えることが必要である。私立の文庫等では文庫独自の設立の意義があり、その収集にも自ずから限界が存在するが、公共の機関では我が国の文化全般への広い目配りが必要で、そのためにも自らが購入のための予算を持ち得ないのであれば、寄贈等による資料の増加を軽視することはできないと考えている。

このような理由で、筆者は積極的とはいわないまでも、申し出がある時には、(役人的発想であるが)前向きに対処してきた。そして、受け入れたものは収書年報や機関誌を用いて、できるだけ速やかに目録を公表し利用に供するように努めた。加えて定例の展示会では受贈書を紹介するコーナーを設置するなどもした。ただ、受贈のたびに紹介するため、既刊の蔵書目録の後に新しく増加した資料の全体を利用者に伝えることに不十分であったので、それらをまとめて既刊目録の体裁で目録を刊行したいと考えていたが停年までには実現できなかった。

寄贈をお断りする　寄贈の申し出は、内容はもちろん分量も一部から数百部まで様々であった。これらの概要は館報『北の丸』第三五号に紹介している。そこにも触れたことではあるが、寄贈の申し出をお断りしたことがあった。勤務してまだ日の浅いころ、有名な歴史学者から昌平坂学問所の生徒の名簿の寄贈の申し出があった。ごく幕末のものではあるが、内閣文庫の蔵書に直接連なる機関に在籍した人々の名簿であるから、機関の性格を理解するためにも非常に有用な資料と判断した。そこで受贈の返事をしたがその際に、文庫資料として公開し一般の利用者の閲覧にも供したい旨を伝えたところ、その先生は、この資料が災害などで滅失することなく保存されることを期待するのみで、他人の役に立ちたいとは考えていないとの返事をいただいた。個人が所蔵するものであっても、貴重な資料の保護には国も協力すべきであるとも申された。一面もっともな意見ではあるが、国民全体の施設が一個人の倉庫として利用されることに妥当性を見出せなかったので、残念ながら寄贈をお断りすることとした。しかし、お預かりしなかったことで資料が散逸してしまったのではないかと、今となっても気掛かりである。

『日本外史詳注』の受贈　平成五年（一九九三）六月に、お茶の水女子大学名誉教授頼惟勤《らいつとむ》先生の御仲介で頼山陽編纂の『日本外史』に詳細な注記を加えた、光吉元次郎《みつよしもとじろう》著『日本外史詳注』二五冊の寄贈の打診を受けた。館内で検討の結果、応諾することとし、現在この書物を管理されるご遺族光吉甲《かね》義子《こ》氏のお宅を訪ね該書を拝見した。「詳注」の名に恥じない詳細な加注に感嘆し、本書が当館の蔵書に加わることの意義に確信を持ったが、本書以外にも元次郎氏の著書・旧蔵書の存在することを知り、併せてのご寄贈をお願いしたところご快諾を得た。この結果、ご寄贈いただいた資料の総数は一三六部三九六冊四鋪一帖となった。この数は、光吉氏が残された『尚友書屋蔵書目録』にある「総計　二千八十一部　九千四百七拾弐冊」のごく一部ではあるが、これらは館報『北の丸』第二六号誌上に『光吉文庫分類目録』と題して報告した。平成六年五月開催の展示会に、お披露目を兼ねてその一部を展示したときには、甲義子氏もご来館くださった。頼先生には本書に関する詳しい解説「光吉元次郎著『日本外史詳注』解題」をやはり『北の丸』第二六号にご執筆いただいた。この論文は、雑誌『東方学』第一二二号（二〇一一年七月刊）の先生の業績を偲ぶ座談「先学を語る――頼惟勤先生――」に附された主要著作目録にも含まれており、この資料の価値が一層高まったように感じた。

三　受入・整理

目録の意義　購入・受贈した資料を、文庫の資料として確定するために、図書台帳に必要事項を記入し、財産として登録すること、利用者に通知するために目録を作成することが必要となる。

筆者に特に課せられた業務としては目録の作成がある。目録は、「現物を手にとって実際に確認することのできない利用者に、現物を理解するのに必要な情報を提供するために作成するものである」と定義できる。一般の公共図書館のように利用者が直接資料を手にして選択することのできる場合は目録をそれほど必要としないが、ほとんどの専門図書館では資料は書庫に収納され、目の前に並べられていることはないから、まだ見ぬ資料と利用者を結ぶ唯一の手段が目録である。故に、どのような目録を作成し利用者に提供できるかが、所蔵する資料の有効性はもちろんであるが、古典図書館にとって非常に重要な評価の基準となる。

理想的な目録　理想的な目録とは「作成された目録のみで、検索している資料の書名・著者名・刊写年・刊写地・刊写者・冊数・大きさなどの書誌的諸情報が判別できるだけでなく、テキストの系統や異同、さらに伝来が判るように正確に記述されていること」と規定することができる。すなわち、特定の資料がもつ特定の情報と、その資料と周辺の他の資料との関係を明確にすることこそが、目録編纂の意義であり、それを実現している目録こそが目録のあるべき姿といえる。この目録が実現すると、遠隔地の研究者も実査の前に正確な判断ができるという直接的な効用のほかに、最大の損耗の原因である誤請求による無駄な閲覧を防ぐとか、焼失・散逸した蔵書の内容や性格を後世に伝えるなど、保存や伝承の効果も期待できる。

分類の問題点　新刊書を主とする図書館では図書の分類は「日本目録規則（ＮＣＲ）」と「日本十進分類法（ＮＤＣ）」に基づいて作業が進められるが、古書を主とする古典図書館では、特に分類法において、ＮＤＣを利用することには多くの問題が存在する。分類とは、世上に存在する、あるいは存在が予想される資料の全体を前提に分類の基準を作成し、それに従って現実の資料の帰属を決定する作業である。したがって現在と全く異なる学問体系下で誕生した江戸時代以前の資料を、現在の基準で分類することは、本来不可能であり、現在では全然存在しない分野もあれば、東洋哲学など集中する分野も出てくることとなり、分類本来の役目を果たすことができなくなる。また、ＮＣＲについいても、たびたび改訂が加えられてはいるが、基本的に明治以降の西洋化した資料と同じ土俵で論じるものであるから、どうしても矛盾や無理が存在する。古書と新書とは全く別の資料と理解し、対応する方が、利用の立場からもすっきりするのではないかと考えている。

古書の目録法　古書に対する目録法と分類法の基準となるものが、内閣文庫が昭和三十一年（一九五六）から三十八年に当時の内閣文庫長岩倉規夫氏が主唱し、福井保和漢書専門官が中心となって編修・刊行した漢籍と国書の目録（『内閣文庫漢籍分類目録』『内閣文庫国書分類目録』）である。その後に刊行された他の機関の古書の目録も多少はあるにしてもその影響を受けて誕生している。筆者は、漢籍に限ってではあるが、内閣文庫方式の優位性を主張したことはあったが、たいして注目もされなかったようであるし、内閣文庫自身が自らの目録法の一般化を積極的に進めて来なかったこともあり、古書の目録法はまだ混沌とした状態にあるのが現状である。所々に分散する古典資料の統一的な利用を可能にするためにも、内閣文庫方式にこだわるものではないが、十分な検討のうえの一元化は是非必要と考えている（内閣文庫の目録の特徴は後述）。

カード式目録と冊子式目録　一般にこの目録は、従来はカード式と冊子式に区分されていたが、現在では、パソコン式ともいうべきパソコンの画面を利用した検索法が主流である。筆者が学生として図書館を利用していたころは、図書館に入るとまずカードケースが並んだスペースがあり、そこを通過しなければ図書にたどり着けないようになっていた。しかし、カードは物理的にカードケースを配置するためのスペースが必要であり、これまた物理的理由で、同時に近い分類等の検索項目の検索に利用できる人数に限りがあるという欠点がある。日常的に資料が増加する図書館ではこの方法が唯一の方法であったが、古書のように一度目録を編成すれば、余程のことがない限り改編の必要のない場合、あるいは一度に利用者が殺到するというような事態を想定する必要のない場合は、冊子体の目録とした方が有効な利用が可能となる。加えて、それを刊行して関係機関や関係する研究者に配布すれば、さらに有効な利用が可能となる。

冊子体目録の最大の利便性は一覧性にある。カード式でもパソコン式でも、表示される資料は現在検索している資料そのもののみで、その周辺については関係しないのが通例である。もっともカード式でも、分類目録では同じ分類の資料が、著者名目録では同一人物による著作物が、書名目録では関連する書名の資料が、それぞれ前後に存在するが、一々カードを繰らなければならないうえに、一度にそれらを比較することはできない。しかし冊子体目録では、開いたページに含まれる資料は同時に検索の対象となり得る。これゆえ、少しでも多くの資料を同一のページに収容することができれば、それだけ一覧性は向上することとなり、目録としての能力を向上させたこととなる。

パソコン式目録　現在主流であるパソコン式は、それこそ大海中の一粒の砂を見つけ出すように、あやふやな情報のみからでも目的の資料にたどりつくことができる非常に便利な方式である。しかし、これは、現在一般に通行している資料は、その書誌情報が細かく規定されているから、可能な方法であって、古書のようにすべてが一点物の資料では、有効に能力を発揮することはなかなか困難である。加えて、カード式目録の欠点である、同時に多人数が検索する困難さが、パソコン式ではさらに増大する。カード式では多くの利用者が近い分類・書名・著者名・件名のカードに集中することは考えられるが、身動きが取れないというほどになることはまれである。ところがパソコン式では、広いスペースを必要としたカードの情報がパソコンの中にすべて取り込まれているので、どんな小さな情報を検索するにも一台のパソコンが必要となり、利用者の数だけとはいわないまでも、検索を待たせないためには、かなりの台数の設置が必要となる。もちろん古書の場合も、同一の書名・著者名・旧蔵者名・出版者名・出版地・装訂・判形など特異な基準で検索を実施する場合は、非常に有効な手段であるので、パソコン式の利便性を否定するものではないが、それらの情報も正確な冊子目録があって始めて実現することである。

内閣文庫方式の目録法　ここで、内閣文庫方式の目録法の特徴を簡単に紹介する。

内閣文庫の目録の特徴は、資料自体に含まれている、その資料を特徴づける情報――例えば、書名、テキスト、巻数、編著者名、刊写の別と時期、刊写者、刊写地、冊数、形態、伝来等――のみを選び出し、それをできるだけ簡潔に表示しながら、その資料がもつ性格を、的確に語らせようとするところにあるといえる。

表示の形式は、次の通りである。

標　目　内　容　管　理

書　名　（別書名）（テキスト）巻数
　　　　編著者名　刊写年（刊写地・刊写者）　源流　数量　請求番号

この簡潔な表記の特徴を、さらに有効に発揮させるために、一覧性の確保がある。細かく指定された活字の組指定によって、資料の三要素——書名・内容・管理——を三段に分解し、それぞれの項目が一覧できるように、各項の組版の開始位置を、原則として一定としている。これによって、書名だけを比較することも、内容だけを比較することも、旧蔵・伝来だけを比較することも可能である。本文を、大活字の書名部分と小活字のその他の部分の二段組にすると、長い書名や一資料に関する内容（目録の二段目）が複雑な場合は、記述が数行にわたり、横幅が広くなるという難点があるが、右から左への自然な目の移動の範囲内であるため、視覚的に情報を把握するのに不自由はない。そして「同」字を多用することによって、出来るだけ記述を簡略化し、読まなければ獲得出来ない情報を少なくしている。

内閣文庫は、江戸幕府関係の蔵書を引き継ぐとともに明治政府の各機関が所蔵していた蔵書を一括集中管理する機関として成立した図書館であるため、行政上の基本的な図書類——辞書・法令集等——は、それぞれの機関が所蔵するばかりでなく、同一の機関でも重複して所蔵されており、同一書でかなりの部数におよぶものがある。また、四書五経・正史・『通鑑』や作詩・作文のための韻書・字典等は、江戸時代の知識人の必須の教養として重視されたため、やはり幕府のいろいろな機関から重複して入蔵している場合も多い。このように、同種・同一の資料を目録化する場合には、「同」字による対応が、非常に有効である。これらを一々独立して記述すると、単にスペースを必要とするばかりでなく、記述の全部を読み終えなければ前掲の資料と同一のものか異なるものかの判断を下すことができないという、時間的無駄を利用者に要求することとなり、延いては検索の意欲を殺ぎかねない結果ともなる。同じ書名のものは、書名の部分を「同」に、かつ同じ内容になるものは中段を「同」にすれば、一部の書が僅か二字の「同」で表現することができることとなる。そして利用者は、「同」字で表現されている限り各本の異同を確認する必要もない。なお、同版本の場合は、中段も「同」にすることができるが、異版本の場合は書名が同じで「同」で表現しても、内容の部分は一々記述することとなっている。これは、各本が版を異にしていることを示すためのもので、同版のものに「同」字を用いるための布石でもある。さらに徹底していることに、ページが改まった最初からで

（一）書　誌　學

			冊	函	号
辨疑書目錄	三巻 中村富平　寶永六序刊	修	一	二八	一三三
同	同	農	一	二八	一三四
同	同	内	五	二八	一三六
同	同(寶永七印)	学	一	二八	一三五
活版經籍考	(狩谷棭齋藏本) 二巻 吉田漢宦(篁墩) 寫		一	二八	五〇
右文故事	(淨書本) 御本日記附注・御本日記續錄各三巻 御寫本譜二巻御代々文事表五巻御代々御詩歌二巻慶長勅版考一巻 近藤守重(正齋) (文化)寫	昌	一〇	二八	六四
同	(淨書本) 存御代々文事表五巻御代々御詩歌二巻慶長勅版考一巻 近藤守重 (文化)寫		八	特二二	一八
同	御本日記附注・御本日記續錄各三巻御寫本譜二巻御代々文事表五巻御代々御詩歌二巻慶長勅版考一巻合一六巻 近藤守重　寫	内	一六	二八	四六

（一）周　易

			冊	函	号
周易大文	二巻 朝鮮刊	林	二	二七三	二四
周易	(新刻校正平假名附本) 二巻 後藤世鈞點 中根容校　弘化三刊	昌	二	二七三	八
同	(新訂音訓本) 二巻 東條詰點　安政五刊	昌	二	二七三	九
同	(森志著錄本) 九巻周易略例一巻合一〇巻 魏王弼・晉韓康伯注 (略)魏王弼撰 唐邢璹注 室町寫	江	五	別四三	七
同	六巻 魏王弼注　慶長一〇刊(古活・伏見版)	林	六	別四三	六
同	(三經晉注零本) 三巻周易畧例一巻 魏王弼・晉韓康伯注 (畧)魏王弼撰 唐邢璹注 明末刊	林	五	二七三	一〇
周易正義	一四巻 唐孔穎達等奉勅撰　民國二四刊(影宋)		四	二七三	九〇
同	(森志著錄本) 一四巻 唐孔穎達等奉勅撰　室町末寫(王月軒)	江	七	別四六	二
周易注疏	(越刊八行本)(森志著錄本) 一三巻 魏王弼・晉韓康伯注 唐孔穎達等奉勅疏　室町寫	林	一五	別四六	三

国書分類目録（上）と漢籍分類目録（下）

も「同」字を使用することがある。その箇所だけでは具体的な書名や内容が不明で、一見不親切のようであるが、その本意は、当該書より以前に、当該書と同一の書名あるいは内容の書が掲載されていることを利用者に案内し、当該のページだけでなく、前のページも参照させようとするところにある。このように、複数の資料を「同」の一字で表現するためには、複数の資料が、単一の系統で繋がっているとの強い確信が必要である。あらゆる要素を検討して始めて「同」字の使用が許されるのであるから、できあがった目録が示す簡潔な表現は、そこに至る煩瑣な作業の成果でもある。

このようにして編修された内閣文庫の目録は、内容の正確さと一覧性の確保という、ある意味相反する要求を実現した目録ということもできる。

ただ、この目録をデジタル化する場合には、問題がある。既述したように、パソコン式目録では、資料の一つ一つが独立した存在であるから、前後を無視して分解され入力されるので、「同」字で表現された情報は、解読できないこととなる。そのため、最近では、カードを採ったり、冊子目録を編成したりすることなく、直接パソコンに入力してしまう方法も実行されているが、それでは、一部の書の情報が如何に正確であっても、各書間の関係を正確に表現することは難しいと言わざるを得ない。それ故、筆者が担当する目録は、国立公文書館以外の機関のものであっても、単に採録の順に記述するのではなく、分類を施した内閣文庫の目録と同じ分類目録の形態で提出することとしている。

内閣文庫目録の改訂　内閣文庫の目録は、内容・形式ともに、この種の目録の中では、他の範ともなりうるものと自負している。中心となってこの編集作業に従事した福井保氏は、昭和二十九年（一九五四）に着手、三十七年に編纂の実務が終了するまで、三十一年に漢籍目録を、三十六―三十八年に国書目録を刊行したが、およそ四五万冊の和漢の古書の目録を、ほぼ二年おきに刊行するためには、必ずしも十分な調査のための時間を取ることはできなかった。このため、不満とする所も少なくなかったと思われる。筆者が現職に就いた時、すでに退職されていた前任の福井氏のお宅を訪ね、筆者がこれから従事する仕事の内容などについて事務引継を兼ねてお話しをお聞きした。当時の懸案事項についてもいくつかの申し送りがあり、その一つに現行目録の改訂も含まれていた。筆者が就職した当時、五十一年に刊行された『改訂内閣文庫国書分類目録索引』のみ、まだ在庫があった。しかし、それも間もなく品切れとなって以来、内閣文庫の主要目録である国書と漢籍の目録は、品切れのまま現在に至っている。今までも、改訂版目録のままの影印複製版の刊行を希望する出版社もあったが、再版は本格的な改訂の完了後と考えていた筆者は、その申し出を断ってきた。それだけに余計改訂は急がれたはずであるが、日常に流され、なかなか着手できなかった。

平成五年（一九九三）、筆者の停年まで一〇年を残すに至って、以前、改訂作業の分担を同輩と決め、筆者の担当となっていた漢籍に関して見直しを始め、その結果を館報『北の丸』の第二六号から掲載することとした。作業は至って単純で、目録の記述と現物の間に齟齬がないかを確認することで、もし異同があれば自らの判断で正しいと思われる記述に訂正することであった。それゆえ、刊行目録の凡例中に「古書の出版者、印刷者の判別はむずかしいものである」として出版者名は特別な場合を除いて記入していないのを、全点を確認する機会を持ちながら補記することをしなかった。今さらながら残念に思っている。この見直しは、結局、在籍中には終了できず、停年後一年間、調査員という名目で勤務を許され、平成十六年十月に刊行された第三七号に掲載した「補訂稿（十二）」で完了した。

実際の作業は既述のように目録の記述と現物との対照であったが、その結果、配列の順序の訂正、即ち刊・印・修の区別および同じ版の中での刷の順序については、特に意を用い、判断の根拠を明確にするため図版を多用したので、報告掲載誌の印刷業者には面倒をかける結果となった。また、「叢書」と呼ばれ、大部の書が総合書名の下に一括されているものは、漢籍ではその構成が一様でなく、所収の書物に出入りがあることが多かった。それゆえ、叢書名のみが判明しても、求める書が果たして含まれるのか、含まれるとしても何冊目にあるのかなど、その取り扱いが甚だ面倒であったので、一々の「叢書」について、伝本ごとに所収の書名と冊次を一覧した。これによって検索はかなり容易になったと考えている。

見直しは終了することができ、その結果は『北の丸』誌上に報告しているので、利用者にもこの結果を伝えることは可能とは思うものの、これのみでは不十分で、やはりこれらの改訂の成果を組み入れた新しい目録の刊行がぜひ必要である。しかし、これも、筆者の手で実現することはできなかった。

内閣文庫漢籍分類目録の初版と改訂版　ここで、昭和三十一年（一九五六）に刊行された『内閣文庫漢籍分類目録』と同四十六年に刊行された『改訂内閣文庫漢籍分類目録』との関係について記しておくこととする。

この二つの刊行に、ともに筆者は直接係わっていないが、利用者からは、何故改訂したのか、どこが改訂されているのか、何故準漢籍が改訂版では漢籍・国書両方の目録に収録されているのかなどの質問を受けることも少なくなかった。筆者の知り得る範囲でそれらのことに答えることとする。

準漢籍の扱い　目録の編纂は、漢籍から始まった。その漢籍も、早く文庫の有に帰したものは、一応不完全ではあるもののカードが整備されていたので、それを基礎に作業がすすめられたが、当時の内閣文庫では準漢籍は日本人の著述物すなわち国書に分類されていたので、準漢籍については一からの作業が必要となり、『内閣文庫漢籍分類目録』の刊行に間に合わすことができなかった。これゆえ、旧版では、準漢籍の目録は後れて刊行された『内閣文庫国書分類目録』に附載せざるを得なかったのである。しかし、準漢籍の利用者はそのほとんどが漢籍の利用者と重なるので、利用の便から改訂版では漢籍目録にも附載することとしたのである。併せて旧版の漢籍目録に漏れた若干についても、改訂版では「補遺」として附載することとしたが、未整理の状態にあった戦後入蔵したものは、この中に含まれなかった。

改訂版刊行の理由　改訂版の本文は影印で複製されたので、修正は象眼によるしか方法がなかった。この方法では加除の文字数が同数でなければならず、分類・排列の訂正をはじめ、記述の大幅な改訂は困難であったので、改訂は記述の最末となる出版事項の訂正や源流欄のように独立した箇所の訂正や補記が中心となった。それ故、本質に係わる大幅な改訂は実施されておらず、旧版があればわざわざ改訂版を求める必要はないとの話も聞いた。

それではなぜ改訂版を刊行したかであるが、第一の理由は、この目録は、学界にも好評裏に迎えられ、たちまち品切れとなり、再版を望む声が多かったことである。加えて中華民国（台湾）における不正出版（海賊版）の発生がある。

中華民国五十九年（一九七〇・昭和四十五年）、台北に所在する進学書局は巻頭の序二編を除く以外、凡例・後記も日本語のまま、索引も五十音順のまま、一切手を加えない影印版を刊行した。当時中国および中華民国はジュネーヴ条約に未加入で、著作権意識など現在以上に希薄であったので、本文が漢字のみで記述されている漢籍目録の使用に何ら支障のなかった中国人にとっては、中国にも存在しない多くの資料を所載している内閣文庫の目録が入手困難であれば複製しようとするのは、ある意味当然の成り行きかもしれない。それに抗議する手立てを持たない内閣文庫では、「改訂」と銘打つ新版を刊行することによって、旧版の価値を低下させ、これ以上の旧版の普及を押さえようとしたのである。

海賊版漢籍目録　右の事情は、ある程度承知していたが、複製された目録の現物はずっと見たことがなかった。平成二十三年（二〇一一）六月、大阪の古書店の目録に本書を発見、早速注文し、現物を見ることができた。複製本の奥附には「版権所有／翻印必究」とあり驚かされるが、「本書只限台湾発售」ともあるのは日本への持ち込みを憚る気持ちはあったのであろう。

複製本の底本は日本人の所有にあったらしく、刊写の時期を訂正するらしい書き入れが若干見られ、それも影印されているが、筆者の改訂ではその指摘は確認されていないので、何のための、何を根拠の補記なのか、判然としないところがある。複製本の印刷は比較的鮮明で、目録としての使用に支障はないが、中国書の常として紙質が悪く、一部欠損しているため、文字が欠落している部分（例えば、五一五—五一八頁）もある。もっとも、これは筆者の入手した目録の状態であって、もっと良いものも悪いものも存在することであろう。

新版目録の希望　最近は経済活動の低迷に伴い古書価も下落の傾向にあるが、それでも内閣文庫の漢籍目録は五万円以上、国書目録は十数万円に達している。手もとにおいて気軽に利用できる価格で

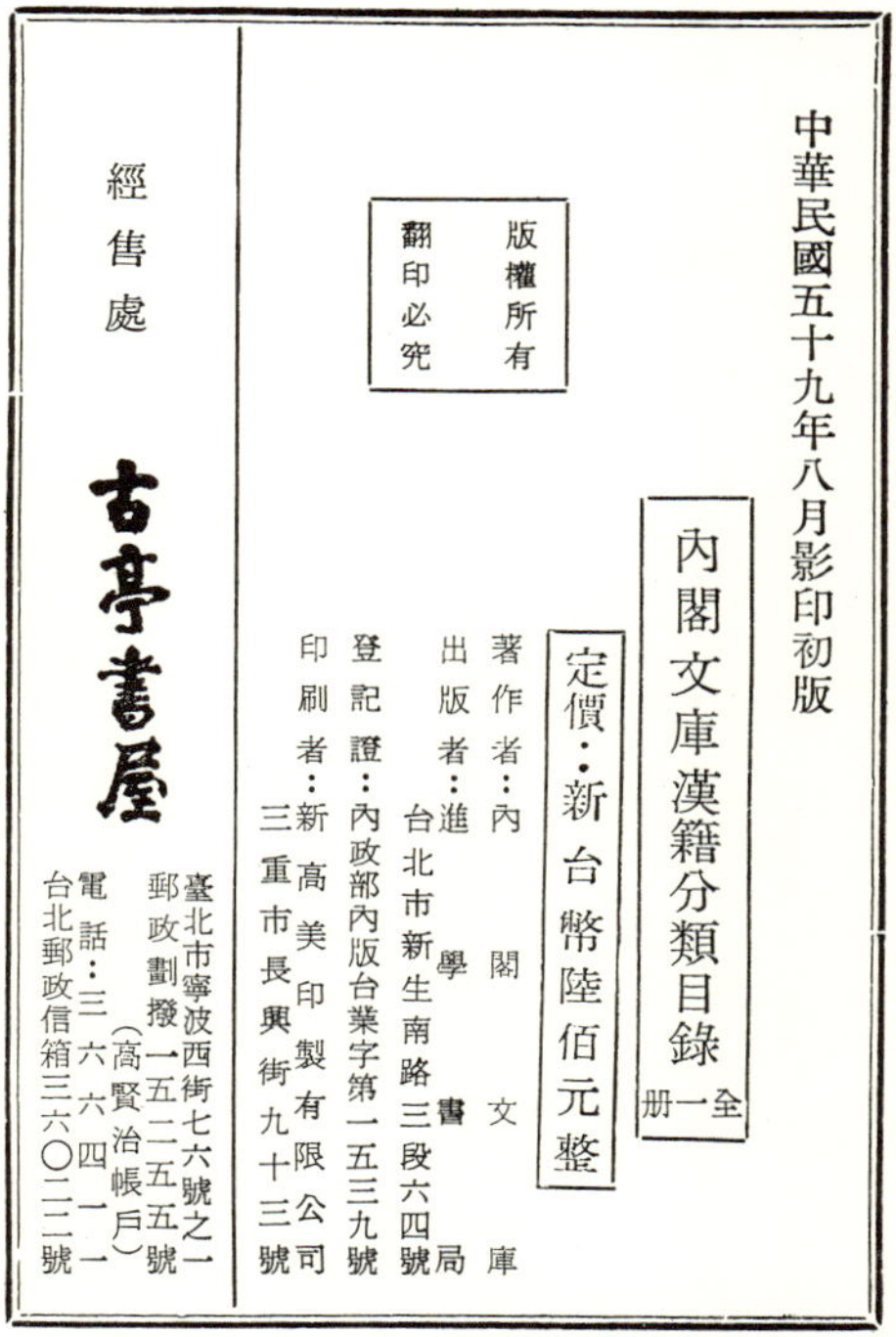
中華民國五十九年八月影印初版

內閣文庫漢籍分類目錄 全一冊

定價：新台幣陸佰元整

版權所有　翻印必究

著作者：內閣文庫
出版者：進學書局
台北市新生南路三段六四號
登記證：內政部內版台業字第一五三九號
印刷者：新高美印製有限公司
三重市長興街九十三號

經售處　古亭書屋
臺北市寧波西街七六號之一
郵政劃撥一五二五五號（高賢治帳戶）
電話：三六六四一一
台北郵政信箱三六〇二二號

（本書只限台灣發售）

海賊版奥付

ない。新版を刊行するにしても、利用しやすい価格を実現することは困難で、要求にこたえてくれる組み版の技術が存在するのかなど、問題が山積している状態である。それでも、まだまだ世間には整理を待っている古書は数多く存在している現状では、その作業の最も基礎となる内閣文庫の目録の普及のために、何とか新版が日の目を見て欲しいものと切望している。そのために筆者が協力できることがあれば、その努力を惜しまないつもりである。

四　装備・排架

装　備　受け入れされた資料は公開のための目録を作成するのと並行して、実際に閲覧に提供するための準備――装備――が加えられる。具体的には蔵書印の押捺やラベルの貼附がそれに当たる。古書資料は、記述されている文字情報のみでなく、使用されている用紙や装訂までもが資料としての価値を持つものであるから、蔵書印やラベルによって重要な情報が滅失されることのないようなるべく小さなものを準備し、それらの位置にも十分配慮し、統一性よりは臨機応変な対応が重要である。

蔵書印　将軍でもない限り、所蔵する資料の所有を主張するために蔵書印を捺したりラベルを貼ったりすることは通常の行為であるが、これを貴重な古書資料を痛める行為とみなす意見もあり、かつて名指しはされないものの内閣文庫と思われる文庫の蔵書印について非難された研究者もおられた。事実文庫の資料の中には、必要以上に大きな印を、資料の文字に掛けて捺されている――もっとも文字に掛けて捺すのは、正しい蔵書印の捺し方ではあるが――例を見ることができる。

ラベル　ラベルには一般に台帳に登録された原簿番号・書名に代わる書架番号・冊次番号が記録される。図書館によっては、一冊一番号とするところもあるが、一部一番号とした方が管理が容易である。複数冊ある書物の場合、一冊一番号とすると、一部の区切りが明確でなく、ある一冊が、一冊の単独本か、複数冊の一部かの区別が定かでないので、閲覧で特定の冊次を請求された場合など、特定に手間取ることとなる。一部を一番号とし、それに冊次番号を加えると、困難な文字を判読しなくとも、機械的に処理ができ、巻次の順に資料を整理するのも容易となる。さらに紛失が生じた場合も具体的に紛失の冊次を確認することができるなどの利点もある。

排架　装備を終えた資料は、閲覧の請求があるまで、書庫に収納される。新書は、その特徴である堅い表紙を持つことにより、立てて排架するのが一般であるが、古書は表紙が薄く、立てることができないので、平積みと呼ばれる、平たく寝かせて積み重ねる方法が採用されている。この方法は、下の方におかれた資料を請求された場合は、出納に手間取ることのほか、上にある資料を掻き分けて取り出すために、資料に負担を掛けることとなり、保存の面からも必ずしも有効な方法ではない。しかし古書の閲覧頻度はきわめて低いこともあり、出納に十分注意すれば、安定的に排架することができるこの方法は、有効な収納方法といえる。この場合も、単純に分類番号順に排架すると、一つの山の中で大小が上下することもあり、安定的な保存が困難となるので、下から上へ、大から小へ積み重ねることが必要である。故に、ラベルには実際に排架される書架番号を記入することとなり、開架書架の新刊書のように分類番号と書架番号が一致することはない。

五　閲　覧

古書閲覧の注意　図書館の資料は利用されることによってその存在価値を発揮するものではあるが、古書は誕生してから少なくとも一〇〇年以上経過しているために劣化が進んでおり、加えて、もはや新しく生まれることのないものであるから、その取り扱いについては万全の配慮が必要である。

筆者が在職中の公文書館の閲覧室の入り口には、「閲覧の心得」と題して、資料を取り扱う場合の注意事項が掲出されていた。それは、資料を汚したり傷つけたりしない、閲覧に必要でない私物を持ち込まない、他の利用者の迷惑となる行為を慎む、係員の指示に従うというような、しごく当たり前な内容であるが、もう少し具体的に見てみよう。

資料を汚したり傷つけたりしない　その資料が生み出されたころに、その時代に生きた人々によって書き込まれた書き入れ、附箋、挿入紙、時には折り曲げも、当時の人々の考え方を知る情報となり得るから、消したりはずしたりしてはならない反面、後人の理解を誤らすような情報を自分の所有物でない資料に勝手に加えてはならない。資料を破く等は問題外であるが、敷き写しによって資料を汚すようなことがあってはならない。資料は利用されることによって確実に汚損し、劣化するものであるから、できるだけ触れないことが理想ではあるが、それでは資料として存在しないのと同じであるので、手の汚れや皮脂が資料に附着することを避けるために、利用の前の手洗いは是非必要である。一般の和装本の版心と呼ばれる折り目には、書名・出版者名・丁次・刊年・刻工名等の記入があり、江戸時代の小説類の場合はここにしか書名がない場合もあり、非常に重要な部分であるので、汚さないことはもちろん、なるべくこのような情報のある部分には手を触れないようにすることが必要である。用いる筆記用具は、誤っても資料に回復不能な損傷を与えないために、必ず柔らか目の芯の鉛筆を使用すべきで、いかに慣れていてもインクや墨は用いてはならない。シャープペンシルも芯が折れやすく、折れた芯が資料の中に残る恐れがあるとの理由で、普通の鉛筆以外の使用を禁止している所もある。

資料を扱う際の注意　資料は、長期にわたり不良な状態で保存されてきたものが多いので、不衛生になりがちである。自身のための利用後の手洗い・うがい、時にはマスクや手袋の着用も忘れないようにしなければならない。

施設を利用して閲覧する場合は机等が準備されているが、そのような準備がないところで資料を利用する場合の注意事項を念のため附記しておくこととする。

資料を展げる場合は必ず安定した場所で行い、机などがない場合は広目の板など堅いものの上に展げるようにしなければならない。片手で持ち上げたり、丸めたり、ページを捲るために指に唾を附けたりするのは、最も慎むべき行為である。個人の資料を拝見する場合など、訪問に際し出されたお茶などは片付けた後に資料を出さなければならない。古書を整理していると、湯飲み茶碗や焼け焦げの跡を見ることがある。犯しやすい過ちではあるが、心しなければと自戒の念を強くしている。

閲覧に必要でない私物を持ち込まない　閲覧に直接必要でない外套・カバン・傘・携帯電話などは閲覧室に持ち込まない。

かつての古典図書館の大部分は施設が貧弱なうえに火災を恐れ火気を遠避けたため、冬季は閲覧室が寒くて外套を着なければ耐えられないということもあったが、最近の閲覧室は空調が整っているので外套等の着用の必要はない。資料を隠して持ち出すかと疑われるような行為は避けるべきである。傘も資料を濡らす恐れがあるので、閲覧の場所には持ち込むべきでない。携帯電話は通話等が他の閲覧者の邪魔になるだけでなく、カメラ機能によって資料の撮影が可能であり、その持ち込みは無許可撮影を疑われかねないので、閲覧場所への持ち込みは慎むべきである。閲覧に必要な筆記具や対校のために必要な自身の資料などは事前に閲覧係に説明し、承諾を得てから持ち込まなければならない。持ち込むことが許された私物も透明な袋に入れて、係員がいつでも外から確認できるような状態にすることを要求する機関もある。

他の利用者の迷惑となる行為を慎む　よい意味で研究に没入する余り、自分勝手な行為や要求をする利用者が存在する。自分では気づかない場合もあるので、注意する必要がある。

係員の指示に従う　以上の注意は、利用を希望する以上、当然遵守すべきであるが、利用に没頭する余り、約束を忘れ係員から注意を受ける場合がある。この場合も利用を継続したいのであれば指示に従うべきである。ただ、係員の中には規則に従わない指示を行う者もいるかもしれないが、その場合は、別途、館に異議を申し立てることは当然である。ただ、閲覧室で係員と対立することは得策ではない。

いずれにしても、このような注意は古書に限ったことではないが、利用者はそれを了解し守ることが利用の大前提となり、この約束が守られない場合は、このような資料を利用する資格のないものとして、利用を停止されたり、退館・退室を命じられたりしても、異議を申し出ることはできない。一方、この規則は、利用者のみに課されるものでなく、同じ古書資料を扱う所蔵者側も遵守すべき規則である。いずれにしても所蔵者はこれらの約束を利用者に事前に充分周知し、違反する者は即刻退席させるくらいの気構えが必要である。何か問題が起こってから、あるいは問題になりそうな行為を始めてから注意するのでは、かえって利用者との間にトラブルを招く危険がある。丁寧な対応と毅然とした対応は矛盾するものではない。

閲覧係　閲覧係は施設と利用者が直接接触する最前線の職場であり、そこでの対応の善し悪しが施設のイメージを決定するともいえる。それゆえ、単に資料を管理する立場からのみ担当者を決めるのでなく、資料の内容を熟知した人物を配することも必要である。この種の機関の利用者は、いわゆる専門家と称される人々であるから、発せられる質問も回答が容易なものではない可能性が高い。このとき的確に対応できてこそ専門図書館と称することができるのである。しかし、実際は管理の面が重視され、一般図書館でレファレンスと呼ばれる面が軽視されている。筆者は就職の初めから閲覧の仕事には就けてもらえず、臨時に入るだけであったが、閲覧係の席にいると利用される資料の傾向が知られ、どのような資料が求められているかを知ることができるうえに、自身では利用を考えないような資料でも、閲覧の請求による資料の出し入れで見ることができるなど、思わぬ効用があるものである。同僚には閲覧の係に出ることに固執している者もいたほどである。

六　保　存

資料を良好な状態で後世に伝えるためには、完全な施設と管理体制の確立が必須である。

施設　国立公文書館の書庫は、年中を通して、気温は摂氏二二度、湿度五五％に保たれている。この条件が和紙に限らず資料の保存に最適といわれている。外気の出入りが自由な——害虫や埃の侵入が自由な——旧来の書庫は問題外であるが、外気との機密性が保たれている状態であれば、和紙は保存に適した材料であるので、この条件はそれほど神経質になる必要はない。

もう一点、紫外線の問題がある。公文書館の書庫は外光の入らない地下にあるが、照明に使用する蛍光灯から褪色力が強い紫外線が発生し、蛍光灯に近い一番上の冊に貼られたラベルの文字などは見えなくなるほどに薄くなっている場合がある。紫外線を発生しない照明に交換するとか、閲覧室の窓ガラスなどには紫外線を遮蔽するフィルムを貼附するとかの対応が必要である。

かつて貴重な資料は函（箱）に入れて保存されていた。これについてはすでにⅡの64で紹介したが、さらに後述することとする。

内閣文庫の書庫　筆者が国立公文書館に就職して先輩に書庫を案内してもらった時、出火の際の注意を聞かされた。紙で作られた資料を保存する書庫では火災が発生しても水で消火することはできないので、炭酸ガスを書庫に充満させて燃焼の三要素の一つである酸素を追い出し、結果として燃焼を停止させるという方法が採用されている。この場合、確かに火は消えるが、書庫内に人間がいた場合は人間も呼吸ができなくなり死んでしまうこととなるので、火災の発生を知らせるベルがなった場合は、直ちに書庫から退出するようにいい聞かされた。担当者は書庫内の人の退出を確認してガスを噴出させるのであるが、確認にそれほど時間をかけることはできないので、避難が遅れた場合は「諦めてください」といわれた。冗談めかしで、係員の補充はできるが資料には補充できないものが多いとのことであった。幸い在籍中にそのような事態に遭遇することはなかったが、書庫各階の機密性の向上や使用するガスの改善などが実施され、係員の安全性は多少は向上した。ただ、書庫の中から火災が発生することは常識的に考えてあり得ないことで、発生するとすれば、多くは事務室や機械室などからであろう。ここから出火した場合はスプリンクラーなど水を使った消火となり、その水は地下にある書庫に流れ込むこととなる。書庫棟と事務棟とは完全に分離した設計でなければ、人命を賭したガス消火も無意味となってしまう恐れがある。その点、皇居内の旧内閣文庫の書庫は事務棟と分離されており理想的であったともいえる。

強制的に書庫内の条件を一定に保つためには、空調設備の通年稼働が必要であるが、これには費用の面で問題があった。閲覧が終わって書庫を施錠した後は、ほとんど温湿度の変化がないので、後には、夜間の稼働を停止することとした。昨今の状況では一層厳しいものとなっているであろう。宮内庁書陵部の書庫のように、自然換気でも書庫内の条件を良好に保つ工夫も参考にすべきであろう。

不必要な照明を無くすためには自動点滅装置の採用が考えられる。公文書館にもこの装置が導入され、書庫に人がいなくなってしばらくすると、自然に照明は切れることとなった。しかし、書庫内で資料を読むことに夢中になって暫く動かないでいると自然に照明が切れ真っ暗になり、慌てて体を動かし人の存在をアピールしなければならないのは面倒なことであった。それに、入室すると一室全部が点灯するという欠点もあった。通路の豆球だけ点灯させ、必要な部分は人間が点灯、消灯を忘れた場合は、一定時間後自動的に消灯するようにしてはと進言したこともあったが、いろいろ難しいこともあったようで、実現しなかった。省エネが叫ばれている現在、どんな改良が加えられているのだろうか。

点検　施設等の条件が整っても、実際に資料が良好な状態で保存されているかどうか、常に確認が必要である。これを蔵書点検と称している。江戸時代、紅葉山文庫では風干と呼ばれる、衣類の虫干しのように実際に風を当てる作業が実施されていた。内閣文庫となってからも、毎年、学校の夏休みごろを利用して蔵書点検が行われていた。本来、虫干しは大気の乾燥した時期を選ばなければならないが、現代では空調が実施された書庫内に保存されているので、天候に左右されることは少ない。それよりも点検作業の作業員の確保しやすい時期を選ぶほうが重要である。図書館短期大学が都内にあったころまでは、その学生さんを採用していた。新旧の違いはあっても図書に関心のある人たちであるし、古書に触れることは将来の図書館人として貴重な経験にもなると考えたからである。そんなこともあり、比較的安価な賃金で作業に参加してくれた。同大学が四年制大学となって筑波に移った後は交通費が出せないこともあり、都内の大学の学生や紹介者を採用したが、何年も参加してくれる人も多く、一々説明しなくとも効率良く作業するばかりでなく、新人の指導にも当たってくれた。

点検作業は、二人一組となり、一人がカードにある請求番号と冊数を読み上げ、もう一人が現物を確認、異同があれば、記録するというのが主なものである。筆者が就職したころは、実物のカードの入った棚を持ち出し、それを一枚一枚繰りながらの作業であったが、文庫のカードケースは通常の倍近い長さがあって扱いにくく、作業者の負担となり、能率も上がらなかったので、途中からは確認すべき情報のみをリストアップし、毎年の調査結果を継続して記録できる用紙を作成した。これによって肉体的負担が軽減されたばかりでなく、所在不明等の事故が何時発生したか、それが何時解決したかなどが一見できるようになった。確認に費やす時間が軽減された分、保存状況——痛みの程度など——も記録し、どの資料から補修を加えるかの参考としたり、古書以外の資料を点検したりした。

媒体変換　資料を良好な状態で保存する最良の方法は、何もしないでじっとしていることではあるが、それでは、図書館の役目を果たすことはできない。次善の策として原本に記録された情報のうち主として文字情報を、異なる媒体に変換することにより、原本資料の損耗を防ぎ、より長期に原本の保存を図ろうとする考え方がある。この方法には、内閣文庫でも実施してきた「影印版」と呼ばれる複製本のほかに①マイクロフィルム化、②マイクロフィッシュ化、③シートフィルム化、④紙焼本、

⑤電子化などの方法が考えられる。

マイクロフィルム化　筆者の在職中はマイクロフィルム化が主流であった。マイクロフィルムはかなり長期の保存が確認された媒体であり、作成技術の完成度、低価格に加え、解読・複写等その利用が比較的容易であり、その他の方法の基礎的な技術でもある。

しかし、この評価が定着したのは比較的最近のことで、それまでは、長期の保存が可能といわれながら、実際は二、三十年でフィルムの表面がベタつき、変形して波打ち、酢酸臭を発する等、駄菓子の酢昆布そっくりの変化（vinegar syndrome）が現れ、使用が不能となることがあった。

平成七年（一九九五）九月にワシントンで開催された国際公文書館会議の大会への参加を許された時、ユタ州ソルトレイクにあるモルモン教の運営する系図協会が設置する花崗岩をくりぬいた巨大な保存庫を見学する機会に恵まれた。そこでは、フィルムのこの変化を予防するために、教団の信者の奉仕活動によって計画的にフィルムへの風入れのための巻直しが実施されていたほどである。

〔**餘録**〕　マイクロフィルムの活用について珍しい資料があるので紹介しよう。

平成三年（一九九一）三月二十七日、国立国会図書館は「新聞の保存と利用」をテーマに、第二回「資料保存シンポジウム」を開催した。際限無く増加する定期刊行物と呼ばれる資料の中でも、新聞は紙質が劣り、加えて大判のために保存に多大のスペースを必要とするなど、いずれの機関でも保存か、廃棄か頭の痛いところである。その解決策として、現物を保存するための「集中型」と「分散型」の考え方およびその留意点、マイクロフィルム・光ディスク・磁気テープ等を用いたメディア変換の必要性とその方法について紹介された。

後日、古書店の目録を見ていると雑誌類の中に「貴重な文書の保存に活動写真機の応用」なる見出しを発見したので早速注文した。送られて来た雑誌は、『科学知識』第一巻第二号（大正十年〈一九二一〉九月一日、東京、科学知識普及会発行）で、その六四〜六五ページに鴨居武工学博士による当該記事が掲載されていた。それによると、一コマが現在の三五ミリフィルムとほぼ同大で、現在のマイクロフィルム用のリールより小型で、約六〇〇〇コマが撮影できるとあった。我が国でマイクロフィルムの活用が本格化したのは太平洋戦争後といわれているが、関東大震災の以前に我が国へ紹介されていたにもかかわらず、普及に至らなかったために、その後の天災・人災で多くの資料が灰燼に帰したことを思うと、残念でならない。

この資料を右シンポジウムの報告者の一人富士フィルムの研究者にも見ていただいたが、その技術の先進性に驚かれるとともに、この資料についてはご存じなかったとかで、大変興味を示された。マイクロフィルム業界も、機関紙にこの記事を紹介し、関連する資料の提供を求められたが、筆者が聞きおよぶ範囲では、資料の提供は皆無であったとのことである。やはり雑誌の一隅の記事として終わってしまったのであろう。

マイクロフィッシュ化　マイクロフィルムはロール状のフィルムが使用されるが、マイクロフィッシュは、はがき大のフィルムにマイクロフィルムと同程度に縮小した画面を焼き付けるものである。マイクロフィルムと比べると、長所として、①マイクロフィルムが巻頭から順次閲覧しなければならないのに対して、自由に閲覧個所を選ぶことができる。マイクロフィルムを軸物とすれば、マイクロフィッシュは冊子体で、軸物に比べ冊子体が持つ特徴をマイクロフィッシュは持っている、②マイクロフィルムは一リールが数千コマとなり多くの資料が混在するのに比べて、マイクロフィッシュは一枚に収納できるコマ数が六〇程度であり、資料ごとに作成されるので、利用者が重複することが少ない、③保存に場所を取らない、などが考えられる。一方、短所は、かさばらない故に紛失の危険が大きく、慎重な保管が要求されることである。

シートフィルム化　マイクロフィルムもマイクロフィッシュも使用するフィルムが小さく縮尺率が高くなるので、極端に小さな文字や濃淡の強い写本や大判の地図等は十分な解読力を得ることが難しいが、これらの資料には大判のシートフィルムを使用する方法が有効である。すべての資料をカラーで撮影するのは費用の面から難しいが、必要な部分のみカラーとするなど、比較的対応が容易である。ただ、大型の地図等の撮影には資料を展げる時に細心の注意が必要である。

以上の三方法は利用に際しいずれも専用の器具を必要とし、肉眼での解読は困難である。

紙焼本　内閣文庫ではマイクロフィルム化した資料はマイクロフィルムで閲覧に提供するのではなく、マイクロフィルムから紙焼本を作成してそれを提供してきた。紙焼本とは、マイクロフィルムから印画紙に焼き付け、すなわち紙焼を作成し、それを元の資料と同じ冊数に綴じ分けたものである。以前は一コマ――一丁分――をＢ６判に、『大乗院寺社雑事記』以後はＡ５判としたので縮尺率は原本のほぼ五〇％となり、肉眼での解読が可能となっている。

199　六保　　存

紙焼本・表紙

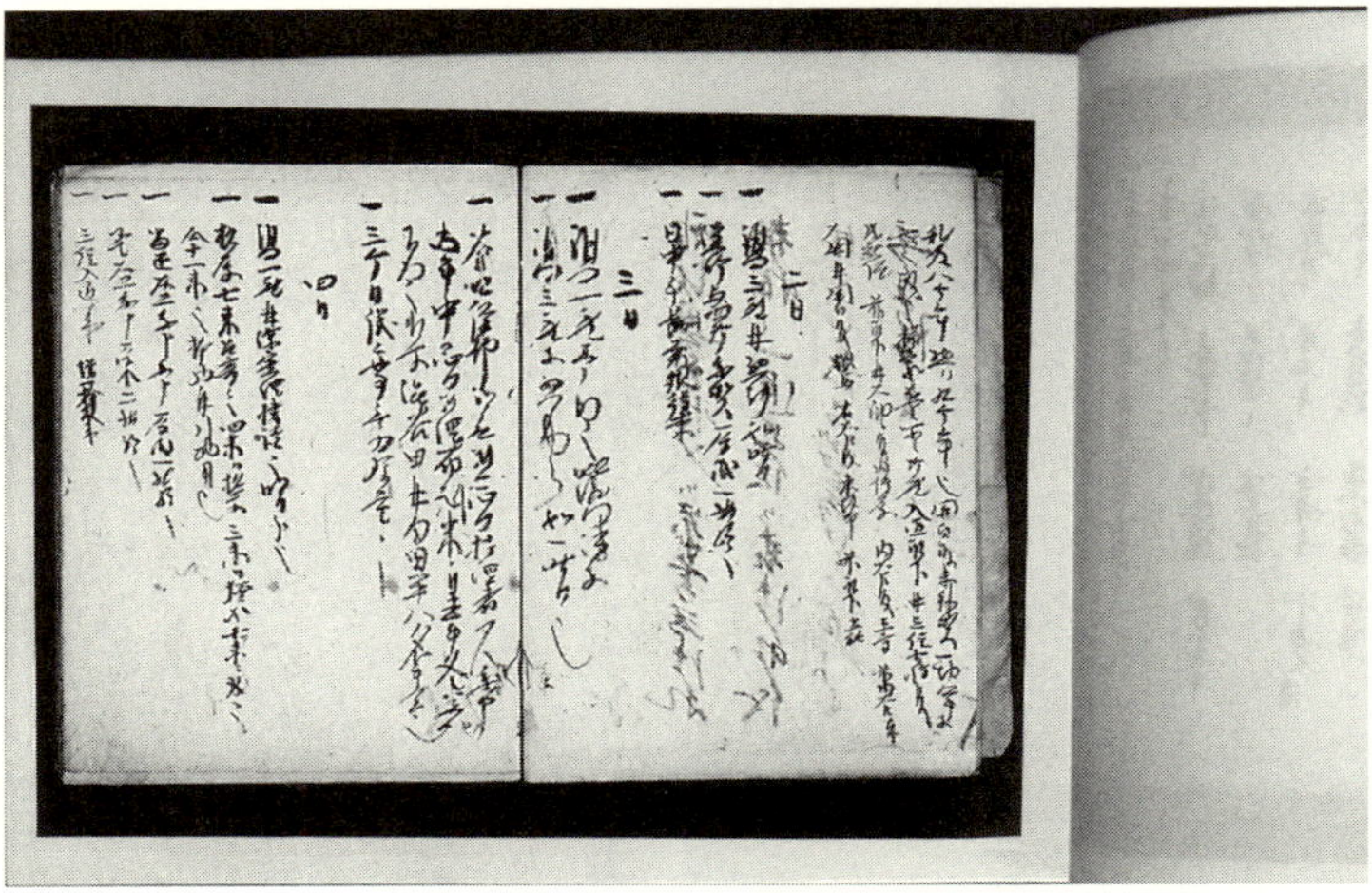

紙焼本・本文（見開き１丁分）

マイクロフィルムでは、あるリールを使用している閲覧者があると、別の閲覧者がそのリールに収録された別の部分の閲覧を希望してもかなわないことになる。ところが紙焼本ではもとの資料と同じに綴じ分けてあるので、他の閲覧者と同一資料を重複して請求しない限り閲覧できないということはない。文庫資料の利用者は比較的年配者が多くマイクロリーダー等の器具の利用が苦手な人もあり、また紙焼本は資料相互を比較する場合も容易であるので、この方法は喜ばれている。

公文書は、最初から一六ミリのカセット式マイクロフィルム化を実施し、閲覧もそれを直接利用する方法が採用されていた。公文書のように一点資料の場合は必要な部分に素早く到達できるこの方法は有効であるが、同種の複数の資料を比較して利用することの多い文庫資料には紙焼本による提供が有効である。複写の要求に際しても、一冊全部の場合を除き、この紙焼本からの複写で対応し、原本に触れることのないように配慮している。

問題点として、マイクロフィルム化と別に紙焼本を作成するための費用が必要なことがある。ただ、文庫には修復（製本、筆者はずっと整本と間違えていたが）係がおり、印画紙への焼き付け費用のみで、冊子への仕立ては自前で対応できたので、すべてを外注することに比べれば安価に対応することができた。修復係も、単に綴じるのでなく和綴じとするなど、凝ったところもあったが、最近では金属製の綴じ針が用いられている。これは安価で簡便ではあるが、時間の経過により針に錆が発生し紙焼きを腐食させたり、針が折れたりしてしまうこともあり、あまり薦められる方法ではない。

電子複写機による複写　「問題点として、マイクロフィルム化と別に紙焼本を作成するための費用が必要なことがある。」と書いた。この解決策として電子複写機の利用が考えられる。「古書資料の複写に電子複写機を使用しない」という考え方は、ほぼ定説となっている。それは、電子複写機を使用した場合、のど（袋綴じ本の綴じの部分）まで完全に複写するために、強く押しつけたり、強い光を当てたりすることが、本の保存のために良策でないからである。しかし写真撮影の場合も押しつけたり、光を当てたりするのは同様で、にもかかわらず写真撮影が推奨されるのは、一旦フィルム化すれば、その後はそのフィルムを利用して複写物を作成することができ、原本に触れることなく保存できるからである。複写の希望があるごとに電子複写をすれば、そのたびに強く押しつけ、強い光を与えることとなるが、電子複写機で上記の紙焼本を作成し、閲覧はもちろん複写の希望にも対応すれば、資料に対するダメージに大きな違いがあるとは思われない。フィルムも一旦作成すれば永久的に利用できるわけではなく、複写に利用するごとにフィルムを傷つけることとなり、いずれは再撮影が必要となってくる。古書の場合、閲覧要求がそれほど頻繁にあるとは考えられないが、紙焼本の損耗が懸念されるのであれば、複写の際に予備を撮って保存すれば解決できる。最近の複写機の性能は非常に向上しており、微妙な墨色や紙色の変化などを再現することは困難であっても、文字情報の判読という面では写真撮影と大差無いところまで来ている。撮影を専門家に依頼する必要がないので、図書館員が業務の余暇に、ほぼどこにでもある複写機を利用して作成することも可能である。

電子化　一般的にも資料の電子化によって多面的な利用が可能となるが、特に古書のように利用に特段の配慮を必要とする資料については、原本に直接触れることなく、場所を限っての拡大やネットワークを介しての遠距離からの利用など、あらゆる閲覧形態が可能となる電子化は、保存と利用の両立の面からも非常に有効である。ただ、技術・費用のほか、資料同士の直接的比較の困難性など問題も多く、大型の地図や褪色の心配のある図譜、重要文化財などの貴重書など通常の形態での閲覧の困難な資料や閲覧を制限している資料を中心に実施が試みられているのが現状である。

七　補　修

修復・保存・予防　古書資料は誕生してからすでに一〇〇年以上を経過しており、それだけでも種々の障害が生ずるものであるが、その間には致命的な天災・人災の被害はなくとも、日々降り積もる塵や埃のほかに雨漏り・鼠・虫・黴等の被害を受けている。これらの資料を少しでも良い状態で後世に伝えるためには、これ以上、被害が進行しないように保存条件に十分留意することはもちろんであるが、すでに発生している損傷についても、そのまま放置するのでなく、進行をくい止めるための措置が必要である。これが補修である。

補修には、資料を損傷を受ける以前の原状に復する修復、これ以上損傷が進まないように手を加える保存、損傷が発生する前に実施する予防がある。

修　復　係　内閣文庫には補修を専門とする職員（修復係）が常時二ないし四名配属されており、計画的に補修作業に従事していた。国立公文書館の独立行政法人化以前は、その職員は内閣文庫に属していたので、公文書の補修を便宜的に実施することはあっても、ほとんどは文庫資料の補修が対象となっていた。展示や貸出などで早急な補修が必要な場合を除き、毎年の点検で発見された破損本をリストアップし、職員の技術的レベルに合わせて割り振り、補修を実施した。

補修の方法　内閣文庫の資料は美術品のように美しく仕上げる必要はなく、情報が欠落することなく、これ以上破損が進むことがないよう現状維持を基本的な考え方に作業を実施した。情報の中には文字情報のみでなく料紙や装訂なども含まれるので、それらもきちんと保存されるように配慮していた。これらの作業は、資料の破損の程度によって、入紙・虫かがり・全面的裏打ち等伝統的な技術を用いて実施されたが、公文書館では、漉嵌機《すきばめき》（reaf casting）と呼ばれる機械を用いた方法が、主として公文書を対象に実施されていた。この方法は特別の技術や経験を必要としないことが謳われてはいるが、実際の作業は決して簡単なものでなく、担当者に聞いても、充塡材の調合はなかなか難しく、能率の面からも従来の全面的裏打ちなどの方法と大きく差が出るほどではなかった。この方法はヨーロッパで開発されたことでもわかるように、肌理の細かい洋紙の両面に印刷された資料が虫損等で欠落した場合に、その欠落部分だけを補うためのもので、和紙のように肌理の粗い場合は、全体に和紙やパルプを原料とした充塡材が行き渡って紗が掛かったようになり、文字が不鮮明となり、料紙の風合いにも影響をおよぼす場合が多い。

虫害への対処　来館者から「我が家にも少しばかり古書を所蔵しているが、その保存方法あるいは虫害を受けた場合の簡単な対処法を教えてほしい」との質問を受けることが少なくなかった。このような場合、以下のような対処法を助言することとしていた。

①被害の進行が終息している場合

まず塵や埃を除去する。すでに虫が死滅し被害が固定していることが確認できれば、用紙を一枚一枚捲って、虫害の跡に残った糞などを除去し、防虫剤を加え、新しい紙で包む。かつて新聞紙が包み紙に使われたが、それは印刷インクに防虫効果があると考えられていたからである。現今ではインク自体にそのような効果はないといわれ、使われることが少なくなった。資料を紙で包むのは新たな害虫の侵入を許さないためで、新聞紙でも何ら支障はない。それよりも、時々、防虫剤とともに包み紙も交換しなければ安心できない。

②被害が進行している場合

虫は綴じ糸のある「のど」と呼ばれる部分に集中することが多いので、用紙を一枚一枚捲るだけでなく、時には、綴じ糸をはずして完全に本を解体した状態で点検することも必要である。生きた虫を確認したら糞などとともに徹底的に除去し、出来れば日光に晒し、その後防虫剤を加え、開閉装置のあるビニール袋に封入することによって一応の対応は可能である。この場合も虫が完全に除去されたとは限らないので、進行が完全に止まったことが確認されるまで点検を続けなければならない。湿気を帯びた資料の場合は（多くの場合、そのように見えない資料でも）、ビニール袋に封入することによって蒸れた状態になるので、調湿紙、それがなければ新聞紙で包み時々交換することが必要である。

防虫剤は樟脳・ベンゼン・ナフタリン等が一般的であるが、二種以上の混用は薬剤が溶け出して資料を汚す等の危険があるので避けなければならない。ただ、一種類の防虫剤を連用すると効果が減少するので、時折変更するのが良策であるが、薬剤を完全に除去した後に、新しい薬剤を利用するようにしなければならない。

また、防虫剤は一般に固形であるので、封入した部分が盛り上がり、特に「のど」附近に挿入することは困難であるが、粉ナフタリンを薬局等で購入して利用すれば便利かつ安価である。

一般に書物に対する害虫を紙魚《しみ》と称しているが、この名をもつ暗灰色の鱗片に覆われた銀白色の光沢を帯びた虫は、表装に用いた糊を好み、それを舐めるようにかじるものの、紙を直接かじって穴を開けるようなことはない。書物にトンネル状の穴を開けるのは一般にキクイムシと呼ばれるシバンムシ科の幼虫で、サナギになるまでの間、精力的に書物を食べる。これを防ぐためには本の中に産卵させないことが一番であるので、既述したように紙で包むか、帙と呼ばれる古書を束ねて保存するためのものを利用して、虫の侵入できる隙間を無くすことが大切である。

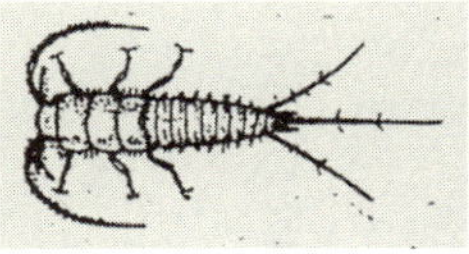

紙魚

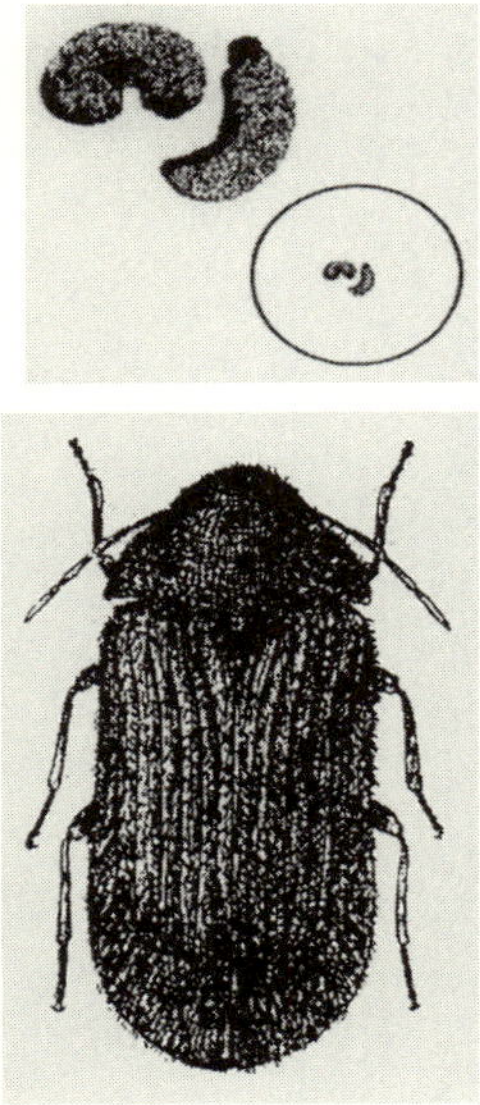

シバンムシの幼虫（上，〇内は幼虫の実際の大きさ）と成虫（下）

八　広報・展示

広報の必要性　受け入れから保存に至る日常の地道な活動は重要ではあるが、所蔵する資料や活動を、利用者や利用を希望している人々に知らせることも重要である。

国立公文書館や内閣文庫の存在や活動を承知されている人々には、目録の公開が最も効果的な広報手段であるが、それ以外の人々には、施設の存在・活動の内容・所蔵する資料の内容・利用の方法等を周知するために種々の方策を講じてきた。

質問・照会　まず、当方からの積極的な働きかけではないが、利用者からの質問・照会がある。図書館で参考業務あるいはレファレンスと呼ばれているものである。内閣文庫の何たるかをご存じの方から、直接来館はしないものの、所蔵する資料や関連する情報の入手を希望するもので、将来の来館者に繋がる可能性の強い方々からの要求であるから、できるだけ丁寧に対応するよう心掛けていた。公文書館全体に関する照会は、館の庶務課が対応していたが、文庫に関する場合は、文庫に回され対応することとなっていた。ここでも、利用の方法などは文庫の管理係で対応したが、所蔵する資料に関する場合は筆者等専門職に回されてきた。最近では電子メール等による照会も多いことと思われるが、筆者の在職当時は電話・ファックス・手紙によるものであった。電話は直接話を聞くことができ、相手の希望をより具体的に把握するには有効であるが、時間的な制約や思い込みによる感情的な面が逆に作用して、うまく話が進まないこともあった。その点、ファックスや手紙は冷静に時間をかけて対応することができ、質問者も自らの質問の内容を確認できるので、一見面倒な気もするが、文字にして発信するのは有効な方法と思われる。その意味で電子メール等も同様かもしれない。

回答の結果は記録し、文庫内のすべての職員に回覧することとしていた。違った目で見ると、もっと適切な回答が存在したかも知れず、あるいは間違った回答をしていたかもしれない。それを確認し、訂正すべきときには、質問者に連絡を取るなどして、迷惑をかけることのないよう注意するよう心がけていた。もちろん、この記録は業務実績としてカウントされるので、どの程度の照会まで記録に残すのか、悩まされるところでもあった。

見学会　次に見学会がある。内閣文庫の内容を承知された人たちが、より詳しく文庫の内容や資料について知りたいとか、自らが興味をもつ資料について紹介してほしいとかを目的に来館される場合で、来館の目的を十分確認し、説明や資料の内容を決定し、対応するようにしていた。そのため責任者と何度も話し合い、折角の来館が失望に終わることのないように配慮した。見学会の希望者は、カルチャースクールで特定の分野を勉強している人たち、大学のゼミで対象とする資料をより詳しく知りたい学生、進級した専門課程に必要な基礎的資料や資料の取り扱い方を勉強したい学生、博物館実習の一環として、資料とともに管理体制についても知りたい学生など様々あったが、毎年来館される団体もいて、一応の成果はあったのではと思っている。在職中の後年は、文庫の業務から離れることが多かったこともあり、見学者に対応することはほとんど無かった。そのころになると、対応マニュアルが何例か作成され、一律に対応されるようになり、余り気を遣った対応は少なくなったように感じていた。

展示会　次に展示会がある。内閣文庫自身がその存在を外部に積極的に広報する最大の行事は、毎年春に開催される展示会である。展示会は大正期から開催されていたが、それは非公開で内閣文庫の存在を積極的に広報する意図はなかった。外部への広報を意図し、公開された展示会の最初は、筆者の前任者福井保氏が担当して昭和三十二年（一九五七）十一月二十一日から三日間、閲覧者の薦めもあり、林羅山の没後三〇〇年を記念して開催した「林羅山関係展」に始まる。こうして始まった展示会も最初から定期的に開催されていたわけではなく、何か記念すべき事件があった時に、多く十一月に開催されていた。こうした展示会が定期的に開催されるようになったのは、昭和四十八年の「江戸幕府編纂物展」からである。この時から開催時期も五月中旬の六日間となった。その後、福井氏は昭和五十三年まで展示会を担当された。展示会の内容について事務引き継ぎの折りに同氏に伺ったところでは、「展示会の目的は文庫の存在を知らしめるところにあるから、展示する資料は、内閣文庫を特徴付けるものでなくてはならない。どこにでもあるような資料は他の機関に任せればよい」とのことであった。普通、展示会はあるテーマの下に全体を網羅し、起承転結を考慮して構成されるが、内閣文庫の展示会は、特定のテーマが設定されれば、文庫が所蔵する関連する資料のうち文庫にしか所蔵されない、あるいは同種のものが他に存在する場合でも、文庫のものは伝来や書き入れなどに特徴があるものを選んで展示し、決して網羅を意図するものでないとのことでもあった。

筆者が就職した昭和五十四年五月には、前文庫長で、当時は庶務課長であった平井芳夫氏が、休職中の文庫長熊谷豊夫氏・和漢書専門官福井保氏に代わって担当され、準備がすべて終了していたので、若干の展示作業の補助や開催中の会場監視を担当したくらいで、本格的に担当したのは、翌年の「統計書展」からであった。福井氏は、「かつて何回か蔵書の展示会を開いた経験があったので特別な困難は覚えなかった」と書かれたことがあったが、筆者は全く未経験で、特に指導を受けることもなかったので、五里霧中のうちに何とか展示物を選び、その解説を書いたことが思い出される。もちろんテーマ・展示物・解説はすべて上司の校閲を受け、その承認の下に公表されるものであるから、それほど筆者が心配することではないともいえるが、何とか無事に展示会が終わり、ホッとしたのを覚えている。

この展示会も、平成七年（一九九五）五月の「江戸時代名家自筆本展」までは他の専門官の協力を得ながらも筆者が中心になって開催してきたが、平成元年に公文書研究官に異動して以後は、内閣文庫に併任はされていたが、徐々に実務から遠ざかる結果となり、平成八年以後は、ほとんど関与することはなかった。筆者が関与した展示会ではテーマや資料の選定は、前任者の言と前任者が残されたメモを重視して実行してきたが、館の方針によって、必ずしも実現できたとはいいがたいところもあった。

なお展示会については、思い出に残る平成元年の展示会について、さらに章を改めて述べてみたい。

展示会の周知　展示会が、文庫――なかんずく公文書館――の存在を周知させるためのものである以上、少しでも多くの来館者を迎えたいものと考え、展示の内容だけでなく、周知の方法についてもいくつかの工夫を試みた。

周知の方法も初期には以前来館された利用者の記録を基に、葉書による案内状の送付が主であった。筆者が最初に担当した「統計書展」では、なかなか来館者数が伸びずヤキモキしていたら、いよいよ終盤近くになって館長が動かれた。その年実施される国勢調査のＰＲも兼ねて開催した展示会であるから統計局にも協力してもらってよいのではないかとの発想で、元統計局長のご威光も加えて同局に協力を依頼したところ、当時の統計局にたくさん勤務していた女性職員が動員され、一日の入場者数としては、筆者の記憶するところでは最高となり、会場は華やかな女性で身動きできないほどの盛況となった。これまでも総理府本府では、附属機関の行事でもあり、「庁内報」と題する日報や庁内放送でも開催を報じてもらったが、概して外部に対する案内には欠けるところがあった。

昭和五十八年（一九八三）五月に開催された、林羅山生誕四〇〇年を記念した「林羅山展」では、いくつかの新たな試みが実施された。それは、前回より始められた公文書館近くの竹橋畔の立看板に加え、会場前にも手製の小さな立看板を出したこと、さらに、今回は、Ｂ３判大の手製のポスター約五〇枚を作り、職員が利用する食堂街、神田や本郷の古書店、古書会館、漢文・中哲の課程を持つ大学等に配布し掲示を依頼したことである。入場者に実施したアンケートでは、葉書による案内状により展示会の開催を知った人の三倍以上の人がポスターによって展示会を知ったと回答したことから、ポスターに一定の効果があったものと思われる。

しかし二〇%が「公文書館の前を通って知った」、四〇%が「人づてで知った」との回答であった。人づての大半は教官から教えられたとのことで、この中には、教官が引率される場合や、授業の一環として各自が観覧しレポートの提出が義務付けられている場合などもあった。半ば義務的な観覧をした学生の中から文庫の利用者が生まれるのであれば、展示会の目的は達成されたこととなる。その意味で教官への働きかけが最も重要であるかもしれない。教官から依頼されて展示物の説明をすることもあったし、それを恒例とする教官もおられた。いずれにせよ展示期間中はほとんどの時間会場に待機し質問を受けるとともに、どれほどの効果があったかは不明であるが、時にはこちらから話しかけるなどして疑問を抱かれたまま帰られることのないよう配慮した。

展示会のポスター　「手製のポスターを作成した」と書いたが、書いていながら気づいたことに、このことは筆者の全くの独断で実行していたことであった。役所ではすべての活動は文書で起案し、上司の許可を得てはじめて実行が可能となると既述した。下っ端の職員が従来実施されたことのない新しい企画を立て、公文書館の名前を出してポスターの掲示を依頼していたのであるから、やはり内部の許可は取るべきであったと反省している。今となって気づくくらいであるから、当時は特に問題にならなかったのである。

林羅山展のポスター

筆者が現場から離れると、ポスター自身は立派なものが館によって作成されるようになったが、筆者が開拓したルートは途絶してしまった。館の正式な活動として位置付けなかった筆者の責任であろう。このほか、展示施設の新設などでも奇抜な希望を出した時にも、少ない館の予算をやり繰りして実現してくださった。経験の浅い担当者を自由に動かせてくださった上司に改めて感謝している。

Ⅳ

古書を伝える——先人の知恵と努力

一　展示会の開催まで

展示会の主題　本章では筆者が主として担当した内閣文庫の展示会のうちで、特徴ある一つを紹介してみたい。

それは平成元年（一九八九）五月に開催した「古書を伝える――先人の知恵と努力――」と題する展示会である。

この年、筆者が内閣文庫の資料を中心とする展示会に関与するようになって一〇年が経過していた。展示会は年間の業務の中でも最重要なものの一つとして、取り組み方に精粗はあるにしても、またその成果に良否があるにしても最大の努力を傾注してきた。

それまでの一〇年間の展示会の主題の選定はある傾向を以て進められてきた。すなわち、展示会が所蔵資料の紹介を第一の目的とはするものの、行政組織としては、あまり知られていない国立公文書館の存在と業務内容を紹介するに効果的と思われる――面白そうだ、行ってみようかなという気持ちを起こさせる――ものを主題として採用してきたのである。この年以前の三年間の主題である江戸時代における動物・植物、旅、食等は、最も顕著な例といえるであろう。

この傾向に対し、文庫所蔵資料の特徴を生かせるもの、他にあまり所蔵されていないものを選んで展示会を構成することは、大袈裟な表現ながら担当者の積年の願望でもあり、やり甲斐でもあった。

この年の展示会の主題を選定する段階で、従来と同じ系統の主題案のほか、「本のあれこれ」という、少々無責任な主題案を提出した。あまり期待していなかったにもかかわらず、上層部の理解により「たまには、こんな主題も面白いだろう」と、これが採用されることとなった。

主題の採択　この主題を具体化する段階で、本の作られ方、本の形態の変化、蔵書印や書き入れによって所蔵者を尋ねる、装訂のことなどいろいろな意見が出された。しかし、これらについての展示会は公文書館以外でも開催されたことがあり、少し以前には国立国会図書館で「本の歴史」を主題に、百万塔からCD-ROMまでを通観する展示会が開催されたばかりであった。そのうえ、当館では必ずしも全体を網羅し得る資料を所蔵していないこともあり、筆者は全く異なる観点から「本のあれこれ」を展示したいと考え、他の意見も参照し、「本の保護」を中心に置くこととした。当時、書物の用紙の酸性化という問題を契機に本の劣化を心配する声が図書館界はもちろん一般にも出てくるようになり、本に関心のある人ならば、必ず興味を持ってくれるだろうと考えたからである。

本を守る　和紙は洋紙にくらべ保存に適した材料であり、長く保存されること洋紙の比でない。故に和紙に対しては劣化ということに余り切迫感を持っていないのが現状であるが、何百年も経過した本が今に伝えられたのは、和紙の特性だけではなかったと思われる。このことは、展示会のために用意する解説目録の冒頭の文庫長による「はしがき」中に記した「天災人災などをくぐり抜けて来られた幸いがあったことは否定するわけにはいきませんが、限りなく本を愛しそれを後世に伝えるために先人達が採った様々な工夫を無視することは出来ないと思います」にある通りである。本が後世に伝えられる要素として、内容の優れていることが最も重要な条件ではあるが、それを所持した人々の本を守るための様々な工夫もまた重要であったと考えられる。それら様々な工夫を、内閣文庫の資料を通して見ようとするのがこの展示会の趣旨であった。

初めの案では、まず第一に「保存を考える――先人の努力――」として『御書物方日記』を中心に様々な業務の内容を伝えるとともに近藤正斎等の業績を紹介しようとするものであった。これは、文庫には、いろいろな方面で貴重書と称されるものが多いが、その中でも『御書物方日記』は他に類書が存在しないことと図書を扱う仕事に従事している者として、その先達が日々の仕事の内容を書き残した記録であるということなどから、最も貴重な資料の一つと考えている。それらを充分利用して、江戸時代の将軍の文庫という特異な例ではあるが、紅葉山文庫において御書物奉行といわれる人々が業務として実行していた本を守るための様々な努力を見ようとするものであった。

しかし、紆余曲折を経て、最終的には展示の構成を「献納本」「収書の努力」「保存を考える」（この中を、「先人の実践と努力」「装訂」「防虫」「補修」「帙と箱」に分割）「蔵書印に見る愛書の心」の四方面とした。

なお、本章で図示する実例には、実際の展示の書目と異なるものがある。

二　献　納　本

書　目　今回のテーマが全体として地味なものであるので、『御書物方日記』を先頭に持ってくるのは、見る人に余計に地味な印象を与えないかとの意見もあり、「献納本」という標目で、1『本朝続文粋』以下、2『吾妻鏡』3『上毛志料』4『廬山記』5『大明律例附解』6『東坡集』7『朱子語類』8『一切経音義』9『李拭奉復対馬州大守平朝臣宗公書（朝鮮国書）』10『A Journal of a Voyage to the South Seas』11『On parliamentary government in England』12『汽機必以』の一二点の重要文化財を含め貴重なものあるいは資料として面白いものを選定した。

この項の標目も、初めは「伝えられた貴重書」と称し、さらに「献納本——安全な場所を求めて——」とした。これは、民間で所蔵されていた資料が幕府や政府に献納されたことによって、より良好な管理の下で今に伝えられたということも考えられたからである。ただ、献納とか献上とかいうと、時の権力者が強制的に収集したとの印象を受けやすいので、自発的な献納によることが識語等によってわかるものをできるだけ選ぶこととした。この中には管理をゆだねられたものばかりでなく、明治二十四年（一八九一）の内閣文庫本の宮内省への移管のように、他の機関に移ったものでも、より良い状態で保存されているものがあるという例も考えていたが実現しなかった。

李拭奉復対馬州大守平朝臣宗公書　朝鮮宣祖九年（明万暦四年・天正四年・一五七六）に朝鮮王朝礼

曹参議李拭が対馬島主宗義純に発した返書で、李拭の名のある所には朱印を捺し、同じ印が封印としても用いられている。この資料には明治九年（一八七六）七月二十日付の新潟県令宛の書状が附されている。この書状には、新潟在住の三上喜三の十二世の祖が大坂四天王寺の僧として朝鮮国使の応接に係わった際、たまたま入手した本書状を郷里に持ち帰り現在に至ったことを述べ、国への献納を申し出ている。県令からは、七月二十六日太政大臣三条実美宛に上申がなされ、八月十一日右大臣岩倉具視が内務省で保管すべきことを命じ、四月十四日に図書局での保存が起案され、同十八日に決裁を受けている。

このように献納者の識語から、明治政府への献納が全く自発的であることが明らかなうえに珍しい資料の、それも実物であるので展示の候補に上げたが、その内容についてはなかなか難しいものがあった。あれこれその方面の研究を参照し、研究者にも質問したが、江戸時代に入って朝鮮との関係が正式に幕府との間に成立する以前の資料であるため、その実情が判然とせず、結局東洋大学の田中健夫先生から、資料の読み方、その背景についても種々御教示を受け、それを基礎に解説を書くことができた。また、来館された他の研究者からも、この種のものでは現存最古のものではないかとの御教示も得た。加えて、本資料は、本紙の横を七回半巻き込むように折り、その縦を二つ折りにするという原姿を伝えているものであることも判明した。

汽機必以　英国人蒲而捺が著した内燃機関に関する研究書を漢訳出版したもので、清末に盛行した欧米の科学技術知識を紹介する図書類のひとつである。これは、明治五年（一八七二）四月に我が国初の官立公開図書館として昌平坂学問所跡に設けられた書籍館の開設に伴い、民間からの図書の献納を求めたのに応えて、神田孝平が献納した一一部（二九冊）のうちの一つである。本書の表紙右下部に「献納本」とあり、遊び紙に「壬申七月／納書籍館十一種之七／兵庫県令神田孝平[印]」とある。神田は早くから蘭学を学び、開成所の数学教授を経て明治政府の要職を歴任した人物で、西洋経済学を我が国に導入したことでも知られる。献納書一一部のすべてはこの種の西洋科学知識の普及を意図するものである。

三　収書の努力

書　目　目的とする資料そのものを収集するとともに、他の機関が所蔵する原本を模写したり、同じ機関の内でも、いわゆる副本を作成して原本の保存を図ったり、一度散逸したものを買い戻したりした例として、13『延喜式』14『（附釈音）礼記註疏』15『後撰和歌集』16『諸州古文書』17『楓軒文書纂』18『東大寺文書』の六点を展示した。書物の絶対量が少なかった時代においては、その収集は決して容易なものではなかった。その上人間の手しか複写手段を持たなかったことが、さらに収書を困難にしている。たとい求める書物を発見しても、自らの蔵書とするためには、惜しみない努力によって筆写を続けるしかなかった。このようにして筆写された書物の中には、すでに原本が失われてしまったものも少なくない。

「自らの蔵書とする」のとは異なるが、16『諸州古文書』・17『楓軒文書纂』のように原本を複写したお陰で、散逸した原本に代わってその内容を今に伝えているものもある。

（附釈音）礼記註疏　清原家で宋本を底本に影写したものであるが、欠巻を補充するために、文禄三年（一五九四）に徳川家康の蔵書を借用したことが、巻三十九末にある清原秀賢の奥書で知られる。この冊（巻三十五至巻三十九）の用紙には、ほかの冊と異なり罫がない。さらに、他の本で慶長四年（一五九九）にも、補写がなされたことが、同じく秀賢によって巻二十二末に記されている。本書は、その後市中に流出したが、享和二年（一八〇二）、この由緒を重んじて第八代大学頭林述斎の建言によって紅葉山文庫に収蔵された。

後撰和歌集　15（特四二―一）本は、天福二年（一二三四）三月の藤原定家の本奥書を持ち、上冊末に大永三年（一五二三）、下冊末に同二年の及愚および卜雲の書写奥書と黒印がある伝本であるが、15（特九―九）本は、その転写本である。この間の事情は、『御書物方日記』享和二年（一八〇二）十月二十日の条に、大永書写本の虫損が甚だしくなったので、御書物奉行の成島仙蔵が補修・影写し副本を作ったとあることにより知られる。前掲書とともに、同じころ、管理に人を得て蔵書の充実が図られていった実情を見ることができる。

四　保存を考える

1　先人の努力と実践

書　目　念願かなって所蔵できることとなった書物や文書も、十分な配慮の下に管理されなければ、たちまちカビや虫といった「書物の敵」の餌食となってしまう。ここでは、より良き状態で保持し続けるために先人が払った努力の跡を尋ねてみることとした。

まず、「先人の実践と努力」では、江戸時代に図書学とも称すべき分野に活躍した人物とその業績を紹介しようと19『御書物方日記』20―1『好書故事』20―2『右文故事』21『古図類従』22『考証画図』23『正倉院御開封之図』の六点を展示した。

御書物方日記　第一番目に展示したが、当初の計画に比して大幅に縮小され、展示台一台を割り当てたに止まった。展示期間中も、筆者が始めに考えたほどこの資料に興味を示してくださる人も少なく、かえってこれくらいで良かったのかもしれないと残念な気分を含みながら納得することとなった。それどころか、あまりに陳腐と思い展示を見合わせた『好古小録』『好古日録』が展示されていないとの声を聞くことさえあった。いろいろ考慮して展示物を選んでいるつもりであるが、なかなか過不足なく展示するのは難しいようである。

考証画図　国史研究・教授の資料として明治に入って出版された歴史画集で、大部分を占める人物図は蜷川親胤《にながわちかたね》が模写したものである。本書の末尾には、「漢委奴国王」印や「仏蘭西製笛」等の図とともに「菅家紅梅殿指図」「文書棚ヲ置ク図」とがあり、一種の公開図書館ともいわれた菅原道真の私文庫の紅梅殿での図書の閲覧・保管状況を知ることができる。

2　装　訂

書　目　「装訂」とは、図書の仕立方、製本の仕方をいう。この意のために装釘・装幀と書き、時には装潢とも書くが適当でない。ワープロ等では装丁が一般的である。この項では、書物は内容を伝える本文が重要なことは言を俟たないが、その本文を正しく、より完全に伝えるためには、長い年月の中で考え出された書物そのものの表紙や綴じ方等装訂の工夫も重要な要素の一つであるとの観点から、巻物から線装本までの変化を書物の保存の進化の流れと理解して、それぞれに対応する24『小倉山庄色紙倭歌』25『凌雲閣功臣図』26『太宰府天満宮故実』27『詁晋斎采珍帖』28『英式大隊諸図』29『竹斎書画譜』30『類博稿』31『天元玉暦祥異譜』32『外科集成』の九点を展示した。

巻子本―包背装　24『小倉山庄色紙倭歌』では巻物（巻子本）の本文を守るために巻物の表面に加えられたやや厚手の紙や布（裂《き》れ）で、表紙の起源ともいわれる褾《ひよう》を紹介した。この巻物にも利点はあるが、途中や巻末を見たい時は、初めから順々に展げていかなければならず、大変不便であるうえに書物そのものの疲労も著しい。この解決策として考え出されたのが折本とか帖装本とか呼ばれるものである。これは、巻物の用紙を初めから同じ幅に折り畳み、前後に表紙を附けたものである。25『凌雲閣功臣図』では厚紙を芯として、その表面に紙を貼った紙製の表紙を、26『太宰府天満宮故実』では布が貼られ、本文の保護とともに美しさも加えている布製の表紙を、27『詒晋斎采珍帖』では木製（この場合は、栗材）の表紙を紹介した。28『英式大隊諸図』は包背装とか「くるみ表紙」と

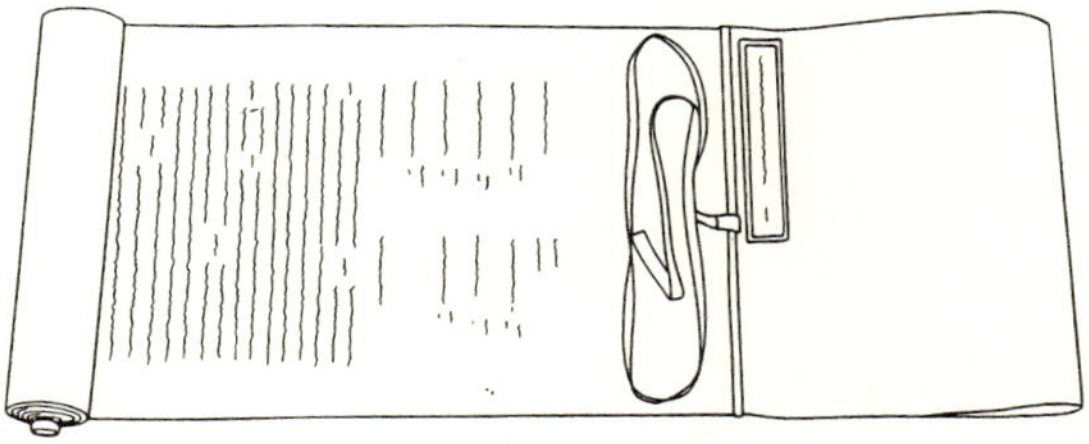

巻子本

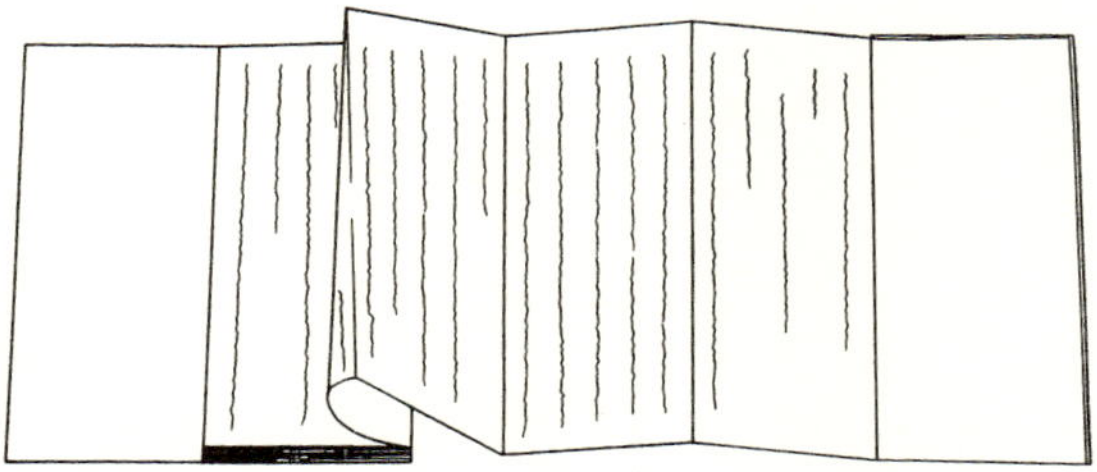
折本

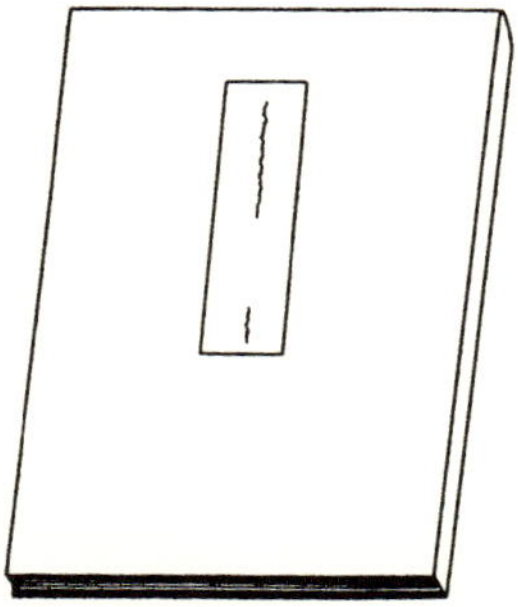
包背装

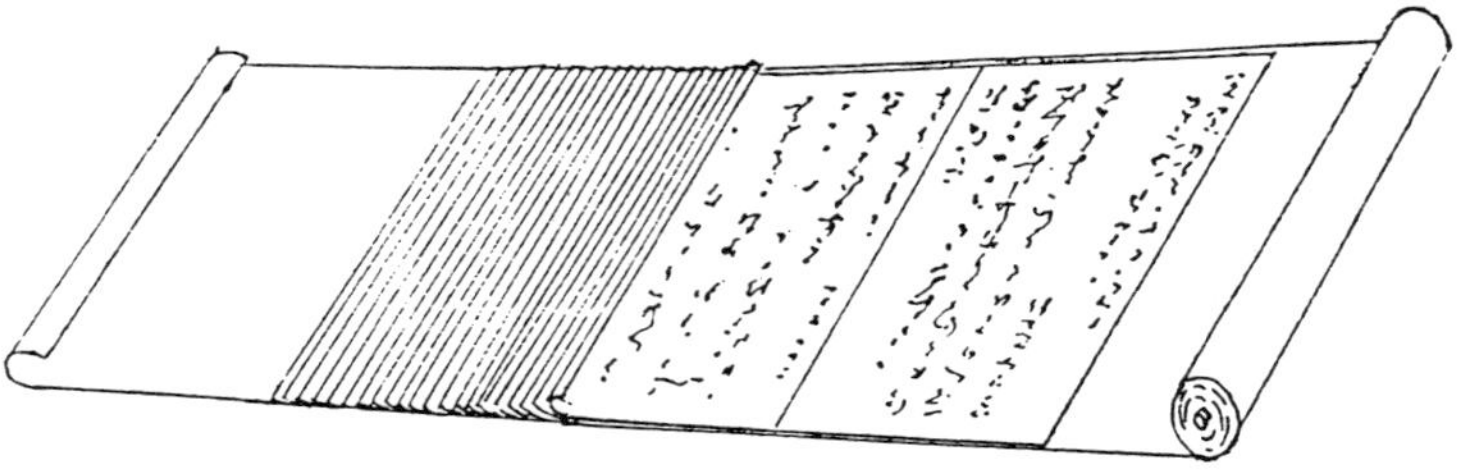

旋風葉（装）2

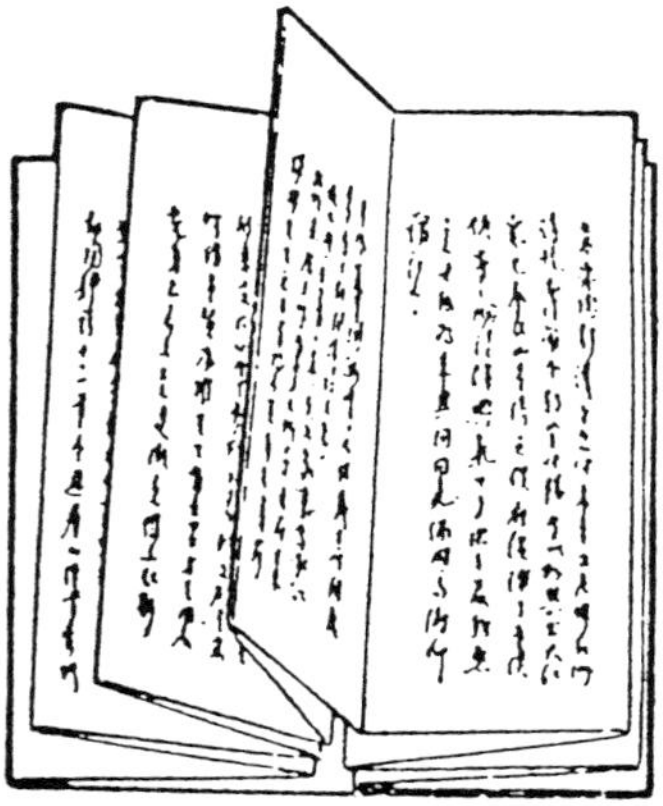

旋風葉（装）1

呼ばれる前後の表紙がつながっている例として展示した。これは、表紙が前後別々に着いていると本文用紙がはみ出し、バラバラになりやすいので、前後の表紙をつなげて本文をくるむようにしたものである。

旋風葉　たまたま28『英式大隊諸図』の第二冊の背の部分の糊が効かなくなっていたので、通常ならば修復をして本来の姿で展示をするのであるが、表紙のみを持って持ち上げると本文が急にヒラヒラと下方にぶら下がる旋風葉と称する装訂に似ていたので、あえてそのまま旋風葉の例として展示した。しかし、これは準備中から評判が悪く、展示の意図が判然としないから割愛してはどうかとの示唆を受け

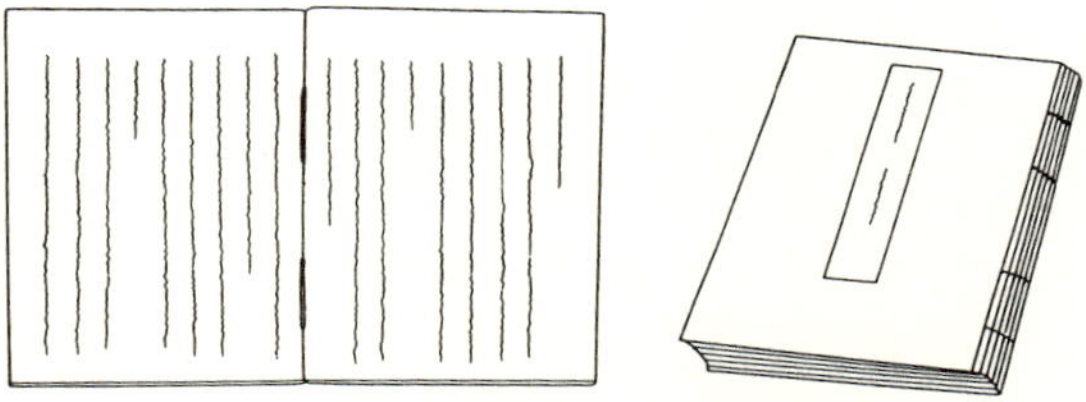

綴葉装（《用語略解》(12)参照）

たが、強引に出品することとした。旋風葉と称される装訂の実例が少なく、そのうえこの装訂に対する説が二種あることなどから、ぜひ来館者に見ていただきたかったからである。しかしこの書物本来の装訂でないことが最後まで響き、説明にも理解にも無理があったようである。

粘葉装　29『竹斎書画譜』は粘葉装の例として展示した。包背装は外側の折り目が切れて本文がバラバラになりやすいので、初めから一丁（二頁分）を中表に折り重ねて、背の部分を糊付けする方法が考え出され、この前後に表紙を附けたものを粘葉装と呼んでいる。見開きいっぱいに絵を印刷する場合などには、裏表に分割されることなく有効な方法である。ただ、糊が虫を呼んだり、糊の粘着力が低下して本文がバラバラになったりする欠点も多い。

粘葉装

なお、糊付けされて完全には開かない面にも文字等を記入する場合は、「のど」の部分の余裕が他の面より制限されるため、書写は装訂された後に実行されたと考えられる。

線装本　30『類博稿』から32『外科集成』は線装本を紹介するために使用した。線装本とは、用紙の印刷した面を外表に二つ折にして重ね、折り目と反対の部分の余白（のど・書脳）を「こより」で綴じ（下綴）、本文より厚い用紙で表紙を附けたもの。粘葉装での、文字のある部分と白紙の部分が交互に現れるという不自由さが解消され、袋綴とも呼ばれ、古書の最も一般的な装訂でもあることから、和装本・和綴本とも称される。綴代《とじしろ》（本文と表紙を綴じ合わせるときの背と綴穴との間隔）は、書物の判形の大小、厚さ、用紙の強度等によって異なるが、三分（約一センチ）位が普通である。30『類博稿』は綴代が非常に広い例で、一種の特装本である。31『天元玉暦祥異譜』の四つある綴じ穴のうち、中央の二つの間隔が狭くなっている。この綴じ方を明朝綴と称し、中国明代の書物に多い綴じ方といわれているが、必ずしも明代に限るものでない。この場合の綴じ代は、必ず広く取られている。32『外科集成』の綴じ方を康熙綴《こうきとじ》（高貴綴）と呼んでいる。これは、線装本の一番外の綴じ穴の外側にもう一つ穴を明けて糸を通した綴じ方で、表紙の角のまくれるのを防ぐためである。さらにそれを徹底するために、下綴じをした本文の背に近い上下の両端を布で包む方法がある。この布を角裂《かどぎ》れと称している。丁寧な装訂ではあるが一般の装訂より糊を多く使用するため、虫損を受けやすい欠点がある。

この線装本の中には大和綴も含まれるが、この装訂については、六五頁を参照されたい。

また、これら以外に「胡蝶装」と呼ばれる装訂がある。これは、平たい机等にページを展いて置いた時に、蝶が羽根を展げたように見えるところから名付けられたもので、このように見える装訂、例えば、粘葉装・綴葉装、時には線装本もこれに含まれることがある。

虫になめられる　32『外科集成』の角裂れの欠点を強調するために『御製文集』（清康熙帝の文集）

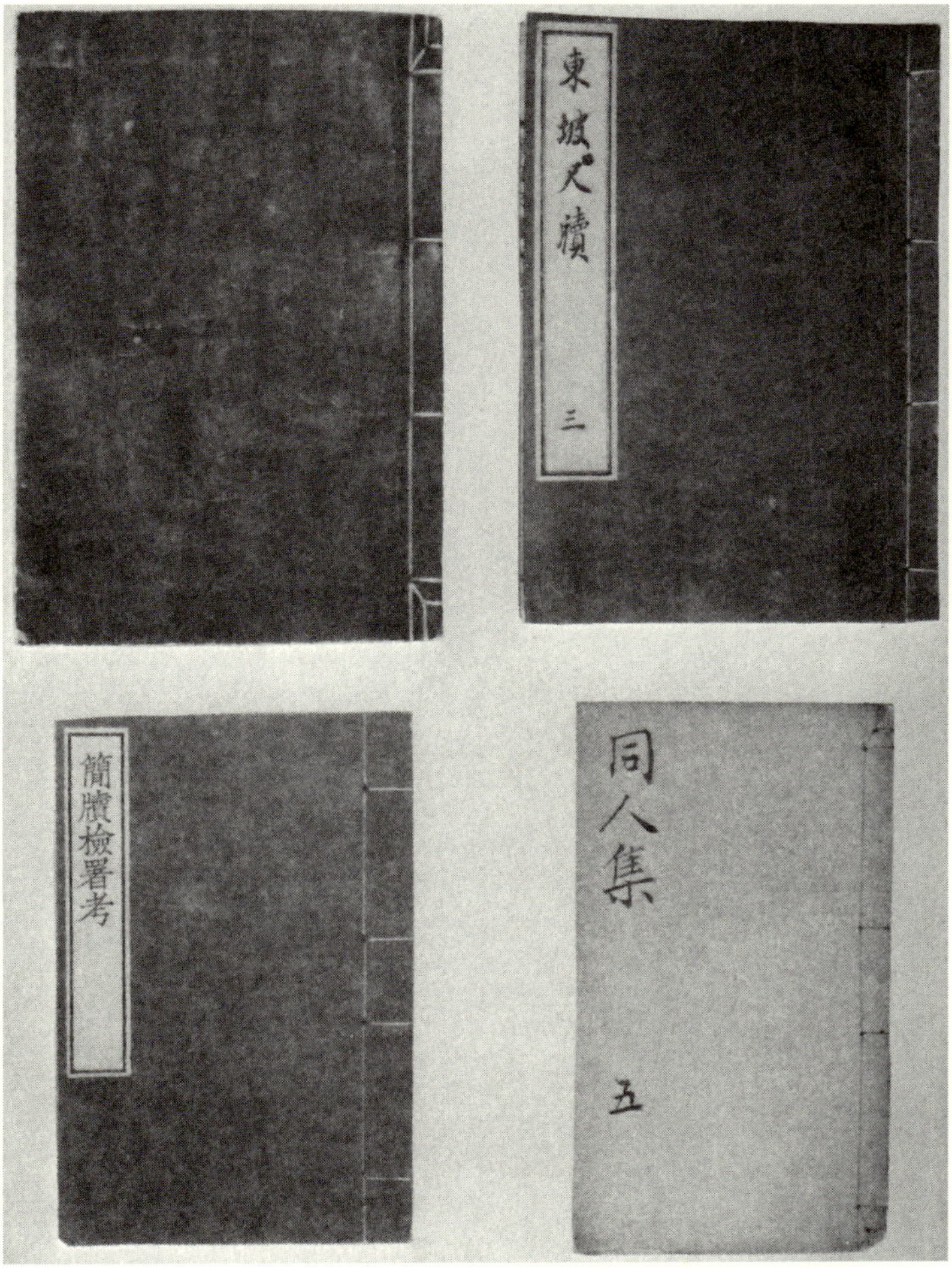

線装本（右上は一般的な線装本〈四ツ目綴〉，左上は庚熙綴，下は明朝綴．長澤規矩也『図解 書誌学入門』汲古書院，1976年より）

を参考に展示し、虫損というほどでなくても角裂れが剝げてなくなっているのを解説の原稿で「虫になめられる」と表現したところ理解してもらえず、当館の補修の専門家等にも照会してみたが、この表現に合意を示してもらえず、このような状態そのものも意識されていない人もいた程であった。筆者一人が主張するわけにもいかず、この表現を控え、「虫損を受け易く、破損するほどでなくても、何時の間にか無くなってしまうことがある。」とした。ところが、平成二年（一九九〇）三月に天理図書館の木村三四吾《みよご》先生が編集・影印刊行された『松の葉』の解説中で、底本の状態を説明して「題簽など巻一・四に、紙魚でも舐めたか若干の欠損が見られる。」と述べられ、これに該当する問題の題簽は、先に筆者が述べたのと全く同じ状況を呈していた。このような表現が、あるいは関西方面でのみ通用する言葉かも知れないが、存在することは確かなようである。いずれにせよ角裂れは功罪半ばするようである。

3　防　虫

書　目　「防虫」の項には、33『大蔵目録』34『康斎先生文集』35『法国律例』36『韻府拾遺』37『義門読書記』38『黄帝内経素問』39『孟浩然詩集』40『十三経注疏』の八点を展示した。

愛書家が一番恐れるのは天変地異のように個人の力ではどうしようもないものより、少しく注意すれば防げるにもかかわらず、ちょっと油断すると、たちまち書物を消滅させてしまいかねない虫の害である。

防虫のためには、まず刊写の用紙に防虫や防腐の効果があるといわれる染料——黄蘗《きはだ》等——を染み込ませた染紙の使用がある。33『大蔵目録』・34『康斎先生文集』では黄蘗で黄色く染められた黄染紙が使用されている。特に34は寛政八年（一七九六）に紅葉山文庫所蔵の明嘉靖五年（一五二六）序刊本を底本に学問所で「黄染紙」に書写されたもので、各冊末には大学頭林述斎の手跋があり、底本と校合した旨がしるされている。この時期、学問所では、述斎の指導下、筆写による蔵書の充実が計られたらしく、現在の内閣文庫にも各冊首に「述斎衡／新収記」の蔵書印を持った「黄染紙」の写本が多く存在する。

35『法国律例』・36『韻府拾遺』の本文は普通の用紙であるが、36『韻府拾遺』は遊び紙（表紙と印刷のある用紙の中間にある何も印刷されていない白紙）が、前後とも橙色（紅緋——紅花の紅色と黄蘗・鬱金《うこん》等の黄色との混合色）に染められており、35『法国律例』は出版者が出版時に作成した帙の裏紙に黄染紙が使用されている。

次に、防虫効果があるといわれる煙草・蓬・銀杏等の葉を乾燥させて本文中に挿入することがある。乾燥が不十分な場合は、灰汁が滲み出して、かえって本紙を汚すこともあり、どれだけ効果があるかも疑問ではあるが、恐ろしい虫の害から何とか書物を守ろうとする所蔵者の気持ちをそこに見ることができる。この展示会の展示物の目玉の一つと考えたのが柴野栗山旧蔵の37『義門読書記』である。本書の帙の裏には網目に切り込みがある紙が貼られ、その中にタバコの葉が挿入されている。これと同じ趣旨で、38『黄帝内経素問』にはタバコ、39『孟浩然詩集』にはイチョウの葉を形どった朱印が

(37)義門読書記の帙

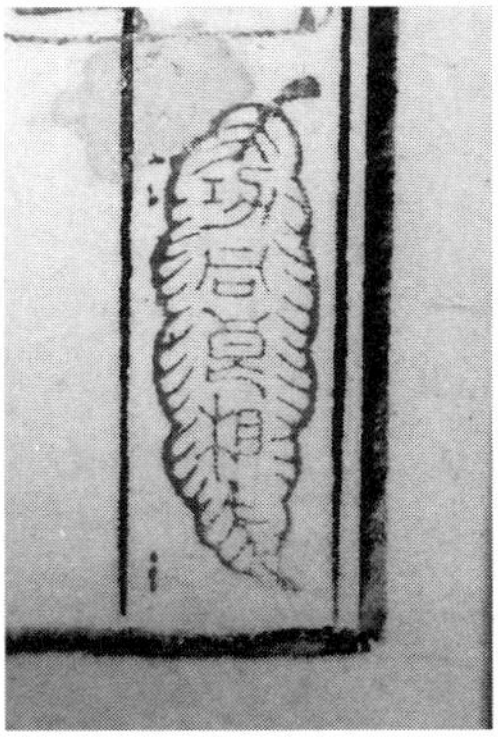

(38)黄帝内経素問のタバコの葉印

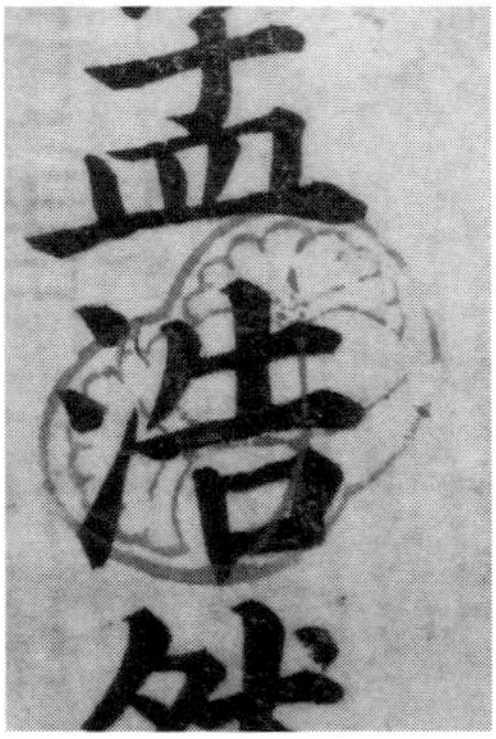

(39)孟浩然詩集のイチョウの葉印

捺されている。効果については一層否定的ではあるが、愛書の気持ちが感じさせられて心温まる思いがする。40『十三経注疏』は内閣文庫の所蔵でなく、当時蔵書目録の作成に協力していた山梨県立図書館の蔵書であった。これには蓬の葉が挿入されており、加えて、綴じ穴が五個、綴じ糸が赤色、表紙には題簽でなく直接外題が書かれている等、装訂上の特徴をすべて備えた典型的な朝鮮本の例として借用することとしたものである。朝鮮本の表紙の裏打ちには、しばしば文書や刊本の反故が使用されているが、本書も木活字本『李退渓集』の零葉が貼り込まれている。

タバコの葉　展示会の終了後、37『義門読書記』の資料を常設展示に加えるため、その複製の作成を修復係に依頼した。本体はすぐにできあがったが、肝心の挿入するタバコの葉が手に入らなかった。専売制度下ではタバコの葉は厳しく管理されており、商品としてのタバコを製造する以外に使用することは禁止されていた。当時、岡山県高梁《たかはし》市の図書館へ旧藩校の蔵書の整理にうかがっていたが、図書館の近くに専売公社の工場があったので、図書館の人に仲介をお願いすれば手に入るのではくらいに思っていたが、大間違いであった。

あれこれ思いを巡らし、以前、文庫の資料を貸し出したことのあった東京渋谷の「たばこと塩の博物館」を思い出し、相談することとした。しかしここでも原則は変え難く暗礁に乗り上げた。解決策として提示されたのは、同博物館が資料として所蔵しているタバコの葉の一部を貸し出すという方法であった。しかし、切り刻んだりはしないものの、帙の裏に封入してしまうので、返却できない旨を伝えたところ、他に転用しないことを条件に永久貸出として下さった。大変ありがたいご配慮に感謝している。複製された資料は常設展示の一コーナーに、今も展示されている。

4　補　修

書　目　「補修」の項では、「表紙を加える」「表紙の裏打ち」「入紙」「虫損補修」に分かち、41『大乗院寺社雑事記』42『日本分国絵図』43『黄金水大尽盃』44『世説新語』45『救荒本書』46『史記』47『東山古文書』48『訒菴集古印存』49『群書集事淵海』50『山谷先生文集』51『論語集解』52『夫木和歌抄』53『外蕃書翰』の一三点を展示した。

いくら保存に注意を払っても、書物が被害を受ける機会は非常に多い。一度被害を受けた書物は、そのまま放置するのでなく、少しでも良い状態で後世に伝えるために、補修が是非必要である。ここでは、旧来の方法で補修を受けた書物を通し、補修の実態を見ることとした。

表紙を加える　書物の本文が傷むと、本文はそのままにしながら、前後に本文より少し大きめの表紙を新しく加えて本文を保護する方法がある。41『大乗院寺社雑事記』の料紙のすべてに裏文書を持つ反故紙が使用されており、すでに弱体化していたうえに、伝来のうちにふやけたようにフワフワになっているところもある。これを保護するために、歴代の管理者は新しい表紙を加えた。今では、元の表紙の上に、さらに最大三枚の表紙が加えられている。第二番目の表紙は前大僧正隆範によって享和二年（一八〇二）に加えられたことが、第一から一〇冊の各冊末の跋によって知られる。現在最も表にある柿渋色の表紙は内閣文庫に入った後に加えられたものである。

42『日本分国絵図』は享保（一七一六―三六）ころ、美濃国岩村藩で調製されたと思われる日本地

大乗院寺社雑事記の表紙

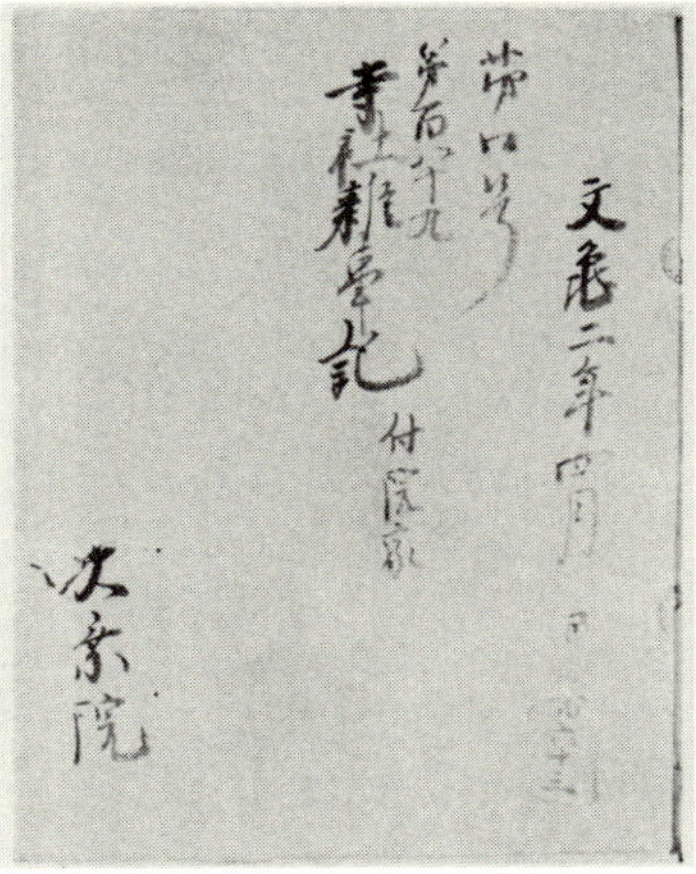

江戸初期に後補された表紙

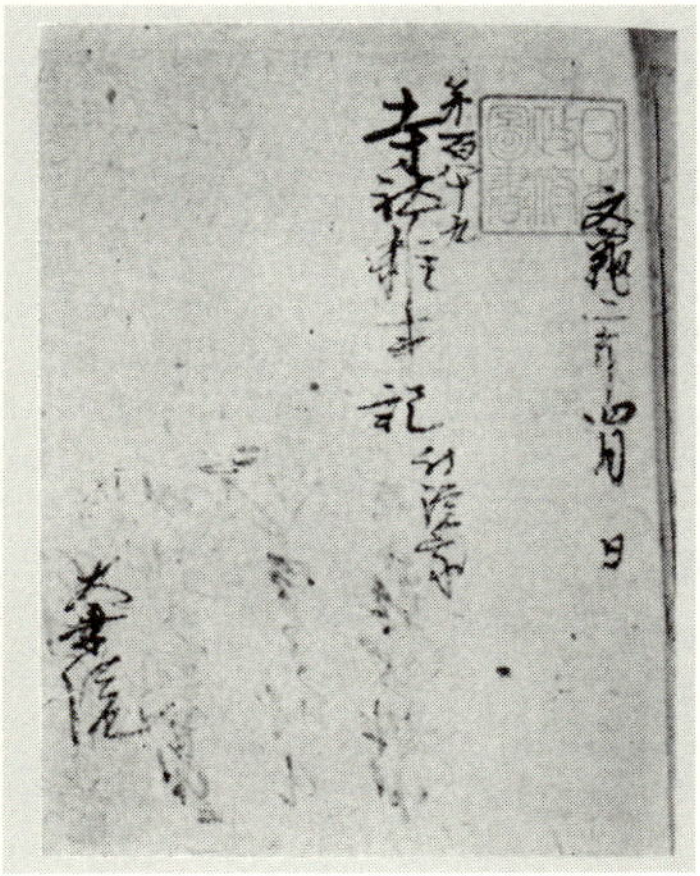

原表紙

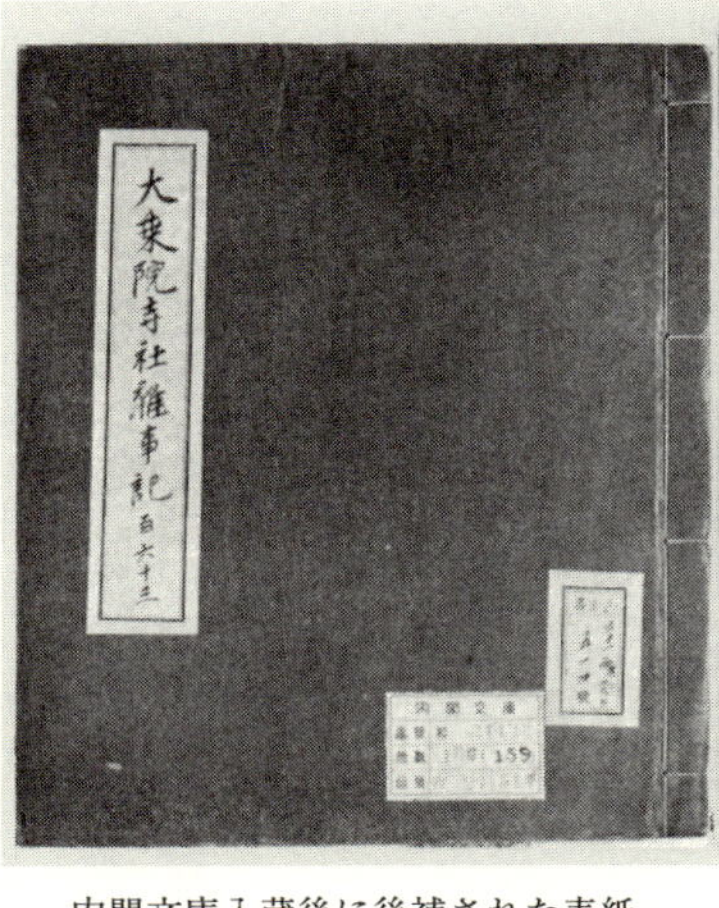

内閣文庫入蔵後に後補された表紙

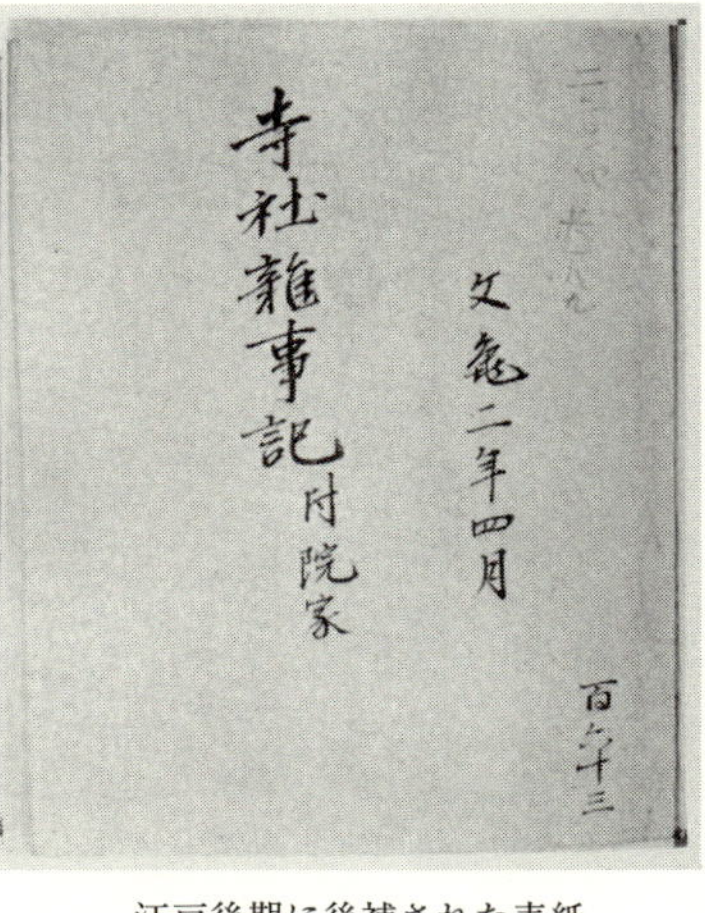

江戸後期に後補された表紙

図集で、最後の藩主松平乗命《まつだいらのりとし》が明治六年（一八七三）に明治政府に献納したことにより「乗命本《じょうめいほん》」と称している。畳まれた本図の前後には紺色の紙製の表紙が附けられ、この図を保護している。前表紙中央には図名を墨書し、その下に「乗命」と朱書する題簽が貼られている。しかし、この表紙が貼られた部分の図の裏にも地図名が墨書され、六角形の朱印が、捺されている。このことから、もともとこの図には表紙はなかったが、献納に際して加えられたものであることが知られる。

43『黄金水大尽盃』は「合巻」と呼ばれる絵を主とした娯楽的小説である。合巻は薄冊に分割され、一度に二冊ずつ出版されるが、出版時には二冊をひとまとめにする袋（帯）がかけられており、読者は、それを外表紙に改装することが多い。本書もその例である。また、本書は、内閣文庫には珍しい江戸期の小説であるが、昭和五十九年（一九八四）に寄贈を受けたもので、紹介も兼ねて展示したものである。

44『世説新語』は昌平坂学問所旧蔵書であるが、柿渋を塗った厚手の表紙には、「帝／国図／書館／蔵」の浮き出し字が入っている。本書は、明治に入り一旦上野にあった帝国図書館（現在の国立国会図書館の一部）に入った後、転じて内閣文庫の所蔵となったことが知られる。

帝国図書館では古書も平積ではなかったので、立てて排架するための処置として二冊を一冊に合本したうえ、先の厚手の表紙を附したのである。このことは、小口書（書物の下方の切り口に記された書名等の文字）が現状の各冊とも上下二段——二冊分——存することからも推測される。この処置を施すに際し、元の表紙を残して単に合本するだけの場合と元の表紙を除去する場合とがある。表紙の追加は、本文だけでなく元表紙を保護することにもなるが、後者のように原姿を失うこともあり、必ずしも勧められる方法ではない。

45『救荒本草』の寛政十二年（一八〇〇）刊本は通常九冊本であるが、本書は完本ながら二冊と異常に少ない。本書も合本の例であるが、単に合本しただけでなく、装訂までも洋装本化したもので、外見上は全く洋装本となっている。戦前の東京大学でも採用されていた方式であるが、管理の便のみを考えた改装といえる。

表紙の裏打ち　傷んだ原本の表紙を直接補修する方法がある。我が国の古書の表紙はかなり厚手であるので、朝鮮本40『十三経注疏』と同様に、その芯には反故となった刊本や写本を使用していることがある。46『史記』は木製の活字（古活字）で印刷されたものであるが、刊記がなく刊行の時期を正確には知り得ないが、各冊末にある慶長十二年（一六〇七）九月の識語によって、これより以前の刊行であることが知られる。本書の表紙の芯には、やはり木製の活字（古活字）で印刷された『謡本』の零葉が用いられている。本体との関係から、この零葉は「最も早く刊行された観世流謡本」と称されている。

47『東山古文書』はかつて紅葉山文庫に蔵せられ現在宮内庁書陵部の蔵となっている明正統八年（一四四三）刊本『前漢書』の、寛政十二年（一八〇〇）の改装に際し、表紙の裏打ちに使用されていた古文書を取り出し、別に軸仕立てとしたもの。当時、御書物奉行であった成島仙蔵が、事の経緯と資料の内容について解説した『東山古文書証拠』と題する一冊を附している。明治二十四年（一八九

金鑲玉（長澤規矩也『図解 書誌学入門』汲古書院, 1976年より）

一）の移管の時には、この事情を承知しない担当者によって分断され、『前漢書』の本体のみが移管されることとなったのである。

入　紙　本文の用紙が弱くなっている場合や印譜等で朱肉が裏に写る場合等に、袋となった本紙の間に他の用紙を挿入する入紙（襯紙・合い紙ともいう）の方法がある。48『訒菴集古印存』は印譜の例であるが、49『群書集事淵海』には、金鑲玉《きんじょうぎょく》あるいは唐本入紙と呼ばれる方法が採用されている。これは、版面が切断され余白の少ないものや本紙の周辺が弱っている貴重書の改装に用いられる方法で、本紙よりやや大きめの入紙を行い、はみ出した部分には更に入紙をして二重にすることによって本紙とはみ出した部分の厚さの不均衡を防ごうとするものである。単に本紙より大きい用紙で入紙をしただけでは、本文からはみ出した部分が薄く、不均衡になってしまう。

50『山谷先生文集』は蘇東坡と並び称された宋代の詩人黄山谷の文集。この本の入紙には、伝本の少ない明末万暦頃（一六世紀末）徳藩最楽軒で刊行された『前漢書』一〇〇巻の一部「志部」のみではあるが、使用されている。入紙となった版本の所々に返り点・送り仮名が見られることから、この改装は我が国で実施されたものである。

反故からの再生資料　表紙の裏打ちや入紙の項で取り上げた46『史記』・47『東山古文書』・50『山谷先生文集』は本来的には資料の破壊ではあるが、裏打ちや入紙へ転用されたためかえって残ることとなり、重要な資料となっているという例である。

『山谷先生文集』は入紙を取り出すまでは行かなかったが、別の資料でそれを実施した。『医壘玄戒（戎）』（三〇〇―二一七、一二冊）の入紙から再生したものに『蘇門唐公行状』がある。本書は蘇門唐公と称する人物が亡くなり、その業績を顕彰するために子孫が刊行したもので、薄冊だったこともあり、一〇冊近い分量が抽出できた。そのうちの一冊分には墨書による訂正があり、例えば「皇上」が「先帝（先代の皇帝）」となっている。この訂正は雍正帝の没年（一七三五）以後に加えられたものである。書物が刷り上がり配布する段になって雍正帝の崩御に遭い、表現に訂正を要する個所が生じてしまい、その訂正を施したのが、墨書による訂正がある一冊と思われる。しかし、その訂正が余りに多く、今ある版木への訂正では対応仕切れず、新しく彫り直すこともできず、結局配布されないまま反故となってしまったのであろう。この人物に関するもので同種の資料を他に確認できないので、改版されなかったものと思われる。

このように入紙となったものの中には、思いがけず珍しい資料を発見することがある。資料購入の予算を持たない機関では、入紙からの再生が唯一の蔵書増加の手段ともいえる。前述（一八〇頁）した内閣文庫の漢籍目録点検に際し、このような入紙が存在するものは記録しておいたので、時間を見つけ検討していただきたいと願っている。

巧まずして残る　これらは、展示会の企画段階では「巧まずして残る」と題して独立の項目として取り扱うことを計画した資料であった。そのほかにも古文書の紙背文書として残った文書、『万寿全書』などの刊本の表紙裏に使われたために残った和漢の刊本等がある。

また、明治六年（一八七三）五月五日の皇居の火災や昭和二十年（一九四五）二月二十五日の戦災で多くの書物を焼失しているが、この中にあって他に貸し出していたために被災を免れたものもある。ドイツ書は、京都大学に貸し出していた一九冊が戦災を免れたが、それ以外はすべて焼失してしまった。これも書物が後世に伝えられる一例と考えたが、あまりに偶然すぎるのではないかとの内部の意見で特に項目を立てず、展示物中にそのいくつかを忍びこませることとした。

虫損補修　本紙が虫損等を受けた資料は殺虫によって被害の進行を食い止めることができても、そのままで放置すると部分的に脱落したり破れたりして損傷が進行するので、裏打ちや虫繕いの方法で補修を加えなければならない。

51『論語集解』は総裏打ちが施された例である。総裏打ちは裏打ちとしては最も基本的な方法である。作業は比較的短時間で可能であるが原本の用紙の質感を損なううえに、必要でない部分にまで糊を使用するため、湿気と糊のために再び虫害を受ける恐れがある（蔵書点描37参照）。

この弊害を避けるため、52『夫木和歌抄』は虫損等のある部分のみに穴よりやや大きめに補修紙をちぎって糊付けする虫繕いの方法が、53『外蕃書翰』は用紙が厚く、単なる虫繕いでは虫穴を完全に埋めることができないので、補修紙を捏ねて糊状にしたものを穴に埋めていく方法が採用されている。虫害を防ぐため糊に防虫剤を混入する方法も考えられるが、長い期間の用紙への影響が確認されていない現状では、あまり勧められた方法とはいえない。

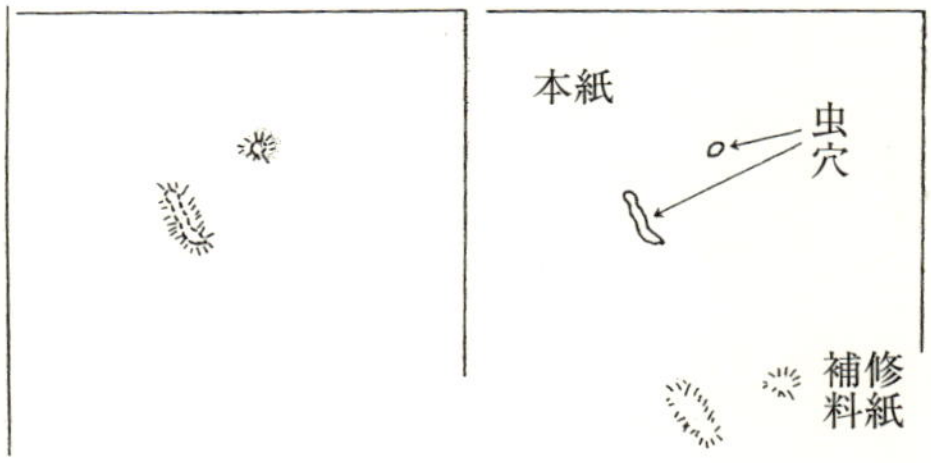

虫繕い

5　帙と箱

（1）帙

書目　書物はむき出しのままで保存するよりも、保護のための袋・帙・箱に入れる方が、直接塵や埃がかからないだけでなく、防虫剤の効き目が格段に長持ちする等種々の効用がある。

まず帙の効用について54『楚辞』55『続春山詩鈔』56『続泰平年表』57『古事記』58『皇上六旬万寿恭記』59『皇明実録』60『東莱先生詩集』61『白田草堂存稿』62『通商条約章程成案彙編』63『伊洛三子伝心録』64『文明御屏風詩歌』65（一）『瑞竹堂経験方』・（二）『荒政輯要』66『日講書経解義』67『東医宝鑑』68『太平御覧』69『乾隆四庫全書無板本』70『大清一統志』71『七書講義』72『武経標題正説』73『平家物語評判秘伝抄』74『新法暦書

表』75『四書訓蒙輯疏』76『周易述義』77『大学衍義』78『紉斎画賸』79『文選楼叢書』の二六点を展示した。

帙　帙は書物を保護する目的で、数冊まとめて包むもの。帙の原型は、本展示の21『古図類従』にその図がある。帙は使用する材料によって紙帙・布帙・板帙と呼ばれる。

紙　帙　54『楚辞』から56『続泰平年表』までは紙帙の例である。

54『楚辞』は高野山釈迦文院の旧蔵書で、明治十九年（一八八六）に同院から購入した漢籍八千余部の一つである。釈迦文院本については「Ⅰ内閣文庫の歴史」で既述したが（二一頁）、すべて「釈迦文院蔵書」なる墨長方大印のある板紙の芯のない和服をたたんで仕舞う畳紙のような紙製の帙に包まれ、帙の裏には「文化十二亥年六月中旬造焉」の墨書がある。

55『続春山詩鈔』は現在の洋装本の slip-in case と呼ばれる挿し込み式の箱と全く同種のもので、本文が薄冊の場合や普通の帙を作るほどでない場合等にしばしば採用される形である。反対に洋装本の箱を簡易の帙として利用することもある。

56『続泰平年表』は最も簡易なもので、書袋あるいは単に袋と称するが、底がある袋ではなく、一種の帯である。

布　帙　57『古事記』・58『皇上六旬万寿恭記』は布帙の例である。板紙を芯に、表面には布を、本と接する裏には紙を貼ったもの。一般には帙とのみ称し、特に布帙とは称さない。

57『古事記』は徳川光圀が元禄四年（一六九一）に孔子廟の湯島への移築が完了した時に献納した

日本の旧記八種の一つで、帙は本献書のために調製されたものである（蔵書点描16参照）。

58『皇上六旬万寿恭記』は清の嘉慶帝が嘉慶二十四年（一八一九）十月に六旬の万寿節（六〇回目の天子の誕生日）を迎え、大和殿で群臣の賀を受けたとき、内閣学士の呉其彦（字は美存、道光三年〈一八二三〉没、四五歳）が奉じた賀詞の原本である。この種の賀詞は数多く奉じられたことと思われ

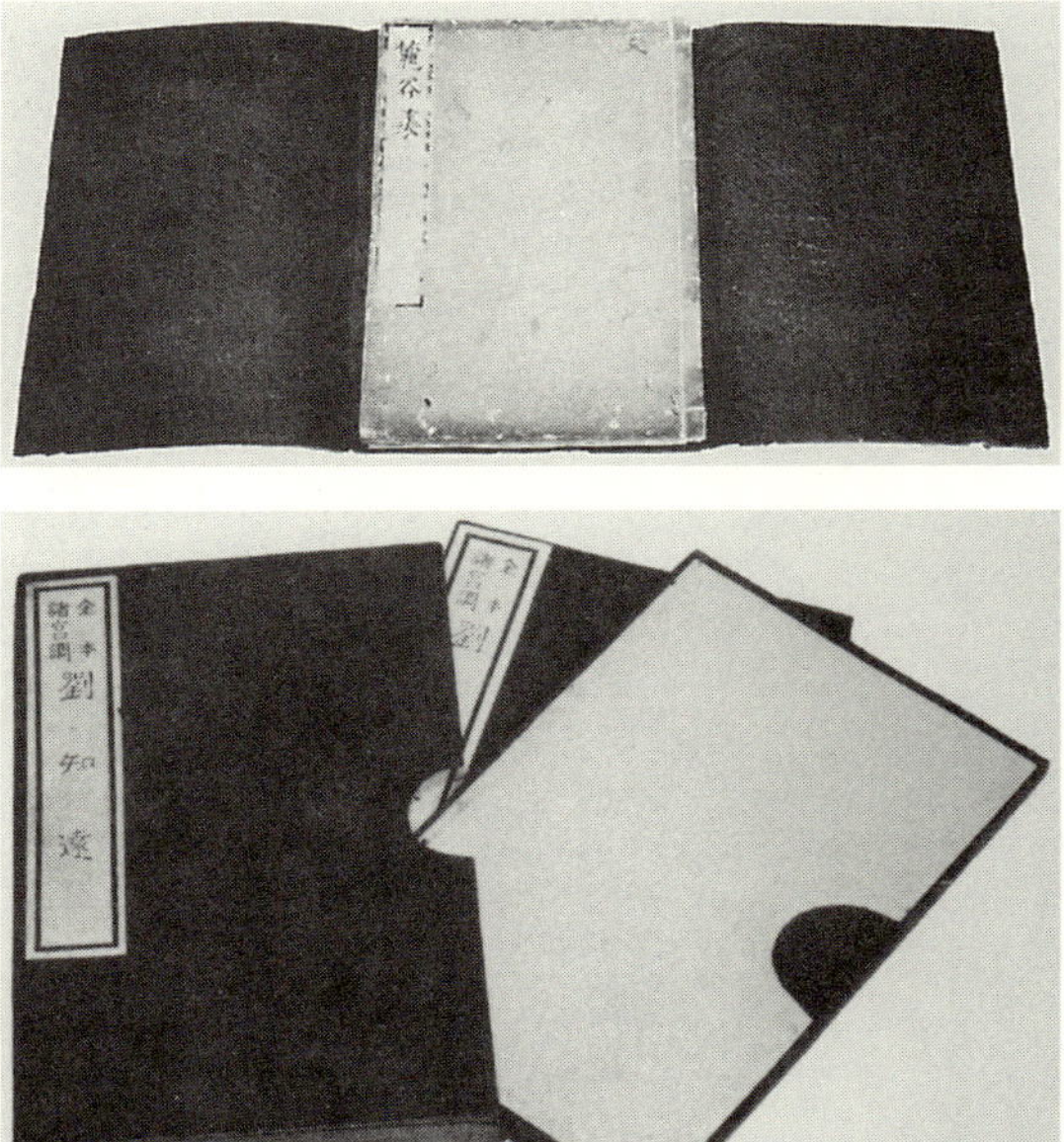

紙帙の例（長澤規矩也『図解図書学』汲古書院，1974年より）

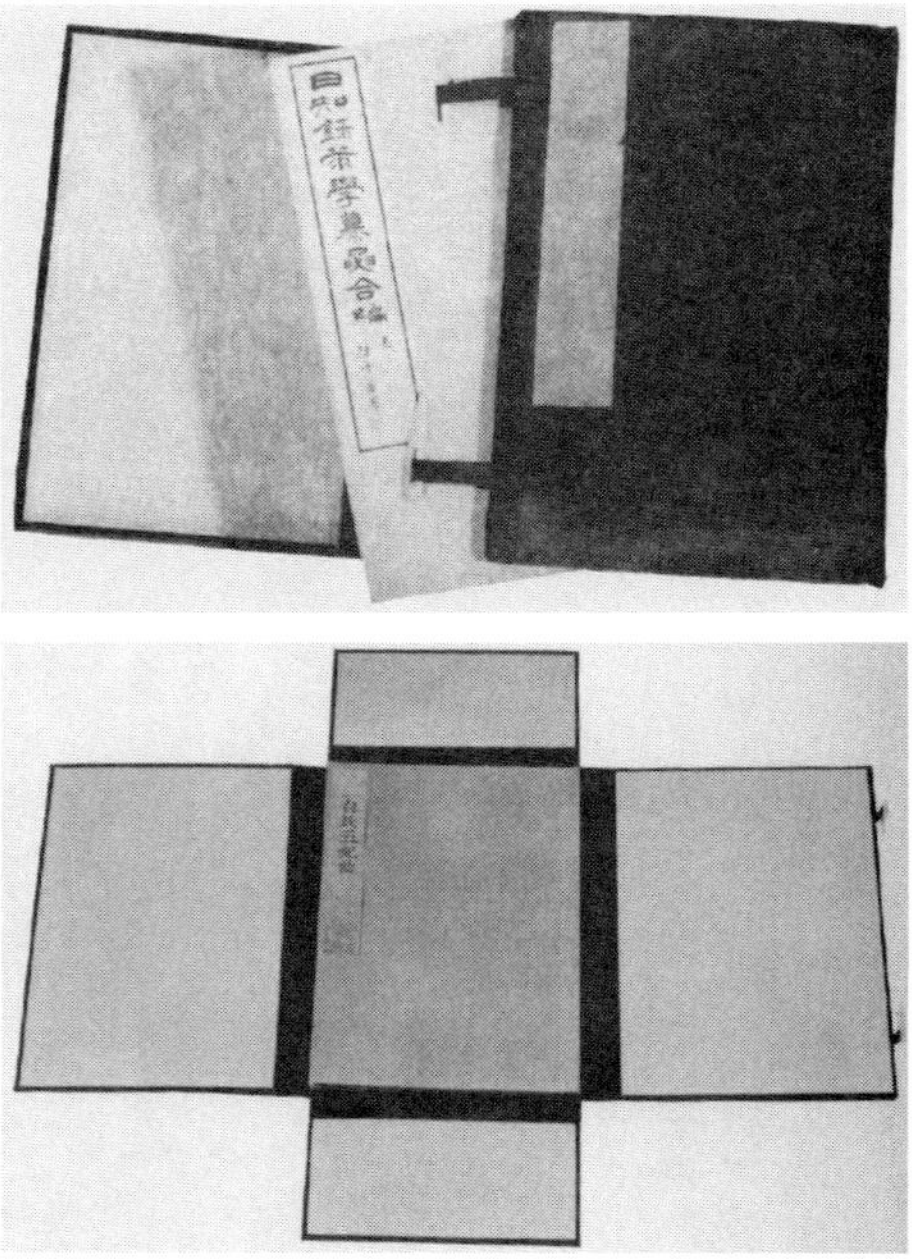

布帙の例（長澤規矩也『図解図書学』汲古書院, 1974年より）

るが、その原本が残るものは少ない。この資料は内閣文庫伝来のものでなく、かつて内閣文庫に在籍された方から昭和六十一年（一九八六）に寄贈を受けたものである。この資料を包む布帙は一般の帙が左右にだけハネ（覆い）が附いているのに対し、上下にもハネが附いている上製の帙である。この帙は資料の天地まで保護し、塵や埃の侵入とともに資料の脱落を防ぐという効用もある。

板　帙　帙の利用は書物の保護のためには非常に有効な方法であるが、糊を使用するうえに湿度の高い地方では布や板紙が湿気を含み、かえって虫やカビを呼ぶこととなる。これを防ぐために、南方では書物の上下を板で挟み紐で留める板帙（夾板）が利用された。
59『皇明実録』は中国の清代初めに中国で書写されたもので、特製の桐の板帙は文政六年（一八二三）に御文庫で新調されたものである。このことは『御書物方日記』の記事中に見られる。60『東莱先生詩集』の板帙の材質は杉、61『白田草堂存稿』は欅である。62『通商条約章程成案彙編』は中国で鉛製の活字を用いて印刷（中国では鉛印と称している）された通商に関する条約・税務・交渉等の資料集。本書の板帙は刊行のときから本書に附属していたもので、材質は黒檀《こくたん》、表面には書名が彫り込まれ、緑色の絵の具が塗り込められている。

乳の位置　資料が薄冊の場合、そのままの厚さでは帙の合わせを

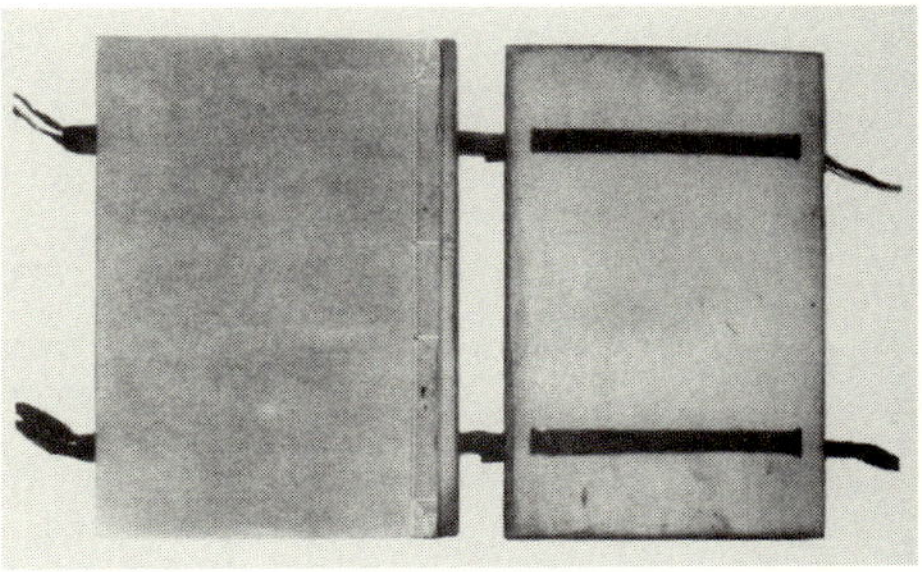

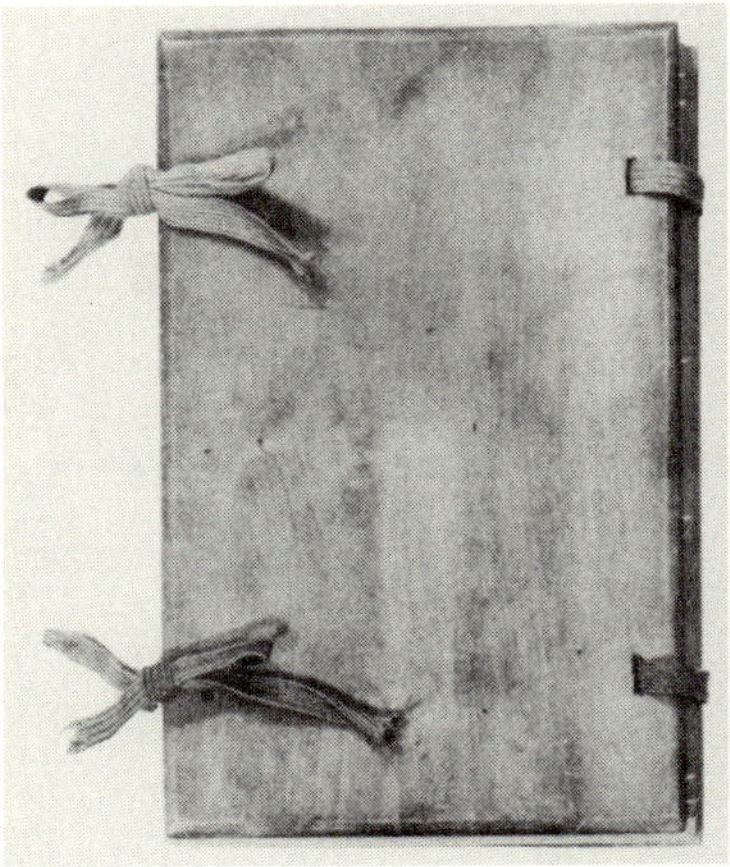

板帙を開いた例（上）と板帙を閉じた例（下）（長澤規矩也『図解図書学』汲古書院，1974年より）

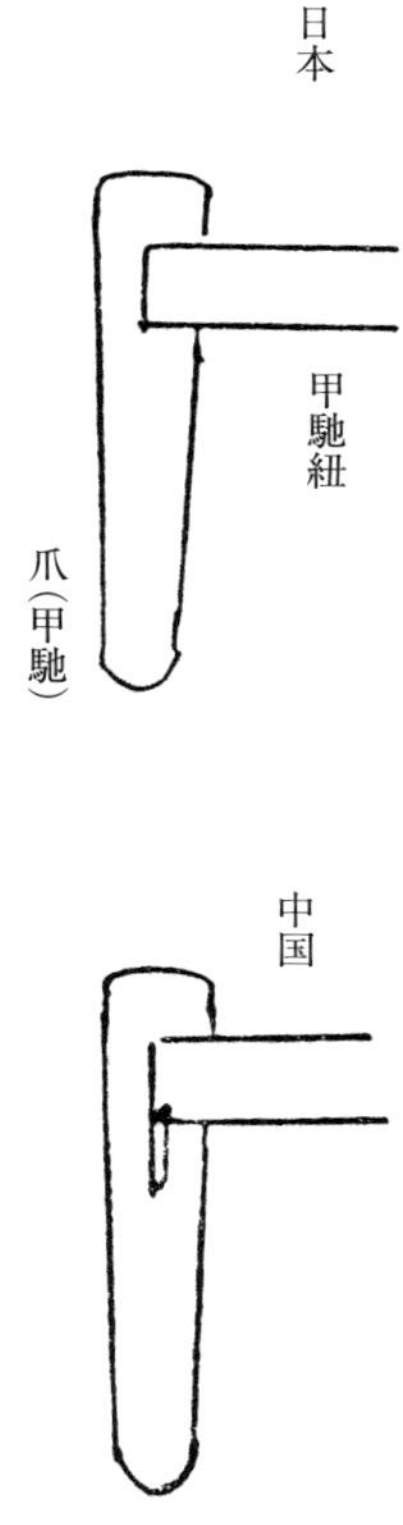

日本の帙（上）と中国の帙（下）

止める甲馳《こはぜ》（爪ともいう）を入れる穴（乳《ち》）が作れないので、本の前後に板紙を加えたり、帙の底部自体を厚くしたりして帙の厚さを増して乳を作るが、63『伊洛三子伝心録』のように乳を裏側に作る場合もある。

日本の帙と中国の帙　日本の帙と中国の帙とを比べると、中国の方が甲馳が細くて長いとか、用いられる布が色も厚さも薄目であるとか、材料や形、作り方に相違があるが、特に顕著な相違は、甲馳を帙の本体に接続する紐を通すために甲馳に開けられた穴の大きさである。中国製が紐の幅の二倍近くあるのに対し、日本製は紐の幅とほとんど同じ大きさである。中国製の方がきつく締めることができる。65（一）『瑞竹堂経験方』が日本製、（二）『荒政輯要』が中国製の例。

なお、66『日講書経解義』は『書経』の満州語訳。満州語は左縦書きであり、中国語の右縦書きと正反対となるため、本の綴じ位置も左側となり、それに対応して甲馳の位置も右側となっている。

甲馳の材質　甲馳には象牙または動物（鯨・牛など）の骨が多く使われるが、それ以外にも書物の貴重さの度合い、あるいは所蔵者の好みによって、形を含め多種多様の例を見ることができる。67『東医宝鑑』の帙の甲馳には大振りの象牙、69『太平御覧』は中央が三角に尖った象牙が使われている。70『大清一統志』は木製の活字で出版された清朝の全領土を記述した地誌。本書の帙の表は黄色絹地に唐草模様、裏は銀砂子のある桃色の紙。本の表紙は、黄色地に銀砂子となっている。甲馳は朱が塗られた象牙。71『七書講義』は大振りの黒檀、72『武経標題正説』は鼈甲《べっこう》。紅葉山文庫の漢籍に多い例である。73『平家物語評判秘伝抄』は紫檀《したん》。表の布は金茶色地に果木・糸巻・卍等の模様が織り込まれている。74『新法暦書表』は真鍮製。表の布は金茶色地に龍の模様が織り込まれ、内側は白紙に金箔散らし。書物の表紙は緑色の絽《ろ》。75『四書訓蒙輯疏』は銅製。表紙は銀煤竹色の布張り。題簽は絹張り。76『周易述義』は錫製。表の布は縹色地《はなだいろじ》に雲と菊花模様、裏は金箔。明和九年（一七七二）十月薩摩守重豪《しげひで》（薩摩藩主島津重豪のこと、天保四年〈一八三三〉没、八九歳）から大成殿に献納されたもの。その旨を記した黒漆塗のケンドン箱に収納されている。77『大学衍義』は黄楊《つげ》。78『紉斎画賸』は玉。79『文選楼叢書』は竹。

このように甲馳の材質を徹底的に調査し、それを一堂に展示した。彫刻を加えたものは少なかったが、ほとんどの例を挙げ得たと思っている。我ながら少しくどすぎるとも思ったが、意外に好評であった。

（2）箱・籤等

書　目　書物を帙に入れても、そのまま棚に並べるのではなく、箱に入れると、さらに保存の効果がある。

箱のいろいろな種類を80『本草通串証図』81『寛政重修諸家譜』82『保元物語』『平治物語』83『謡抄』84『細流抄』85『平家物語』86『謡本』87『資治通鑑』88『太平御覧』89『本朝通鑑』90『古今図書集成』91「紅葉山文庫の箱」92（一）『類腋』・（二）『読書紀数略』から見ることとする。

かぶせ蓋式の箱　80『本草通串証図』は浅いかぶせ蓋《ぶた》の例である。材質は桐の素木《しらき》、蓋の表面には書名が墨書されている。81『寛政重修諸家譜』は紅葉山文庫に伝わった献上本。同じ桐の素木で作られた深いかぶせ蓋で、本体の両側面に深い切り込みを作り、本の出し入れを容易にしている。蓋の側面には内容の明細が墨書されている。

82『保元物語』『平治物語』の二書は、現在、内閣文庫の目録では、別々に著録されているが、ともに紺地の表紙に金泥《きんでい》で同種の草花が描かれているほか、筆跡、装訂等全く同じにしているうえに、二本が入る春慶塗の桐製のかぶせ蓋の蓋の表には「保元平治」と書かれていることから、本書が同じ伝来を持つことは明らかである。この箱の本体の側面には、切り込みがあるうえに、底面には穴が空けられていて、さらに本の出し入れを容易にするための工夫がなされている。

83『謡抄』は伝来の内に生じた文字や意味の異同を正す目的で、文禄・慶長ころ（一六世紀末）に着手した注釈作業の成果を取り入れた謡曲のテキスト。表紙の中央上部には金泥で草花を描いた題簽が貼られ、曲名が書かれている。銀で縁取りされたかぶせ蓋の表面には、漆の濃海老茶色地に金泥で

(80)浅いかぶせ蓋の例

(81)深いかぶせ蓋の例

(83)螺鈿のあるかぶせ蓋の例

(84)帙を箱に入れる例

唐草が描かれている。上の面には、螺鈿で『謡抄』と象嵌されていたらしいが、今はない。箱本体の側面も深く切り込まれている。

84『細流抄』は三条西実隆《さんじょうにしさねたか》の教えを受けたその子公条《きんえだ》が大永八年（一五二八）にまとめた『源氏物語』の注釈書。文庫本は、大永八年と天文三年（一五三四）の公条の本奥書を持つ江戸前期の写本である。表紙は紺地に金糸による唐草模様、帙は山吹茶色の地に同じ模様を金糸で描く。さらに、浅い蓋に金泥で書名を書した黒漆塗の箱に収められているので、極めて保存状態は良い。

85『平家物語』は扉の附いた箱の例である。箱は春慶塗で、前面の両開きの扉には金泥で書名と巻数が書かれ、内部は四段の引き出しに分かれ、それぞれに引き手が附いている。箱の上部には、持ち上げるための金具がある。錠は失われている。文庫本は本文の用紙にも金泥で模様を描いた美本。山田孝雄《よしお》博士の『平家物語考』（明治四十四年〈一九一一〉刊）以来、本書は「秘閣粘葉八坂本」と称されているが、その装訂は綴葉装である。

ケンドン箱　86『謡本』から90『古今図書集成』まではケンドン箱の例である。ケンドンは倹飩・慳貪・懸戸などと書かれる。前面に開閉部があり、その上下または左右に溝がある。上下に溝がある場合は上の溝が深く下が浅い。一旦、上の溝へ蓋になる板を差し込み、下の溝に落とす方法で蓋をする。食堂が出前に使用する岡持の要領である。左右に溝がある場合は、蓋となる板を左右の溝に合わせて上から落とせばよい。

86『謡本』は喜多流能楽のテキスト。箱の表面には、黒漆地に金泥で藤の花と葵の紋が散らされ、

（85）扉付きの箱の例

本体には五冊ずつ収められた引き出しが六段ある。蓋の裏には各段に収められた曲名が一覧されている。金具は大部分失われているが、残るものは銀製である。本の表紙は、紺地に花散らし模様で、表紙の中央上部には、曲名を墨書した金泥で草花模様を描いた題簽を附す。

87『資治通鑑』は湯島聖堂の安永壬辰（元年・一七七二）の罹災後に、讃岐高松藩主松平頼真から献納されたもの。黒漆塗の蓋の表中央には大きく「資治通鑑全書　上（下）函」と、裏には献納の経緯が、ともに金泥で書かれている。箱の中は二列五段に区切られ、各段には七〜一〇冊が一帙に入っている。その帙の出し入れに便利なように、帙を受ける黒漆塗の盆が附いている。

88『太平御覧』は桐素木製である。蓋裏の墨書によって、人見友元が四代将軍家綱より拝領したものを、その子孫が再び学問所に献納したことが知られ、表紙には献納書を示す学問所の朱印が捺されている。

89『本朝通鑑』の清書本は黒漆塗の、中書本は春慶塗のケンドン箱にそれぞれ約二〇冊ずつ収納され、それを三箱ずつ桐の素木の長持五棹に収め、その長持は、さらに杉製の長持に収められている。

90『古今図書集成』には一〇冊前後を一括して収納する支那桐で作られたケンドン箱があり、上方に引き抜くようにした前面の蓋には、中央に書名を、左右に編名と箱の番号が刻入されている。

91「紅葉山文庫の箱」では紅葉山文庫の蔵書を保管する桐材の箱のうち、墨書等があり、その来歴が知られるものを紹介した。（一）「文化十一年甲戌十二月成／近藤重蔵／鈴木岩次郎／藤井佐左衛門／高橋作左衛門」（七個）、（二）「文化十一年甲戌十二月成」（一個）、（三）千字文の文字が、蓋の右

(86)ケンドン箱の金泥・漆（引き出し）の例

(87)ケンドン箱の黒漆（盆付き）の例

(88)ケンドン箱の桐素木の例

上と箱本体の右上内側に墨書（三三個）、（四）「文政己丑」（十二年・一八二九）の焼印（六三個）である。（一）の四名は当時の御書物奉行で、『御書物方日記』の記述とも一致する。

箱の具体的な働きを示す資料として92（一）『類腋』・（二）『読書紀数略』を展示した。（一）（二）の両者は請求番号も近く、ともに昭和二十年（一九四五）二月二十五日の空襲による被害を受けたが、箱に入っていた（一）は書物自体にほとんどその跡が見られないのに、（二）には煙による著しい変色が見られる。箱が書物の保存に果たす役目を顕著に証明している

(90)ケンドン箱の中国製の例

例である。

書物の損耗を防ぐ　保存という より書物の損耗を少なくするための一手段として検索の工夫がある。誤請求や求める資料が見つからないために必要以上に資料に手を触れてしまうというような無駄な利用を防ぐことは、消極的ながらも資料のより良い状態での保存を実現していることになる。例えば既に展示した18『東大寺文書』中の籤《せん》（軸仕立ての文書の検索の便を図るために案出された一種の見出し。往来《おうらい》ともいう）や小口書（下小口に記入された簡略化された書名）は検索のために非常に便利である。さらに題簽や外題も正確さには欠

(91)紅葉山文庫の箱の蓋の裏面

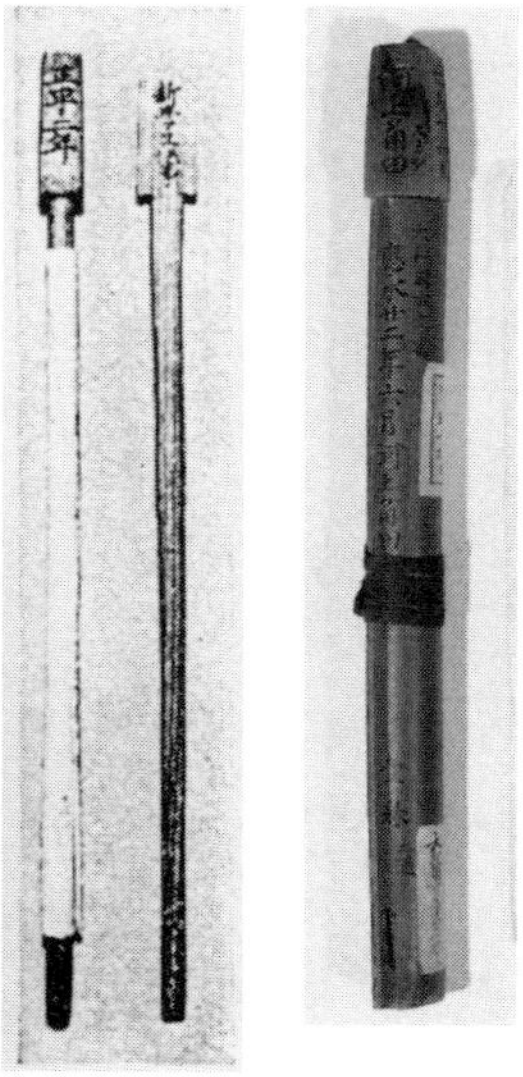
籤

けるものの便利なものである。

五　蔵書印に見る愛書の心

書目　蔵書印は、本来所蔵者の所有権を他人に主張するために考え出されたものであるが、世に愛書家と呼ばれる人々は、書体・書風・印形に工夫を凝らすとともに、自らの愛書の心情を印文に込めて表現することが多かった。

この展示会最後のコーナーでは、単に誰々の蔵書印というだけでなく、捺印から愛書の心情が感じられるものを選び、93『武蔵名所考』94『奥羽観迹聞老志』95『淮南鴻烈解』96『佩文斎書画譜』97（一）『文選』・(二)『茅鹿門先生文集』98・99『楚辞』100『海島逸志』101『播磨名所巡覧

図絵』102『常陸国誌』103『授時通考』104『黒田家日記』105『秘伝花鏡』106『天工開物』107『荘渠先生遺書』108『後漢書』『宋朝事実』109『蛙抄』110『今按名蹟考』を展示した。

取扱いの注意　印文に書物の取り扱いに関する注意を刻することがある。これは、自己の戒めとするとともに他人の注意を喚起したいとも考えたからであろう。93『武蔵名所考』には江戸時代中期の国学者堤朝風の蔵書印が捺されている。その印文は「第一と第二のゆひ（指）もて／ひらくへし其よみたる／さかひにをりめつけ又／爪しるしする事なかれ」とある。

94『奥羽観迹聞老志』には青柳文蔵の蔵書印三種が捺されている。青柳文蔵は江戸後期の仙台の儒医で、一万冊近い蔵書と維持費を仙台藩に献納、領民への公開を城内に設けられた青柳館文庫において実行したことで知られる。本書に捺された蔵書印の印文は「青柳館／文庫」「市井臣文／蔵献／仙台府書」のほか、取り扱いに関する基本的注意を掲げた「勿折角勿巻／脳勿以墨／汚勿令鼠／齩勿唾幅掲」がある。「脳」は書脳のことで、書物の綴じ目に近い部分（「のど」）を指す。「巻脳」は単に「脳」だけでなく、片手で書物を丸めて持つことを意味している。古書は、安定した机などの上で閲覧すべきこと、今も知られている注意である。

95『淮南鴻烈解』には江戸時代中期の大坂の儒者松井羅州の蔵書印がある。この印文では中国元代の能書家で知られる趙《ちょう》子《す》昂《ごう》の言を引いて、青柳文蔵のものよりさらに具体的に取り扱いの注意を述べた後で、補修にまでおよんでいる。展示書の蔵書印の印文は「大阪　耕読園蔵」と結んでいるが、従来は、同文で「大阪　臨照堂蔵」とするものが知られていた。

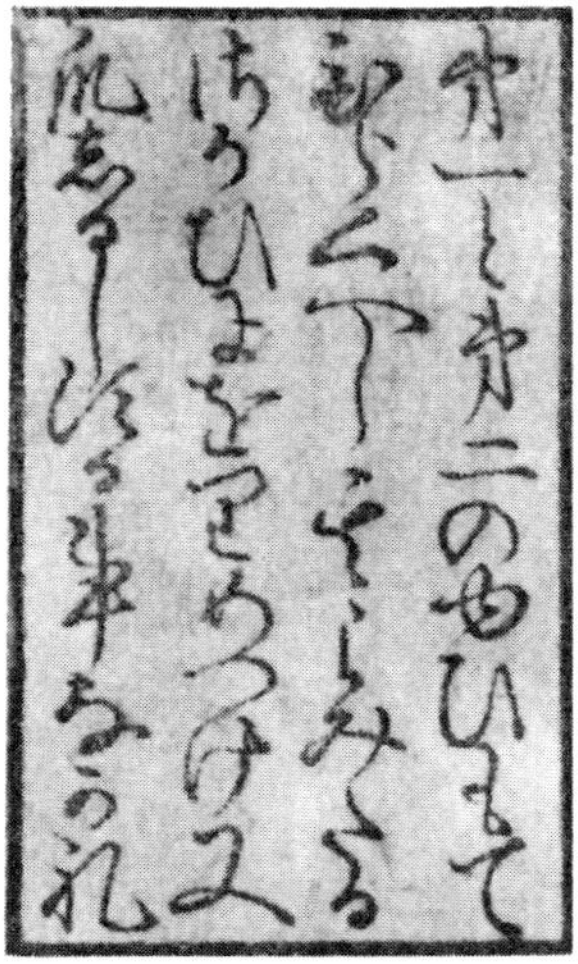

(93)堤朝風蔵書印

(94)青柳文蔵
蔵書印1

(94)青柳文蔵蔵書印2

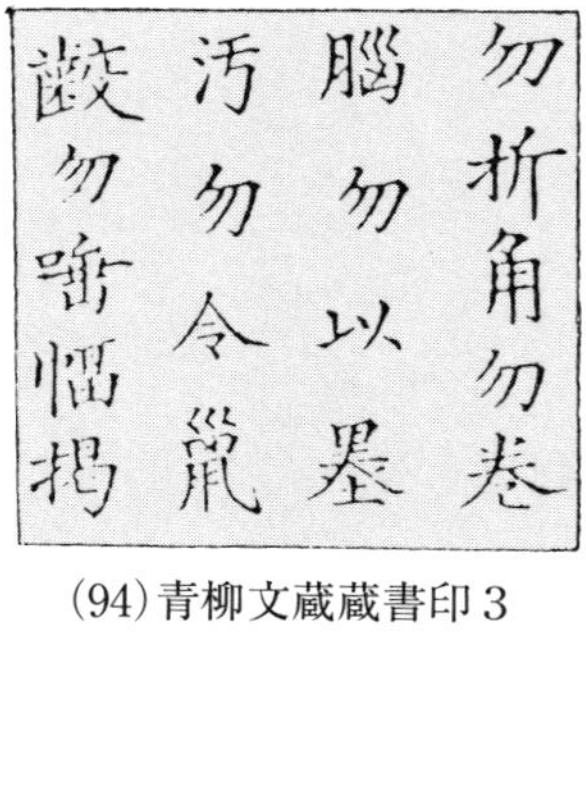

(94)青柳文蔵蔵書印3

(95)松井羅州蔵書印

96『佩文斎書画譜』は中国清末の方駿謨（字は元徽）の蔵書印で、「勿」で始まる心構えを列ねたうえに、「以嘱児」とそのことを子孫にも求めている。

97（一）『文選』・（二）『茅鹿門先生文集』は中国明の正徳中（一六世紀初）の進士載金の蔵書印であるが、蔵書票に近いもので、捺印でなく、版木で印刷したものを貼り込んでいる。これには同文ながら大小の二種類がある。（一）が大きい方の例で、（二）の約二倍の天地がある。載金の旧蔵書は割合多く我が国に伝来している。

管理の注意　収蔵した書物が破損したり散逸したりすることのないよう、管理のための注意や希望を述べた印文を持つものも見られる。

98『楚辞』の印文には、書物にとって何が幸いになり何が災いになるかを列挙し、その書物を所蔵した人物によって「幸」にも「災」にもなるものだと述べている。例えば、「幸」とは好学の人の手に入ること、修補に努めること、清潔な場所で長く保存されること、良い子孫を持つことなど、「災」とは蔵書の保持が困難となり、手放し、売りに出されること、脂汗の手で書物を繰ること、爪で書物を傷つけたり唾を附けて書物を捲ったりすること、枕にすること、墨で汚したり質の悪い書き入れをしたりすることなどである。この蔵書印の使用者は未詳であるが、本書にある他の蔵書印から、明の嘉靖前後（一六世紀前期）に在世した王寵とも推測できる。

99『楚辞』は江戸時代後期の書画商安西雲煙の蔵書印。「子孫永保」と刻し、蔵書の永久を望むとともに、「共三巻」と管理に関する情報の一つである冊数が記入できるようにもなっている。

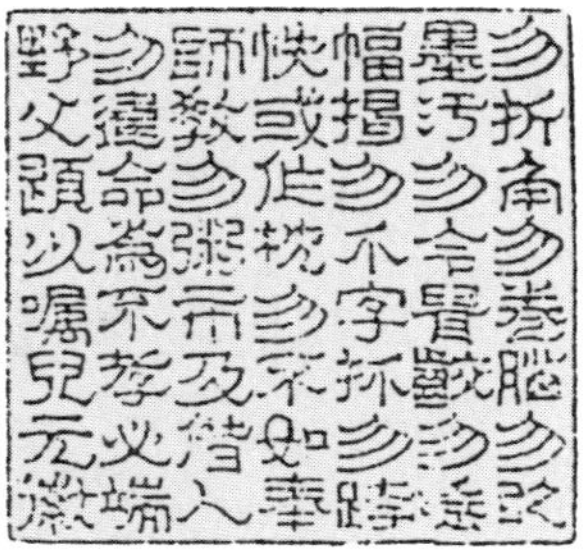

(96)方駿謨蔵書印

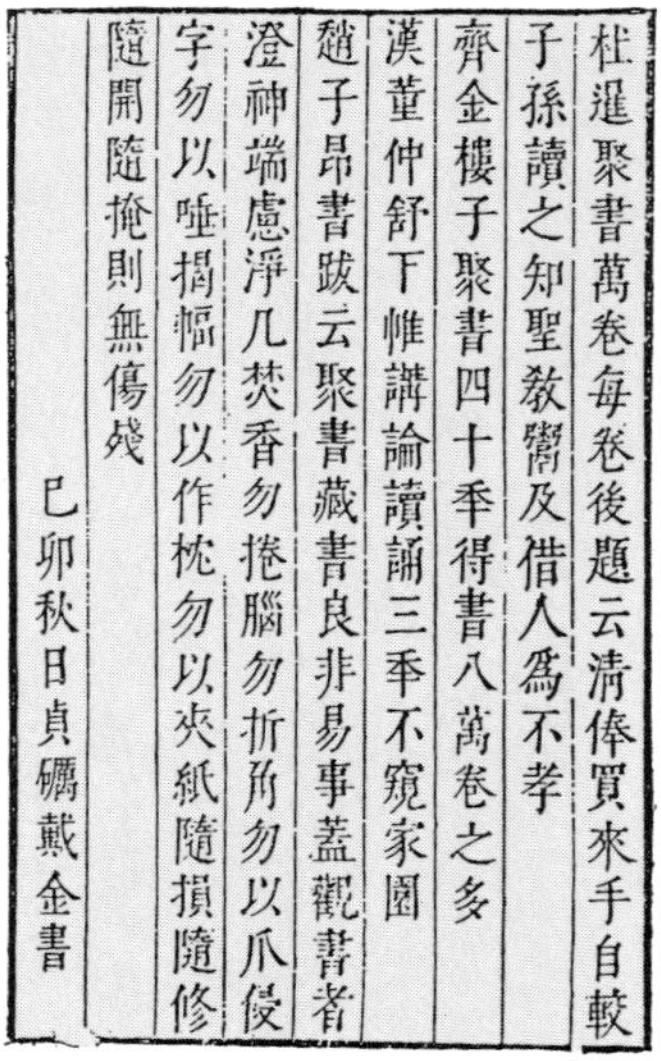

杜暹聚書萬卷每卷後題云清俸買來手自較
子孫讀之知聖教鬻及借人為不孝
齊金樓子聚書四十秊得書八萬卷之多
漢董仲舒下帷講論讀誦三秊不窺家園
趙子昂書跋云聚書藏書良非易事善觀書者
澄神端慮淨几焚香勿捲腦勿折角勿以爪侵
字勿以唾揭幅勿以作枕勿以夾紙隨損隨修
隨開隨掩則無傷殘
己卯秋日貞礪戴金書

(97)戴金蔵書印

100『海島逸志』は幕末の本草家阿部喜任（櫟斎）の蔵書印。「またがしハいや／阿べ喜任」と、蔵書家の切実な思いが表わされている。

101『播磨名所巡覧図絵』の蔵書印には「らくがき／御用捨（容赦）」とある。この蔵書印の使用者は貸本屋と思われる。印文からは、商売物の書物を汚されたくないとの気持ちが、ひしひしと感じられる。

102『常陸国誌』は東叡山寛永寺開山堂が使用した蔵書印。龍を周囲に配した大印。印文には、「貫主大王令旨／不可漫出門外」とあり、散漫な利用を禁じている。

103『授時通考』は大坂の町人学者で、珍書・珍物の収集で知られた木村孔恭の蔵書印。「蒹葭堂／秘不許／出閫外」とある。「閫」とは、敷地や屋敷の内外を限るもの、出入り口の敷居などのこと。ここから持ち出さないということは、現在の禁帯出扱い

(99) 安西雲煙蔵書印

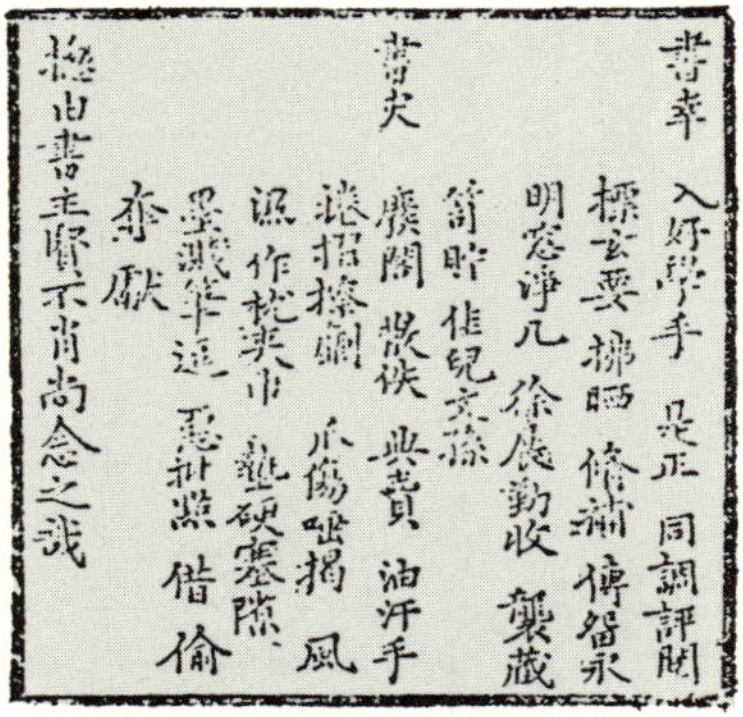

(98)〔王寵〕蔵書印

(102) 東叡山開山堂蔵書印

(100) 阿部喜任蔵書印

(103) 木村孔恭蔵書印

(101) 貸本屋（井伝）蔵書印

と同意味である。

集書の努力　集書の成果は単に財の豊かさのみを以て挙げ得るものではないが、それが最大の要素であることに違いはない。蔵書印に集書の努力を刻むような人々は、多く身を削ってまで集書に努めたと、その苦労を強調している。

104『黒田家旧記』は紅葉山文庫の御書物奉行で蔵書家としても知られる鈴木白藤の蔵書印。「節縮／百費日／月積之」には、集書に努めた状況が良く表されている。

105『秘伝花鏡』には「春菴／捐衣食／所聚」とあり、衣食を我慢してまで集書に努めた様子が伝わる。使用者阿部春菴の伝記は未詳であるが、100『海島逸史』にもこの印があり、同書にある阿部櫟斎・将翁の印が本書にもあること、さらに本書の巻末には「櫟斎阿部喜任／領此書之大意」の朱印があること等から、その同族であったことは確かである。

106『天工開物』には江戸時代後期の儒学者朝川善庵の蔵書印「善菴三十／年精力／所聚」がある。

107『荘渠先生遺書』の第一冊遊び紙の表に有像の朱印「先知我名／現見吾影／委辨諸書／専選善本／唐少村／小影」があり、本書の稀覯書たることを識した自筆の識語もある。使用者の伝記は未詳であるが、その裏には「本坊精選新旧足冊／好板書籍倘有残篇／短缺認明興賢堂書／舗唐少村無悞印」の黒印があり、興賢堂と称する書肆であったことが知られる。

蔵書印の位置　蔵書印が他人に自己の所蔵を主張するものである以上、盗まれることはもちろん破り取られたりする危険を避けるために、必ず本文の文字に掛けて捺印するのが通例である。しかし、そのために文字が判読困難になることもあり、また捺印そのものが書物を汚すと考えた蔵書家もいた。108『後漢書』『宋朝事実』は昌平坂学問所の捺印例である。学問所の書物は学問を進めるうえの必要性から収集されたものであるから、一般の愛書家のように装訂や伝来等でなく、本文の良否を最も

(104)鈴木白藤蔵書印

(105)阿部春菴蔵書印

(106)朝川善庵蔵書印

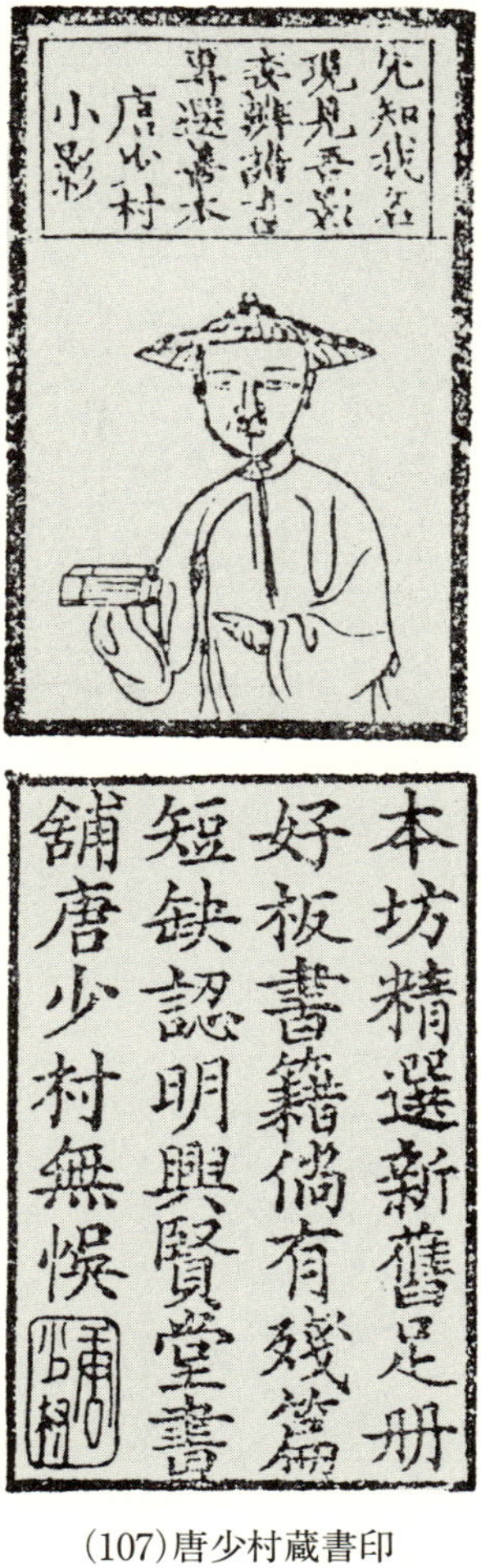

(107)唐少村蔵書印

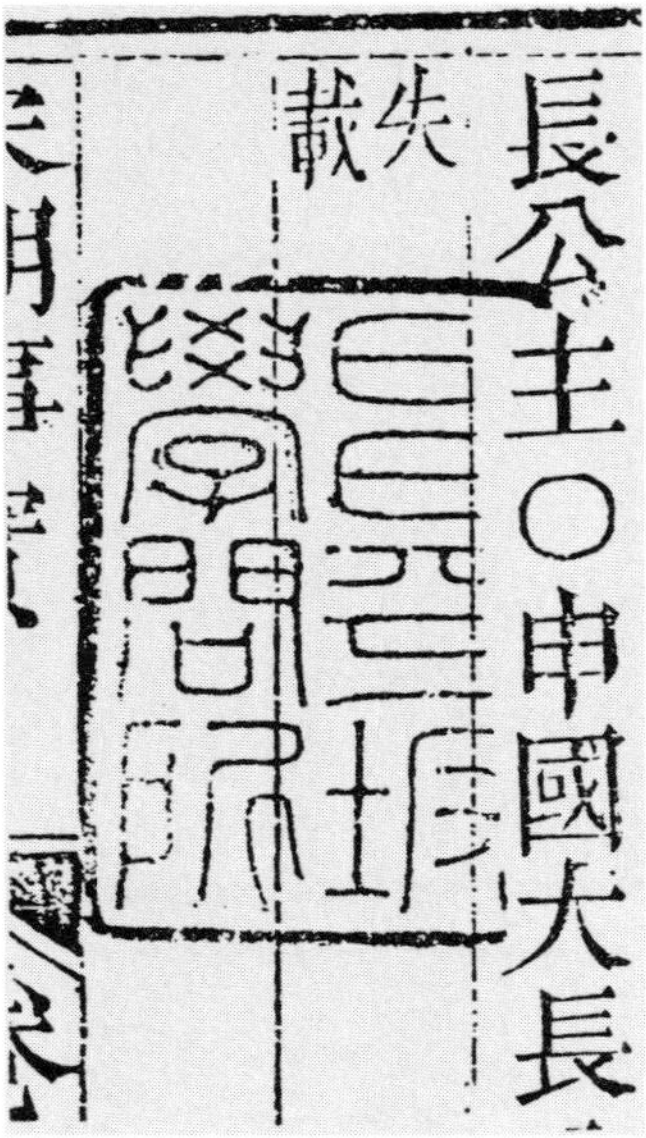

（108）昌平坂学問所蔵書印 2

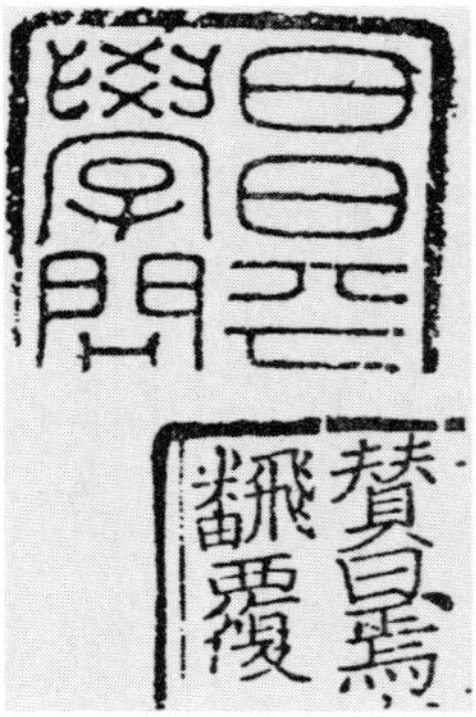

（108）昌平坂学問所蔵書印 1

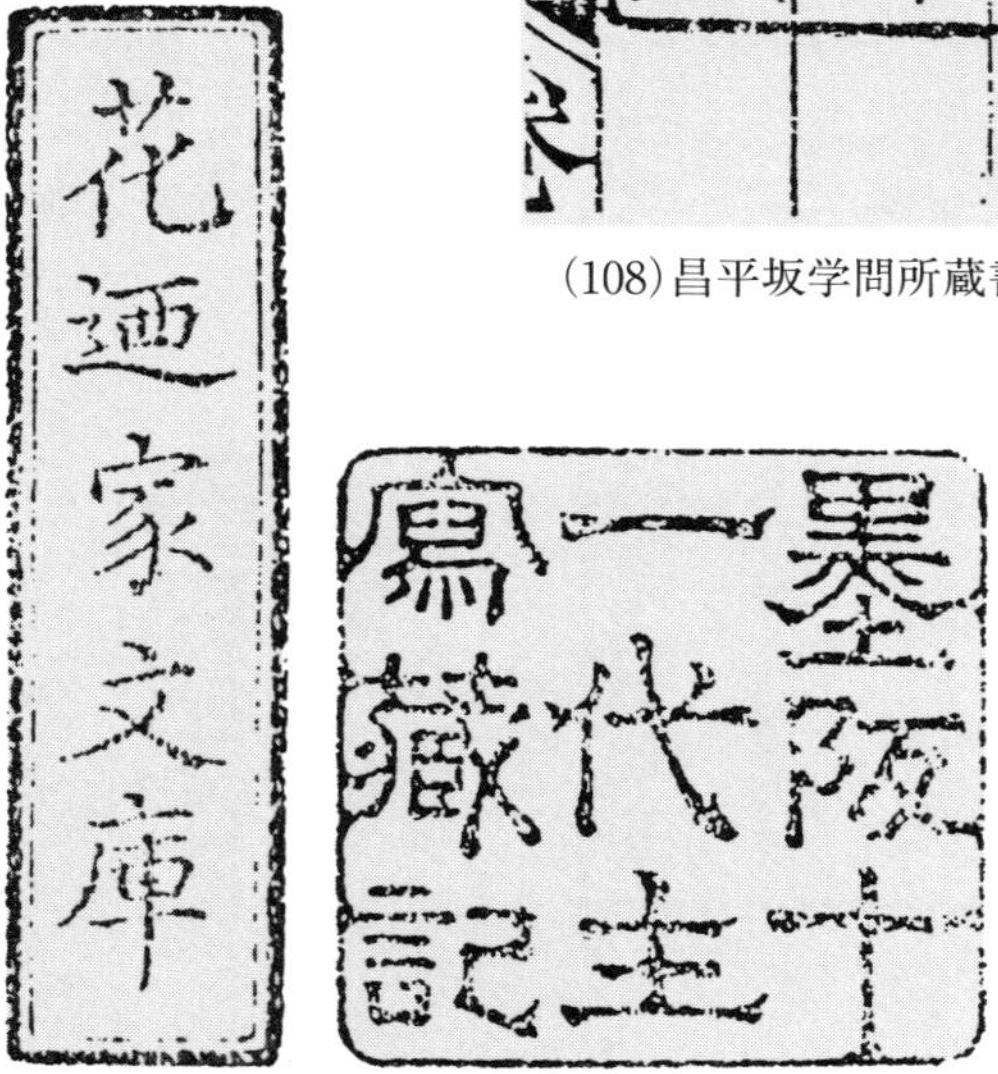

（109）堀直格蔵書印

重視した。故に捺印によって文字が読めなくなるのを避けるために文字を避け、捺印をする余白がない場合は、文字の部分に紙を当てて蔵書印の方を削っている。

109『蛙抄』は信州須坂城主堀直格の捺印例である。「花迺家文庫」「墨阪十／一代主／写蔵記」の二印は、前以て捺印した紙を切り取り、それを表紙裏等に貼り附けるのみで、直接本文の用紙に捺印していない。ただ「堀氏／文庫」「天保十一庚子年写蔵」印は、文字に掛からないが本文の用紙に直接捺印されている。

110『今按名蹟考』は伊勢松阪の富商で詩文に秀でた小津桂窓（窻）の捺印例である。通例、第一冊目の表紙右肩に蔵書印の二倍大の白紙を貼り、その下方に蔵書印「西荘文庫」を捺し、上方の余白に函架番号・全冊数を記入している。最末冊の余白に、同じ印を捺す以外、他に捺印はない。

（110）小津桂窓蔵書印

印文の判読　蔵書印の印文の判読はなかなか難しく、特に中国人のものは参考書が不足していることもあり、公文書館の全智を傾けて挑戦したがそれでも誤読があり、来館者から指摘されることもあった。また単に翻字をしただけでは意味が良くわからないのではとの親切心から口語訳も試みた。これもまた苦労することとなったが、印文や意味の面白さもあって、好評であったのは救いであった。

蔵書印と蔵書の襲蔵　明治時代の歌人で国文学者の落合直文も蔵書印の印文を取り上げ、「松崎慊堂翁はその蔵書印に此書嘗在松崎氏之家としるしたり、子孫の保ちえぬを見ぬきたるその識見、却りてさきの人々にまさりたりともいうべからん。…ある人は、まこと書を愛せば、生前にその方法をめぐらせ、学者の子孫は大かた愚なるものといえり。やや極端なる説なれど、これらの蔵書印を見れば、余もまたうちうなづかるるや」と述べている（明治四十五年刊訂正四版『補訂新体国語教本』第七巻）。本を伝えるということは、いつの世にも変わることのない難事であったのである。

洋装本の保存　実際の展示会では、国立公文書館の修復係にお願いして、この後に「保存のための新しい試み——洋装本の場合——」と題するコーナーを設けた。明治に入り、それまで書物に主として使用されていた和紙に代わって、木材パルプを原料とする洋紙が書物の用紙としては大勢を占めるようになった。この洋紙は生産の過程で添加される硫酸アルミニュウムによって紙自体が酸性となり、それが長い期間の内に紙の強度を低下させる酸性紙の問題が、当時話題になっていた。本格的な脱酸作業などは無理としても、洋紙を少しでも長く良い状態で保存するために比較的容易に実行できる方法を、洋書の修復などでご指導いただいていた書物修復家岡本幸治氏の助言も得て紹介した。

六　展示会の主題選定の契機

外国人研究者の来館　以上に紹介した展示会「古書を伝える——先人の知恵と努力——」を開催した動機は、本章冒頭で述べたように、たまには書物そのものを主題にしたいという気持ちにあったことは事実であるが、この展示会の前年昭和六十三年（一九八八）九月に来館された二組の外国人の訪問にも影響されている。

毎年、外国人の研究者は数多く来館されているが、その多くは閲覧による調査を目的とする人々で、直接話す機会のある場合も日本の社会・文学・言語に関する研究であった。しかし、ここで話題とする二組は、ともに書誌学とか図書学とかいわれる分野に興味を持ち、主としてその日本的展開を調査・研究されておられる人たちであったので、筆者の専門とする方向とも合致し、興味深く対応することができた。

その第一は、デンマークの修復を専門とする機関に所属する二名の女性に対して実物を例に取って実施した図書の保護に関する伝統的な手法についての説明である。これに類することは従来もあったが、当日になって見学者との会話の中で、この種の希望があることを知り、急遽それに対応するという程度であった。しかしこの時は、前以てそうした希望を告げられていたので、少しまとまった説明をすることができた。その内容は今回の展示会の装訂、帙と箱、補修の各項目に類するものであった。

その二は、当時シカゴ・ニューベリー図書館の図書紙保存専門家であった女性に行った説明である。昭和六十二年十二月、東京大学史料編纂所教授金井《かない》圓《まどか》先生を通じ、日本の一二世紀から一八世紀の中ごろに至る時代の、軸装を除く書物の装訂について約一週間にわたって調査を希望する旨連絡があった。国際交流の観点からも、受け入れに異存はないが、当館では希望される「原装（その書物が誕生した当時の姿のままに今に伝わっているもの。ただし、綴じ糸は代えられていても構わない）」の書物は、特に古いところでは充分でないので、史料編纂所・宮内庁書陵部と共同で実施することとし、当館は、そのうちの二日間を担当した。

当館での調査の間は、金井先生が通訳を担当してくださり、午前九時三〇分から午後五時まで、熱心に調査を実施された。内容的には、第一の場合と同傾向ではあるが、装訂について、さらに例を挙げて詳しく説明した。予定のスケジュールが終了した後も、補修の実際に関心があるとのことで再び来館され、修復係から説明を受け、午後には、修復係とともに和紙の専門店に出掛ける等、国際交流の実を大いに上げることができたと思われる。

金井圓先生　なお、金井先生は国立公文書館の開館以来、当館の業務に強い関心を示され、種々の支援をいただいてきた。例えば、館報『北の丸』の英文目次を創刊号から平成十三年（二〇〇一）七月にお亡くなりになる直前の第三三号までご担当くださったり、公文書館制度に関する講演をお願いしたりするなど、数え切れないほどである。特に『北の丸』の英文目次は、同誌が英文の要旨を持たないので、単なる表題の英訳ではなく、内容についての注記を含んだ形で表現して外国の人にも報告の内容が判明するようにして下さる等、大変深いご配慮をいただいていた（最近号には、英文要旨が附されている）。

反　省　このように平成元年（一九八九）の展示会は、二組の外国人見学者に対して実施した小展示が底流にあり、それを拡大してまとめたものである。来館者の反応は、このような視点から展示会が開けるとは思わなかったなど、おおむね好評ではあったが、あれもこれもと内容が豊富すぎて散漫的であったとともに、疲れてしまったとの批評もいただいた。これは、既述したように、このような内容の展示会を開催できるのは千載一遇の好機と意気込み過ぎた結果で、反省するもののご理解もいただきたいものと願っている。

附　内閣文庫資料の利用法

独立行政法人国立公文書館に所蔵される古書・古文書（内閣文庫資料）の利用方法は、館のホームページの「閲覧室ご利用案内」に詳しく紹介されているので、各自アクセスのうえ、確認されたい。

・ホームページ　http://www.archives.go.jp/
・電　話　〇三—三二一四—〇六二一
・ＦＡＸ　〇三—三二一二—八八〇六
・所在地　〒一〇二—〇〇九一　東京都千代田区北の丸公園三—二
・交　通　地下鉄東西線竹橋駅下車、［１ｂ出口］を出て右すぐの横断歩道を渡り、竹橋を過ぎ、国立近代美術館の次。徒歩五分。

なお、現在、国立公文書館が所蔵する資料は、すべて「特定歴史公文書等」の名称の下に統一され、「古書・古文書」「内閣文庫」などの名称は現れないが、それらの資料は従前通り保存され利用に供されているので、各目録に記載された請求番号で閲覧請求手続きをすることによって利用することができる。加えて「原本による閲覧」を建前とするため、原本を閲覧できる可能性が高まっている。さらに、閲覧者が、一定の制限はあるものの、個人のカメラで撮影することが可能となったので、以前のように、たった一コマや二コマのために、複写申請書類を提出して何日も待つというようなことはなくなった。

［餘録］　昭和四十六年（一九七一）に国立公文書館の一課となって以来、明文化された内閣文庫資料独自の利用法は存在しなかったが、筆者が在籍しているころまでは、公文書と古書・古文書とでは、利用の形態や館としての対応の仕方に明確な相違があった。「古書・古文書」と呼ばれる資料は、「公文書」より、明らかに古く誕生したものであり、それ故、慎重な取り扱いが必要と考えていたからである。

今回、この項を草するにあたり、館に照会したりホームページを閲覧したりすると、公文書館が所蔵する資料は、一律に主として国の機関や独立行政法人等から移管された公文書類を指す「特定歴史公文書等」と規定され、資料そのものが持つ特性については、考慮されていないようであった。もちろん、閲覧が制限されている資料も存在するが、その範囲は極めて限定され、「原本による閲覧」が大前提のようであった。筆者が在職中は、貴重と称される資料のマイクロ化のために、あれこれ理由をつけて予算を獲得するために行った努力は何だったのだろうか。原本ではなく、紙焼本からの自己撮影・自己複写なども考えられるのではないだろうか。

年齢制限の撤廃や個人撮影の許可などは、情報公開の促進を求める現下の情勢に対応するためと思われる。しかし、資料は現在の人々の利用要求のためだけに存在するものでないことは明らかで、後世の人々にも同じ条件で提供することが重要である。いわゆる公文書も明治以来一四〇年以上経過するものもあり、今後ますます古書・古文書との時代差は狭まるばかりである。そのためにもできるだけよい状態で保存するための配慮も、また重要と考えている。利用に際し加えられる種々の制限はできるだけ排除すべきことは当然であるが、「Ⅱ蔵書点描」の36『万川集海』でも述べたように、一定の救済措置を整備したうえで、ある程度の制限は必要と、個人的には今も考えている。

参考資料

より詳しく内閣文庫を知っていただくために参考となる主な資料を案内する。

『内閣文庫百年史』国立公文書館（内閣文庫）編　昭和六十年十二月刊
（本書の増補版が、昭和六十一年七月に汲古書院から刊行されている。）
『（改定増補）内閣文庫蔵書印譜』国立公文書館（内閣文庫）編　昭和五十六年三月刊
（本書は、昭和四十四年三月刊行の初版に一〇名四機関五八種を増補したもの。）
『内閣文庫書誌の研究』福井保著　昭和五十五年六月青裳堂刊（日本書誌学大系一二）
『紅葉山文庫』福井保著　昭和五十五年八月郷学舎刊（東京郷学文庫）
『江戸幕府編纂物』福井保著　昭和五十八年六月雄松堂刊
『江戸幕府刊行物』福井保著　昭和六十年八月雄松堂刊
『内閣文庫宋本書影』福井保解題　昭和五十九年七月日本書誌学会刊
『内閣文庫　思い出咄』福井保・木藤久代著　長澤孝三編　平成十三年十月私刊
『内閣文庫の蔵書の源流』長澤孝三著　平成十七年十月刊『悠久』第一〇三号所収

以上のほか、国立公文書館館報『北の丸』にも関連する報告があるが、筆者が関係するものについて一覧する（敬称略）。

第一三号：明治二十四年宮内省に移管された内閣文庫本について（共著）

第一四号：「（内閣文庫所蔵）統計書展」報告

第一五号：「（内閣文庫所蔵）絵入り本展」報告

第一六号：「（内閣文庫所蔵）貴重古写本展」報告

第一七号：国絵図・郷帳の重要文化財指定について

「（内閣文庫所蔵）林羅山展」報告

第一八号：「（内閣文庫所蔵）鎖国時代の異国事情展」報告（共著）

第一九号：中国の旅――中国第一歴史檔案館成立六十周年大会に参加して――

「（内閣文庫創立百周年記念）内閣文庫貴重書展」報告

第二〇号：「中国第一歴史檔案館」簡介

第二一号：図書の諸相――古書の外題換と合印――

丁卯余録（余録子誌）

第二二号：戊辰余録（外国人に対する展示・公厨食禁・養生歌八十一首・西洋御料理御献立・日本行記）

第二三号：己巳余録（展示会「古書を伝える」余聞・訃報〈岩倉規夫〉）

第二四号：図書の諸相――官版の再版――

辛未餘録

第二五号：明治二十四年宮内省に移管した内閣文庫本について（続の上）
　壬申餘録（展示会「琉球・小笠原」余聞・『皇輿図』考〈青木千枝子著〉）
第二六号：明治二十四年宮内省に移管した内閣文庫本について（続の下）
　癸酉餘録（『内閣文庫漢籍分類目録』補訂稿　一）
　光吉文庫分類目録
第二七号：大村文庫分類目録
　甲戌餘録（補訂稿　二）
第二八号：第三十一回国際公文書館円卓会議報告（共著）
　乙亥餘録（補訂稿　三・円卓会議余聞・「不浄蔵」の所蔵書・訃報〈菅野陽〉）
第二九号：丙子餘録（補訂稿　四・内閣文庫所蔵「和刻本『四書』」について・内閣文庫所蔵「和刻本『康熙字典』」について・市橋長昭献納本について・訃報〈山田忠雄・坪内正・青木千枝子〉）
第三〇号：丁丑餘録（補訂稿　五・『唐蛮貨物帳』の受贈について・書誌学者島田翰の没年について）
第三一号：図書の諸相――蔵書目録の働き――
　戊寅餘録（補訂稿　六・公文書館における古書と古文書・市橋長昭献納本について〈補〉・観書記〈青山文庫・高知県立図書館〉・訃報〈清水正俊・平井芳男・小杉暢・小杉和子・伊地知鐵男・高橋喜太郎〉）
第三二号：補訂稿　七

第三三号：補訂稿　八
己卯餘録（「不忍文庫」印と「阿波国文庫」印・金沢文庫旧蔵『群書治要』の複製本・和刻本『述異記』の刊行・和刻本『航海金針』の異植字版・『学庫書目』所載「覚」・『焦氏筆乘』所載「板本之始」・神田孝平献納本十一種・紙資料の年代測定・訃報〈川瀬一馬〉）
庚辰餘録（『水族写真』の修訂版・羅山旧蔵『唐昌黎先生集』の零本・「不忍文庫」印再考・訃報〈光吉甲義子〉）
第三四号：補訂稿　九
辛巳餘録（『内閣文庫漢籍分類目録』医家類の改訂について・訃報〈岡田温・金井圓〉・「内閣文庫諮問委員」依頼の経緯〈木藤久代著〉）
第三五号：壬午餘録（『大乗院寺社雑事記』の重要文化財指定・『大乗院文書』の紙背文書の調査・国立公文書館が所管する古書・古文書の伝来について・『内閣文庫蔵書印譜』について）
第三六号：補訂稿　十
第三七号：補訂稿　十一［完結］

あとがき

思いがけず出版社から紅葉山文庫を源流とする内閣文庫の歴史をまとめてみてはとのお話しをいただき、本来なら筆者の前任者で、文庫では、初代の文庫長岩倉規夫氏とともに現在の文庫の基礎を築かれ、筆者の在職中も江戸時代の図書学者近藤正斎に因み「今正斎《いませいさい》」とも称されていた福井保氏が最適任であることは充分承知はしているものの、筆者がお引き受けすることとした。それは、福井氏のご高齢もあったが、筆者が公文書館を停年退職して一〇年を迎えようとしている今、最後の内閣文庫長として、何か内閣文庫に係わるものを残して置きたいとの気持ちのあったことも事実である。

しかし、実際に書き出してみると、その材料は、福井氏が書き残されたり言い残されたりしたものが中心となるほか、多くの先輩・同輩の調査・研究の成果に負っていることに、改めて気づかされた。一々お名前は挙げなかったが、これらの人々に感謝している。

この小冊で内閣文庫の歴史や活動、所蔵する資料等のすべてを紹介するには紙数も足りず、もちろん筆者の力も充分ではない。結局、筆者が内閣文庫の中で過ごして来た軌跡を報告することに終始してしまったの感が強い。筆者にとっては、思い出深い一冊とはなったものの、内閣文庫をご理解いただく助けとなり得たかは、はなはだ心許ない状態ではある。それでもこの小冊が内閣文庫や古書の世界に興味を持っていただく切っ掛けになればと願っている。

またこの一書をまとめる機会を与えてくださった吉川弘文館と遅れ勝ちな原稿を見守り、構成にも御配慮くださり、無事出版にまでお導きくださった編集部の方々にもお礼申し上げたい。

なお、本文中に挿入した図版には、一々出典は明記しなかったが、その多くを国立公文書館の刊行物等から利用させていただいた。

平成二十四年七月

長澤孝三

著者略歴
一九四二年　兵庫県に生まれる
一九七〇年　大阪大学大学院文学研究科修士課程修了
一九七九年　国立公文書館内閣文庫・和漢書専門職
二〇〇一年　国立公文書館内閣文庫長・独立行政法人国立公文書館統括公文書専門官
現在、東京大学東洋文化研究所漢籍整理長期研修講師（和刻本漢籍）

〔主要著書・論文〕
「石印本の歴史の一班について」（『書誌学』新第二六・二七号、一九八一年）
「「文子」の和刻本」（『日本歴史』第五二四号、一九九二年）
『改訂増補　漢文學者總覧』（編者、汲古書院、二〇一一年）

幕府のふみくら　内閣文庫のはなし

二〇一二年（平成二十四）九月一日　第一刷発行
二〇一二年（平成二十四）九月十日　第二刷発行

著　者　長《なが》澤《さわ》孝《こう》三《ぞう》
発行者　前田求恭
発行所　株式会社　吉川弘文館
郵便番号一一三―〇〇三三
東京都文京区本郷七丁目二番八号
電話〇三―三八一三―九一五一〈代表〉
振替口座〇〇一〇〇―五―二四四番
http://www.yoshikawa-k.co.jp/

印刷＝株式会社　平文社
製本＝株式会社　ブックアート
装幀＝下川雅敏

ISBN978-4-642-08080-4